W0004651

Die *geheimen* Schriften der frühen Christen

APOKRYPHEN UND GNOSIS

Die *geheimen* Schriften der frühen Christen

APOKRYPHEN UND GNOSIS

Herausgegeben von
Ulrich Grasberger

Weltbild

Besuchen Sie uns im Internet:
www.weltbild.de

Der Herausgeber

Ulrich Grasberger ist studierter Theologe, Philosoph und Journalist. Er war viele Jahre Leiter verschiedener Verlage und arbeitet heute in dem von ihm gegründeten Verlagsnetzwerk »Medienprojekte München«. Für das vorliegende Buch schöpft er aus seiner jahrelangen Beschäftigung mit den Apokryphen und gnostischen Texten.

Es sprach Jesus so: Suchet und ihr werdet finden. Aber das, wonach ihr mich in diesen Tagen fragtet, habe ich euch an jenem Tage nicht gesagt. Jetzt will ich es sagen, und ihr sucht es nicht.

Das Thomasevangelium

Inhalt

Vorwort 9

Einleitung 12

Die Apokryphen in Kunst und Literatur 19

Die Apokryphen zum Alten Testament 41

Verheißung und Vollendung 42
Vom Leben Adams und Evas 50
Das Testament des Ijob 74
Joseph und Asenath 105
Das Buch Henoch 141
Das Buch der Regel der Einung 170

Die Apokryphen zum Neuen Testament 187

Evangelien, Briefe, Apostelgeschichten
und Apokalypsen 188
Pseudo-Matthäusevangelium 192

Arabisches Kindheitsevangelium 197
Kindheitserzählung des Thomas 200
Nikodemusevangelium oder Pilatusakten 211
Das Bartholomäusevangelium 254
Der Brief des Polykarp von Smyrna an die
Gemeinde von Philippi 273
Didache oder die Lehre der zwölf Apostel 283

Gnostische Apokryphen 295

Die gnostische Bibliothek von Nag Hammadi 296
Das Evangelium nach Thomas 300
Das Evangelium nach Maria 320
Die Geheimschrift des Johannes 325
Das Thomasbuch 336
Die Offenbarung Adams 347
Pistis Sophia 359
Das Evangelium der Wahrheit 364
Das Wesen der Archonten 383

Anhang 395

Literaturhinweise 396
Impressum 397
Sach- und Personenregister 398

Vorwort

Es sprach Jesus so: Ich werde euch geben, was kein Auge gesehen und was kein Ohr gehört und was keine Hand berührt hat und was auf keines Menschen Herz hinaufgestiegen ist.

APOKRYPHES EVANGELIUM NACH THOMAS, SPRUCH 17

Papst Gelasius (492 bis 496) sah in den apokryphen Schriften eine Gefährdung des Glaubens und verlangte: »Apokryphen dürfen nicht gelesen werden.«

Dies aber galt vornehmlich den gnostischen Schriften der Anhänger sektiererischer Mysterienkulte, die dem biblischen Geschehen geheime Offenbarung beifügten und ihren Mitgliedern Heil versprechende Weisheiten anboten. Bis ins 19. Jahrhundert und auch später noch schöpften die esoterischen Zirkel aus diesem dargebotenen Steinbruch von Evangelien, Wunderberichten und Endzeitvisionen.

Viele dieser apokryphen Texte waren sogar nur aus den abwehrenden Briefen der Kirchenväter bekannt, die aus verschollenen Büchern zitierten.

Neben diesen gnostischen Schriften sind auch andere die Bibel ergänzend Apokryphen entstanden, die in der Kirche geschätzt und genutzt wurden. Zwar durften diese nicht im

Gottesdienst gelesen werden, hatten aber eine große Verbreitung und Wirkungsgeschichte. Der Begriff Apokryphen erhielt so eine zweite, positivere Prägung ganz allgemein für außerkanonische Schriften.

Kurz nach dem Zweiten Weltkrieg gab es am Toten Meer in Qumran und in Oberägypten in Nag Hammadi zwei spektakuläre Funde an antiken, zwei tausend Jahre alten Schriftrollen, die die biblische Forschung in Aufregung versetzte. Reichte die Entstehungszeit der Schriftrollen doch unmittelbar bis in die Zeit des Wirkens Jesu und der Apostel zurück. Dort wurden Urschriften der Bibel gefunden und große apokryphe Bibliotheken, darunter auch längst verloren geglaubte gnostische Evangelien und geheime Schriftrollen.

Diese Funde gaben dem Interesse an den Apokryphen viel neuen Lesestoff. Steckt in diesen Schriften doch oft sehr viel Wertvolles, wie echte Jesusworte und Wunder. Sie erzählen dort weiter, wo es in der Bibel Lücken gibt, und vertiefen so das Verständnis. Diese Bücher sind zwar nicht der Offenbarung Gottes hinzuzurechnen, aber viele werden überrascht sein, welch tiefe Spuren die Apokryphen in der abendländischen Kulturgeschichte, in Literatur und Malerei, in der Religion und im Brauchtum hinterlassen haben

In dieser Textsammlung der Apokryphen aus dem Alten und dem Neuen Testament werden die wichtigsten Zusammenhänge erklärt und in einem verständlichen und lesbaren Textduktus dargeboten. Die ausgewählten apokryphen Bücher wurden dazu neu übertragen und bearbeitet, meist auf Basis gelehrter Übersetzungen aus dem 18. und 19. Jahrhundert. Im Gegensatz zu einer textkritischen Übertragung wurden hier unnötige Längen und Wiederholungen eingekürzt und ungewöhnliche Formulierungen in eine lesbare und trotzdem den Gehalt bewahrende Form gebracht.

Ein besonderer Schwerpunkt dieser Textausgabe sind Schriften gnostischen Ursprungs aus der Bibliothek in Nag Hammadi. Die diesen Büchern eigene Terminologie und Sprachmelodie wurde dabei beachtet.

In der Summe ist diese Sammlung eine Zusammenschau außerbiblischen Schrifttums und ein Nachschlagewerk für alle Interessierten.

Einleitung

Apokryph – verborgen und geheimnisvoll

Einen Klang des Verborgenen und Geheimnisvollen begleitet das Wort Apokryphen. Das trifft die Wortbedeutung schon sehr genau: »apokryph« kommt aus dem Griechischen »*αποκρυφη*« und meint etwas Verborgenes, Verhülltes.

Im Plural bezeichnet das Wort »Apokryphen« oder als Umschreibung der Begriff »apokryphe Schriften« nun jene Texte und Bücher, die einen biblischen Inhalt haben oder ein Thema aus der Bibel aufgreifen und beim Entstehungsprozess der christlichen Bibel nicht in den Kanon der Bibel aufgenommen wurden.

Der Begriff war bereits im 2. Jahrhundert nach Christus bekannt und gebräuchlich und bedeutete anfangs nicht nur, dass die Schrift nicht zum Kanon der Bibel gehört, sondern wertete diese Texte vor allem als Fälschung oder als Irrlehre und Häresie ab. Diese eindeutige Abgrenzung war in der jungen Kirche für das Überleben notwendig. Waren doch die Kanonbildung zu dieser Zeit erst im Gange und die Ordnungsstrukturen noch nicht gefestigt. Alle Zeitzeugen waren gestorben, und die Gemeinde lebte von dem, was sie gehört hatte und was es an schriftlichen Berichten gab.

Für das Alte Testament gab es durch die Kanonisierung des jüdischen Tanach, der hebräischen Bibel, etwa in der ersten Hälfte des 2. Jahrhunderts eine gute Richtschnur. Zumindest für die in aramäischer Sprache vorliegenden Bücher gab es verlässliche Aufzeichnungen und nur mehr wenig Diskussionen. Auf Basis dieser Ausgrenzung der jüdischen Gemeinden kamen die Christen schnell zu einer Ansicht, was apokryph sei und was nicht. Bis auf einige Ergänzungen griechisch tradierter Bücher, war der jüdische Kanon für die ersten Christengemeinden verbindlich.

Die Gefahr einer Verfälschung der Botschaft zum Leben und der Lehre Jesu Christi war in den ersten Jahrhunderten nicht unerheblich groß. Vor allem die Abgrenzung zu den gnostischen Gemeinden, die ihre Schriften als Geheimlehre bezeichneten und apokryph nannten, war bei der Begriffsbildung der außerkanonischen Schriften – ist gleich Apokryphen, ist gleich Irrlehre – entscheidend.

Die gnostischen Gemeinden versprachen ihren Mitgliedern geheimes Wissen und geheime Worte Jesu, die für die Erlangung des persönlichen Heils Voraussetzung seien. Nur wer im Besitz des geheimen Wissens war, konnte für seine Seele Erlösung finden und die *bibloi apokryphoi,* die apokryphen Bücher, durfte kein Außenstehender einsehen. Diese Bewegung knüpfte dabei an orientalische Mysterienkulte und philosophische Lehren an, die den Leib als Grab der Seele bezeichnete.

Die gnostischen Evangelien vermitteln ein seltsam anmutendes Gebräu der biblischen Botschaft und der antiken philosophischen Weisheitslehre, der allerhand sektenhafte Strömungen in einer synkretistischen Weise beigemischt wurden. Der Existenz dieser gnostischen Bücher war man lange nur durch die Abwehrschriften der Kirchenväter bewusst, die in zitierender Weise von diesen Schriften berichteten. Die Handschriften waren verloren gegangen, waren verbrannt worden, oder die Gemeinden hatten sich aufgelöst und die Schriftrollen waren vergessen worden. Erst durch die spektakulären Funde in Qumran am Toten Meer und Nag Hammadi in Oberägypten waren sehr alte und originale Schriftrollen der Wissenschaft wieder zugänglich.

Die meisten apokryphen Bücher allerdings sind fromme Schriften, die ergänzen, was in der Bibel steht und in der Kirche eine hohe Wertschätzung genießen. Es handelt sich dabei um eine Mischung an durchaus lesenswerten, aber auch oftmals an fiktiven Vermutungen, abwegigen Geschichten oder auch nur um fromme Legenden. In volkstümlichem Ton werden Glaubensinhalte erzählt.

Viele Motive aus dem Apokryphen wurden im Bildschaffen und in der Glaubensauslegung übernommen. So berichten nur die Apokryphen von Ochs und Esel, Geschichten von der Kindheit Jesu, Details von der Flucht nach Ägypten oder der Höllenfahrt Jesu, die früher sogar im Glaubensbekenntnis »...: hinabgefahren in die Hölle« (Nikodemusevangelium) seine Erwähnung fanden.

Apokryph oder die Geschichte einer Begriffsverwirrung

In der Zeit der Kanonbildung benutzten die apostolischen Väter das griechische Wort Apokryphen zur Abgrenzung von gnostischen Schriften, die im Falle des Neuen Testamentes ja oftmals im gleichen Zeitraum wie auch die kanonisierten Schriften entstanden. Für sie galt es in erster Linie, die Reinheit der Lehre und den Auftrag Christi unverfälscht zu bewahren. Apokryphen bezeichneten so ursprünglich Bücher, die nicht in die Bibel gehörten und in einer zweiten Bedeutung waren dies häretische Werke, die aus christlich-orthodoxer Sicht, von Sekten verfasst wurden.

Was zum Kanon der Bibel gehört, also Offenbarung Gottes ist und was nicht, war mit der lateinischen Vulgata, der berühmten Bibelübersetzung des Hl. Hieronymus zum Ende des vierten Jahrhunderts abgeschlossen. Der Umfang und die Auswahl der biblischen Bücher dieser lateinischen Bibelübersetzung wurden für die katholische Kirche aber erst auf dem Konzil von Trient 1546 bestätigt. Dieser formelle Akt war notwendig geworden, da Martin Luther die bisher unbestrittene Auswahl der biblischen Bücher des Alten Testamentes angezweifelt hatte. Für das Neue Testament hatte er keine Einwände.

Für das Alte Testament folgten die Apostolischen Väter in weiten Teilen der Auswahl der griechischen Übersetzung der jüdischen Offenbarungsschriften, der Septuaginta. Der Aristeaslegende nach sollen 72 jüdische Schriftgelehrte in 72 Tagen im dritten Jahrhundert vor Christus in Alexandria die Thora ins Griechische übersetzt haben. Tatsächlich war diese griechische Gebrauchsbibel ab dem dritten vorchristlichen Jahrhundert im Umfeld Alexandrias entstanden, aber in einem sehr viel längeren zeitlichen, wohl mehr als hundert Jahre dauernden Rahmen. In dieser hebräischen Bibel waren neben den hebräisch verfassten Texten auch solche, die in Griechisch geschrieben worden waren. Nun befand sich das Judentum zu diesem Zeitpunkt selbst noch in der Inspirationsphase und noch nicht in der Interpretationsphase. Die abschließende viel diskutierte Kanonbildung für den jüdischen Tanach war erst im ersten nachchristlichen Jahrhundert abgeschlossen. Gegenüber der Septuaginta wurden die griechisch verfassten Bücher wieder aus dem Kanon genommen und die Reihenfolge und Einordnung der Bücher verändert.

Die Protestanten folgten mit Martin Luther dieser Eingrenzung und bezeichneten diese Bibelteile, wie das Buch Judit, Buch der Weisheit, Buch Tobit, Jesus Sirach, Makkabäer und Teile von Ester und Daniel zwar als nützlich, aber als außerkanonisch und als Apokryphen. Die orthodox-katholischen Christen nennen diese zu ihrem Kanon gehörenden griechisch verfassten Bücher deuterokanonische Bücher.

Für die im orthodox-katholischen Sprachgebrauch als Apokryphen bezeichneten außerkanonischen Bücher, wird bisweilen auch der Begriff Pseudepigraphen verwendet. Diese Begrifflichkeit ist allerdings nicht gleichwertig in der Bedeutung. Pseudepigraph stammt von dem griechischen Wort *pseudepigraphos,* das bedeutet »fälschlich zugeschrieben«, ab und bezeichnet eigentlich Schriften, deren Verfasser sich einen Autorennamen ausgeliehen haben, um an eine bestimmte Autorität, die sie sonst nicht hätten, anzuknüpfen. Oft ist die Zuschreibung zu einer bestimmten idealen Figur des Altertums Ausdruck dessen, dass die Verfasser sich selbst als in Kontinuität zu jener Person stehend verstanden und der Meinung waren, deren Glaubenszeugnis für die eigene Gegenwart zu aktualisieren. Dass Pseudepigraphen also auch Apokryphen sind, ist eine übertragene Bedeutung.

Allgemein gebräuchlich und verständlich, trotz der vielfältigen Begriffswandlungen, ist die Bezeichnung Apokryphen für außerkanonische Schriften zur christlichen Bibel. Daneben bezeichnet der Begriff, wie ausgeführt, die griechisch verfassten alttestamentlichen Schriften.

Der biblische Kanon: Wer bestimmt, was in der Bibel steht?

Bereits im 2. Jahrhundert nach Christus war klar, was in der Bibel steht, und im 4. Jahrhundert dokumentierte die lateinische Vulgata des Hl. Hieronymus diesen Stand.

Für das Alte Testament übernahmen die Christen die Richtschnur der hebräischen Bibel von den jüdischen Gemeinden. Natürlich erfuhren diese Bücher durch das Wirken und die Offenbarung durch Christus für alle Christen ihre Erfüllung und Vollendung. Die Deutung, Einordnung und Gewichtung der alttestamentlichen Bücher veränderte sich so.

Für das Neue Testament war der Prozess der Kanonisierung äußerst kompliziert. Die historische Gegenwart Jesus und damit die Vollendung der Offenbarung Gottes waren eben erst verhallt, und durch die Aussendung der Apostel entstanden in vielen christlichen Gemeinden inspirierte Bücher.

Was war richtig, was war falsch, was war Wort Gottes und was echte Offenbarung?

In den ersten Jahrhunderten dürfte wohl kaum eine Gemeinde im Besitz aller neutestamentlichen Bücher gewesen sein. Jede Gemeinde akzeptierte oder verwarf Bücher. Letztlich galt das als Wort Gottes, was in allen Gemeinden anerkannt war und im Gottesdienst gelesen wurde. Die zeitweise unterschiedliche Beurteilung der Bücher macht die eigenständige Entscheidung der Gemeinden deutlich. Für die meisten Bücher fand man aber schnell eine Übereinkunft, was zum Kanon gehört und was apokryph war. Auf den Konzilen von Hippo 393 und Karthago 397 einigte man sich endgültig auf den biblischen Kanon.

Die Apokryphen in Kunst und Literatur

Für die bildende Kunst sind vor allem die Apokryphen des Neuen Testaments von Bedeutung. Besonders die apokryphen Evangelien und die Apostelgeschichten berichten Passagen aus dem Leben Jesu, seiner Mutter Maria und deren Familie, über die biblische Texte schweigen oder wenig aussagen. Sie befriedigten das Informationsbedürfnis der Gläubigen, die möglichst viel über die heiligen Gestalten wissen wollten. Durch die Einsetzung von Festen, von denen sie berichten, beispielsweise Mariä Himmelfahrt, wurden sie zusätzlich aufgewertet.

Sie sind wichtige Quellen zur Ausschmückung biblischer Szenen und bereichern mit neuen Motiven die Kunst. Zunächst orientierte man sich an der byzantinischen Kunst und nahm damit auch Motive aus den Apokryphen auf. In der Kirche des Ostens waren diese Texte bereits weit verbreitet und wurden hoch geschätzt. Später entlehnte man die Themen oder Bildprogramme direkt aus den historischen Texten oder deren Bearbeitungen. Je weiter die Zeit fortschritt, desto mehr wurden diese Motive zum Allgemeingut, verselbstständigten sich und wurden von Werk zu Werk weitergegeben, ohne dass man noch genau wusste, woher sie kamen. Die Ausformung und Verwendung apokrypher Stoffe und Motive endet im Wesentlichen im 16. Jahrhundert.

Die Apokryphen des Alten Testaments hatten für die christlich-abendländische Kunst nicht die gleiche Breitenwirkung. Denn zum einen verbot das jüdische Gesetz Abbildungen, sodass kein Bildkanon entwickelt und in »Malschulen« tradiert werden konnte. Zum anderen hat das Judentum selbst etwa im zweiten nachchristlichen Jahrhundert alle nicht hebräischen Bücher als apokryph, das heißt als nicht von Gott geoffenbart, gekennzeichnet, und die frühen christlichen Kirchenväter haben diese Auswahl zunächst gelten lassen.

Für die Heidenchristen, die in ihrer Zahl bald die Judenchristen übertrafen, war das Alte Testament auch nicht von vorrangigem Interesse. In der Glaubensverkündigung durch die Apostel oder deren autorisierte Vertreter hatten die Worte und Taten Jesus Christus absoluten Vorrang.

Eine Ausnahme bilden hier die judenchristlichen Gemeinden, die in ihrem neuen Glauben die Erfüllung der alten Schriften sahen. Sie bewahrten mit ihnen auch die Apokryphen auf und gaben sie weiter.

Die Kirchenväter zitierten zwar aus den alttestamentlichen Apokryphen, und einige der Schriften wurden auch in den Anhang der *Vulgata* aufgenommen, aber stets im Hinblick auf ihren Wert für den christlichen Glauben. Ein Beispiel dafür ist der in das Neue Testament eingefügte Judasbrief. Der Verfasser erwähnt im 9. Vers die apokryphe Himmelfahrt Moses und verweist mit Vers 14 f. auf das 1. Buch Henoch. Darüber hinaus werden in diesem Brief noch weitere apokryphe Schriften erwähnt.

Adam und Eva

Ein im Mittelalter weit verbreitetes und viel gelesenes Buch war *Das Leben Adams und Evas.* Von seiner Beliebtheit zeugen die vielen noch vorhandenen Handschriften. Die Mailänder Handschrift entstand im 11. Jahrhundert, die Wiener, hier ist die Datierung schwierig, zwischen dem 12. und 14. Jahrhundert und das venezianische Manuskript im 13. Jahrhundert. Aber auch im 15. Jahrhundert erschienen noch Ausgaben.

Zum Teil gehen sie auf die fälschlich so genannte Apokalypse des Moses zurück oder basieren auf der fast textidentischen Schrift *Das Leben Adams und Evas.* Beide Texte sind Quellen für Darstellungen Adams und Evas. Der Engel, der dem vertriebenen Menschenpaar Arbeitsgeräte bringt, ist ein Beispiel dafür. Auf der Bronzetür von Monreale (1185) und im Homilienbuch des heiligen Gregor von Nazians aus dem 9. Jahrhundert ist dieser Vorgang abgebildet.

Eine andere apokryphe Stelle sagt, dass ein Engel Adam und Eva in der Bodenbearbeitung unterwiesen habe; diese Szene ist an der Bronzetür (um 1015) des Hildesheimer Doms zu sehen.

Und vielleicht hat auch eines der Schlagworte aus dem Bauernkrieg von 1525, »Als Adam grub und Eva spann, wo war denn da der Edelmann ...«, seinen Ursprung im Buch über das Leben Adams und Evas.

In der *Schatzhöhle*, einer frühchristlichen Überarbeitung einer jüdischen Apokryphe, wird berichtet, dass Adam zur gleichen Zeit starb, zu der auch der Menschensohn am Kreuz seinen Geist dem Vater zurückgab. Diese Interpretation »Jesus als neuer Adam«, der die Schuld getilgt hat, die der erste verursachte, vertritt auch der heilige Paulus im Römerbrief, Kapitel 5.

Diese Beziehung Adam-Christus – eine eher theologische Aussage – setzt die bildende Kunst so um, indem sie Adam darstellt, der sich unter dem Kreuz aus seinem Grab erhebt (Beatus-Handschrift von 975 oder auf dem Triumphkreuz von Halberstadt). Häufiger ist die Darstellung von Adams Schädel, der unter dem Kreuz liegt. Als Beispiele seien hier genannt: der Tucheraltar, um 1450, Nürnberg, Frauenkirche; Albrecht Dürer (1471–1528), Kreuzigung, Holzschnitt, um 1494/95 (Berlin, Kupferstichkabinett); Christus und die beiden Schächer, Einblattholzschnitt, 15. Jahrhundert (Grafische Sammlung Albertina, Wien) sowie der Aggsbacher Altar von Jörg Breu dem Älteren (um 1475–1537) im Germanischen Nationalmuseum, Nürnberg. Wenn Sie sich Kreuzigungsbilder genauer anschauen, werden Sie selbst noch viele Male diesen Topos finden.

Ein Afrikaforscher rettet ein Buch

Vom Buch Henoch existieren noch drei Fassungen, die nach den Sprachen, in denen sie überliefert wurden, benannt sind: das 1. Buch Henoch, der äthiopische Henoch (zw. 170 u. 30 v. Chr.), das 2. Buch Henoch – das slawische Henochbuch (vor 70 n. Chr.), das nur in Kirchenslawisch (glagolitisch) überliefert wurde und das 3. Buch Henoch – das hebräische Henochbuch (um 200–300 n. Chr.) in hebräischer Sprache.

Es berichtet von der Entrückung Henochs durch Gott. Und was er auf diesen Reisen in den Himmel wohl gesehen haben mag, davon erzählt dieser Text. Zum ersten Mal in der jüdischen Kultur wird im 1. Henoch (Kapitel 21) eine »Hölle« beschrieben, ein Ort, an dem Menschen gequält werden; auch vom Weltende ist die Rede.

Das 1. Buch Henoch, auch der äthiopische Henoch, ist vollständig in äthiopischer Sprache erhalten, und es wäre wohl verschollen, hätte die Kirche des Landes den Text nicht in ihren alttestamentlichen Kanon aufgenommen.

Bereits im 17. Jahrhundert gab es Gerüchte, dass die Äthiopier ein Buch Henoch besäßen. Aber erst der Afrikaforscher J. Bruce befriedigte die Neugier der Gelehrten. Er brachte 1773 von seiner Reise nach Äthiopien drei Exemplare mit. Danach wurde es übersetzt, und 1833 erschien der erste Teil und 1838 der zweite in deutscher Sprache.

Schon die älteren Kirchenlehrer schätzten den Text wegen seiner moralischen Geisteshaltung, aber im Laufe der Zeit ließ das Interesse daran nach, und übrig blieb allein das Wissen, dass Henoch wie Elias in den Himmel entrückt worden war, und die Kenntnis der entsprechenden Stelle in den Apokryphen, die *Legenda aurea* des Jacobus de Voragine ist dafür ein Beispiel.

Die Buchmalerei nahm das Thema auf, und die Reichenauer Malschule schuf um 1020 für die sogenannte *Bamberger Apokalypse* eine eindrucksvolle Version. Diese Szene illustriert in einer Salemer Handschrift (um 1170) den visionären Text aus einer Dichtung der Hildegard von Bingen. Auch das Kunstgewerbe übernahm dieses Motiv. Auf der Teppichfolge von Angers (1377–1381) ist es zu bewundern. Vom 13. bis zum 15. Jahrhundert gehörte es zum festen Bestandteil des Jüngsten-Gerichts-Zyklus.

In den Armenbibeln – Biblia pauperum – des 14. und 15. Jahrhunderts wird Henochs Aufnahme in den Himmel der Himmelfahrt Christi gegenübergestellt. Dieselbe Thematik zeigen auch die Glasfenster der Franziskanerkirche in Esslingen vom Ende des 13. Jahrhunderts.

Im 19. Jahrhundert ehrte der große englische Maler und Visionär William Blake (1757–1827) seinen Geistesverwandten mit einer Lithografie, entstanden 1805–1807. Außerdem fertigte er eine Reihe von Zeichnungen zum Buch Henoch.

Die Lücken im Neuen Testament

Was die Sibyllen »erschauten«, wurde schließlich Wirklichkeit, und die Apostel verbreiteten die Heilsbotschaft gemäß ihrem Auftrag »in alle Welt«. Sie waren noch Augen- und Ohrenzeugen gewesen und standen für die Richtigkeit des Erzählten ein. Mit zunehmender Distanz und Ausbreitung des Glaubens ging die Verkündigung auch von Menschen aus, die sich auf die Berichte der Augenzeugen berufen mussten.

Es wurde begonnen, die Geschehnisse aufzuzeichnen und den Gemeinden als beglaubigte Zeugnisse zur Verfügung zu stellen. Umfassend und verlässlich sollten die Berichte sein, aber schon Johannes zweifelt im Nachwort seines Evangeliums an der Vollständigkeit der Aussagen (Johannes 20,24), und auch Lukas weiß von vielen zu berichten, die sich berufen fühlten, über die Ereignisse zu schreiben (Lukas 1,1).

Es kursierten also viele Texte in den frühchristlichen Gemeinden, die die Vielfalt des christlichen Glaubens und die unterschiedlichen Lebensformen erkennen lassen. Mit der Herausbildung der Kirche als Organisation, wozu auch die Einheit in Lehre und Kult gehörte, begann die neutestamentliche Kanonbildung. Energisch setzte sich um 200 Bischof Irenäus von Lyon für die Unterscheidung in kanonische Schriften (wahre Lehre) und nicht kanonische Schriften (falsche Lehre) ein. Sowohl in der Kirche des Ostens als auch in der Kirche des Westens wurde der Prozess fortgesetzt und führte schließlich (Konzil von Trient, 1546) zum heutigen Kanon der Bibel.

Ebenso wenig ließen sich die verworfenen, jetzt mit dem Neuen Testament konkurrierenden Bücher verdrängen. Indes wurde mit zunehmender Festigung des Kanons auch die rigide Haltung den abgelehnten Büchern gegenüber lockerer, hatten doch die Kirchenväter sie geschätzt und daraus zitiert. Und gegen ihren Gebrauch als fromme Erbauungsliteratur war nichts einzuwenden, solange der Kanon der Bibel als einzig richtungweisende Grundlage des Glaubens akzeptiert wurde.

Im Gegenteil: Sie unterstützen die kanonischen Schriften durch interessante Mitteilungen, ergänzen die an manchen Stellen kärglichen Evangelien. So berichten sie ausführlich über die Kindheit Jesu, über das Leben seiner Mutter und deren Eltern Anna und Joachim. Sie ordnen die Geschehnisse in einen zeitlichen Rahmen ein und beseitigen dadurch manche Unklarheit. In diesem Sinne konnten beide – Bibel und apokryphe Schriften – als Quelle für Literatur und bildende Kunst herangezogen werden.

Am nachhaltigsten hat das Jakobusevangelium, seit dem 16. Jahrhundert auch Protevangelium des Jakobus genannt, auf Volksfrömmigkeit, Literatur und bildende Kunst, ja sogar auf die Theologie des Abendlandes gewirkt. Obwohl die Kirche schon früh diese in der Mitte des 2. Jahrhunderts entstandene Schrift als nicht kanonisch einstufte, war sie äußerst beliebt und wurde viel zitiert.

Seine Bearbeitung im 6. Jahrhundert, das sogenannte Pseudo-Matthäusevangelium, schmückte diesen Text noch weiter aus, fügte noch weitere wundersame Geschichten hinzu.

Legenda aurea

Wieso wurden diese »Texte am Rande der Bibel« so populär? Wie kam es zu ihrer Volkstümlichkeit? Im Mittelalter erschienen viele religiöse Volksbücher. Petrus Comestor nahm Teile der Apokryphen in seine *Historia scholastica* auf und Vincent von Beauvais bearbeitete sie für sein *Speculum historiale.* Aber keines war so erfolgreich wie die Legenda aurea. Zwischen 1263 und 1273 schrieb der Dominikaner und spätere Bischof von Genua, Jacobus de Voragine, in lateinischer Sprache eine Sammlung von Heiligenlegenden, die bald in verschiedene Nationalsprachen übersetzt wurde, erweitert um die jeweiligen Lokal- und Landesheiligen. Bis zum Ende des Mittelalters war das Buch in ganz Europa verbreitet. Mit seinem bildhaft-poetischen Stil, der Vermeidung trockener Gelehrsamkeit und antikisierender Rhetorik gelang es dem Autor, theologische Stoffe volkstümlich zu gestalten.

Jacobus de Voragine teilte seine Texte in fünf Abschnitte ein – gemäß dem Kirchenjahr. Und zu jedem Fest, von Advent über Weihnachten, bis zur Passion Christi und zum Osterfest, Himmelfahrt, Pfingsten und weiter bis Mariä Himmelfahrt und Kirchweih erzählt er Legenden und Geschichten. Diese entstammen zum großen Teil den neutestamentlichen Apokryphen, wie auch die einzelnen Martyrien der Apostel, von denen die Legenda aurea in drastischen Worten berichtet, in verschiedenen apokryphen Apostelgeschichten ihren Ursprung haben.

Das Buch erschien zu einer Zeit, als sich die bildende Kunst von der zeichenhaften Formensprache abwandte, hin zur realistischen Darstellung der Umwelt und zur Bilderzählung. Bilderzyklen entstanden, die mit Leben gefüllt werden mussten, und für diese neue Art des »malerischen« Erzählens war die Legenda aurea eine wichtige Quelle. Darüber war sie – wegen ihrer Verbindung der Texte mit dem Kirchenjahr – auch als Musterbuch für Predigten beliebt.

Die Mutter des Herrn

Über das Leben und die Herkunft der Mutter des Herrn berichten die Evangelien fast nichts, dafür umso mehr die apokryphen Texte. Die christlichen Schriftsteller schmückten ihr Leben und das ihrer Eltern, Anna und Joachim, aus.

Die frühchristliche Kunst hat uns keine Darstellung der Eltern überliefert. Von 1304–1306 freskierte Giotto (1266–1337) in Padua die Wände und die Decke der Cappella degli Scrovegni (auch Arena-Kapelle genannt) mit 38 Szenen aus dem Leben Jesu, der Gottesmutter und Joachim und

Anna. Die Bilderfolgen, die von Maria und ihren Eltern erzählen, sind dem Protevangelium und dem Pseudo-Matthäus entnommen. Die heilige Sippe blieb seit dieser Zeit ein fester Bestandteil des Marienlebens. Albrecht Dürer (1471–1528) hat ihr in seiner 1511 erschienenen Holzschnittfolge *Marienleben* einige Blätter gewidmet und auf vielen Tafel- oder Schnitzaltären ist sie abgebildet.

Nach der Umarmung Joachims und Annas an der Goldenen Pforte wird Maria geboren. Darstellungen vom Wochenbett Annas sind seit Beginn des 11. Jahrhunderts bekannt. Die Buchmalerei illustrierte damit die Handschriften, und Dürer stellte sie innerhalb seines Marienlebens dar. Albrecht Altdorfer (vor 1480–1538) malte um 1520 die Geburt Marias, die in einem Kirchenraum geschah, und Domenico Ghirlandaio (1449–1494) lässt auf dem Fresko in Santa Maria Novella fünf vornehme Florentiner Damen bei der Wöchnerin Anna ihre Aufwartung machen.

Häufiger dargestellt ist die Szene des Tempelgangs. Bezeichnenderweise zuerst im Orient (Kuppelfresken in El-Bagaut, 4. Jh.), denn dort hatte sich der Marienkult schon früher entwickelt. Im Mailänder Domschatz wird eine fünfteilige Tafel (Diptychon) aufbewahrt, die vom Beginn des 5. Jahrhunderts stammt und den Tempelgang Marias zeigt.

In der deutschen Kunst findet man dieses Motiv hauptsächlich in der Buchmalerei in der ersten Hälfte des 11. Jahrhunderts, sodann in Dürers Marienleben und allgemein in Bildzyklen, die das Leben der Muttergottes zeigen.

Beeindruckend, schon durch seine Größe, hat Tizian (1476/77–1576) diese Szene gemalt. Das Bild misst 3,35 ×

7,75 Meter und füllt in der Accademia in Venedig die Eingangswand. Ein kleines Kind im blauen Kleid, umgeben von göttlichem Licht, schreitet ganz allein eine riesige Treppe, eingerahmt von kolossalen Säulen, empor. Früher wurden zu Ehren dieser Szene auch Kirchen benannt. In Köln stand zwischen Dom und Rhein bis ins 18. Jahrhundert das Gotteshaus Maria ad gradus (Maria an den Stufen).

Das Protevangelium hat auch weitgehend unsere Vorstellung von Joseph, dem Ehemann Marias, geprägt. Der Text schildert ihn als Witwer, und er bezeichnet sich darin selbst als »alter Mann«. Und so wird er auch meistens abgebildet, im Evangeliar Ottos III. (um 1000) zum Beispiel. Mit dem grünenden Stab in der Hand, dem Zeichen, dass er Marias auserwählter Bräutigam ist, malte ihn Raphael (1483–1520): Die Vermählung der Jungfrau Maria, 1504 (Mailand, Pinacoteca di Brera). Ihn umringen die Freier, deren Stäbe dürr bleiben.

Eine apokryphe Szene, die eine Fülle von Bildern hervorgebracht hat, ist die Verkündigung der Geburt Christi durch den Engel. Sehr selten wird die Verkündigung am Brunnen oder an der Quelle dargestellt. Der Adelfia-Sarkophag aus dem 4. Jahrhundert zeigt sie, und später wird aus dem Brunnen, ein altes Symbol für Maria, die Vase mit der Lilie, die auf vielen Verkündigungsbildern im Haus zu sehen ist.

Die Verkündigung im Haus ist der Favorit dieses Themas. Der berühmte Triumphbogen in Santa Maria Maggiore in Rom zeigt sie als erstes Bild innerhalb der dargestellten Kindheitsgeschichte Jesu. Papst Sixtus III. (432–440) gab das Mosaik in Auftrag.

Maria sitzt auf einem thronartigen Sessel und hält einen

Tuchstreifen in Händen. Sie ist, wie das Pseudo-Matthäusevangelium erzählt, gerade beim Anfertigen eines Purpurvorhangs für den Tempel. Daher hat auf manchen späteren Bildern Maria eine Spindel in der Hand oder ein Spinnrad, oft auch ein Körbchen oder ein Gefäß mit Gewebe zu ihren Füßen stehen. Die schönste Darstellung dieses Typus' ist auf der berühmten Maximian-Kathedra (6. Jh.) im erzbischöflichen Museum in Ravenna zu sehen.

In der deutschen Kunst entstanden mit Beginn der Marienverehrung (13. Jh.) ausgedehnte Bilderreihen, die immer mit der Verkündigung anfangen, die aber nicht notwendigerweise auf apokryphe Texte zurückgehen müssen. Anklänge an die Apokryphen lassen sich im Türbogenfeld (Tympanon) des Südwestportals am Ulmer Münster feststellen (um 1380 entstanden), ebenso wie am Südwestportal des Augsburger Domchors.

Die Kindheitsgeschichte Jesu

Auch die Darstellung der Geburt Christi steckt voller apokrypher Zutaten. Von den für uns selbstverständlich zum Weihnachtsbild gehörenden Tieren, Ochs und Esel, berichtet keine Bibelstelle, sondern der Pseudo-Matthäus. Ihr Dasein ist schon früh Allgemeingut geworden, denn bereits auf einem Grabstein aus dem Jahre 343 sind sie zu sehen, wie sie sich über die Krippe beugen. In derselben Textquelle wird auch beschrieben, dass die Geburt in einer Höhle, Grotte, stattfand. Die Geburtsszene wurde zwar auch in der altchristlichen Kunst häufig abgebildet, aber eine Höhle als Hintergrund oder als Raum des Geschehens ist nicht eindeutig feststellbar. Allerdings verweisen oft herumliegende Felsbrocken oder Maria, auf einem Felsstück sitzend, auf das Höhlenmotiv.

Aber jedem Besucher der Geburtskirche in Betlehem wird im Innern der Basilika aus dem 4. Jahrhundert die Geburtsgrotte gezeigt.

Die Grotte ist auch in Selma Lagerlöfs Legende von der Heiligen Nacht der Ort der Geburt. Diese Erzählung gehört zu den 1904 entstandenen *Christuslegenden.*

Dort erzählt die Großmutter, dass in dieser Nacht der Nächte ein Mann hinausging, um sich Feuer zu leihen, damit er seine Frau und sein neugeborenes Kind wärmen könne. Der Hirt, der ihm schließlich Feuer gibt, wundert sich über die sonderbaren Ereignisse und geht dem Mann nach. »Da sah der Hirt, dass der Mann nicht einmal eine Hütte hatte, um darin zu wohnen, sondern er hatte sein Weib und sein Kind in einer Berggrotte liegen, wo es nichts gab als nackte, kalte Steinwände.« (Selma Lagerlöf. Christuslegenden. München 1949)

Wenn auch die Hebammenszene der Apokryphen in der deutschen Kunst nur selten dargestellt wird, muss sie trotzdem erwähnt werden, weil sie in altchristlichen und byzantinischen Werken sehr häufig vorkommt.

Da gibt es die Hebamme Salome, die nicht an die Jungfrauengeburt glaubt und deshalb Maria untersucht. Auf der Stelle verdorrt ihre Hand zur Strafe für ihren Unglauben. Da sie aber ihre Verfehlung einsieht, wird die Hand wieder gesund. Dieser Verteidigungstext der Jungfrauengeburt Marias ist, ins Bild umgesetzt, auch auf dem Bischofsstuhl des Maximian in Ravenna zu sehen ebenso wie auf verschiedenen Elfenbeinschnitzereien aus dem 5. bis 8. Jahrhundert. Auch der erste Bronzeguss jenseits der Alpen, die Bernwardstür in Hildesheim (um 1015), zeigt diesen Vorgang. Nachwirkungen des apokryphen Textes lassen sich auch im Weihnachtsbild des Meisters von Flémalle (um 1375–1444) aus dem frühen 15. Jahrhundert aufzeigen, wo ein Engel und zwei Ammen mit Spruchbändern die Jungfräulichkeit Marias bezeugen (Museum, Dijon).

Zwei Frauen, die das Kind baden, sind auf dem Aachener Marienschrein, 1273 vollendet, zu sehen. Im Tympanon des Nordwestportals am Ulmer Münster (1356) ist diese Badeszene dargestellt. Auch Nicola Pisano, der große italienische Bildhauer, hat 1260 diese Szene auf einem Marmorrelief der Kanzel des Baptisteriums in Pisa abgebildet.

Die Palme am Wege

Interessantes wissen die Apokryphen auch über die Flucht nach Ägypten zu erzählen. Das Pseudo-Matthäusevangelium berichtet von Drachen, die auf dem Weg nach Ägypten plötzlich aus ihren Höhlen krochen. Beim Anblick des Kindes aber wurden die Tiere lammfromm und beteten es an. Als Relief ist dieses Geschehen an der Domfassade von Orvieto zu bewundern.

Die Palme, die sich neigt und den Flüchtenden Schatten und Nahrung spendet, war ein äußerst beliebtes Motiv. Das Mosaik am Triumphbogen von Santa Maria Maggiore zeigt es, Martin Schongauer (1450–1491) hat die Szene in Kupfer gestochen, und auf dem Kalkarer Siebenschmerzenaltar von Douvermann (um 1520) ist sie zu sehen.

Zur Fluchtepisode gehört noch ein anderes Ereignis, nämlich die stürzenden Götter beim Eintritt des göttlichen Kindes in den Tempel von Sotinen. Die Darstellung findet sich in vielen unterschiedlichen Werken.

In der Literatur lassen sich apokryphe Quellen auch noch für die Dichtungen der Nonne Hrotsvitha von Gandersheim (um 935–1000), für die Marienlyrik des Priesters Wernher, verfasst um 1170, und für Konrad von Fußesbrunn *Kindheit Jesus* (um 1210) nachweisen. Das am Ende des 13. Jahrhundert von einem unbekannten Dichter geschriebene *Passional,* auch ein christliches Erbauungsbuch, bezieht ebenfalls apokryphes Gedankengut ein.

Der zweite Erzählkreis, den die Apokryphen aufgreifen, handelt von der Passion, der Auferstehung und Himmelfahrt Jesu Christi und vom Tod Marias. Für die Darstellung des Passionszyklus' sind hauptsächlich die vier Evangelien maßgeblich geblieben, aber wo deren Aussagen Lücken lassen, zeitlich oder in der Anschaulichkeit, schieben sich apokryphe Schriften dazwischen.

Diesmal ist es das Nikodemusevangelium, auch Pilatusakten genannt, das als wichtigste Quelle für Kunst und Literatur angesehen werden muss. Bereits die ersten uns bekannten Passions- bzw. Kreuzigungsdarstellungen aus dem 5. Jahrhundert enthalten apokryphes Gedankengut und beweisen die Verbreitung der Texte unter den Gläubigen.

Sub Pontio Pilato

Das lediglich in Bruchstücken auf uns gekommene Petrusevangelium, das noch im 2. Jahrhundert in Syrien zu den heiligen Schriften zählte, bürdet ebenso wie das Nikodemusevangelium alle Schuld am Tod des Herrn den Juden und Herodes auf und entlastet Pontius Pilatus von der Mitschuld. Dies tun auch weitere apokryphe Schriften, die in der Ostkirche existieren, und in der koptischen Kirche wird Pontius Pilatus sogar als Heiliger verehrt.

Aus diesen und weiteren apokryphen Pilatusakten hat der russische Schriftsteller Michail Bulgakow (1891–1940) in seinem posthum veröffentlichten Buch *Der Meister und Margarita* seine Version der Passion zusammengestellt. Pilatus steht im Mittelpunkt dieses auf drei Kapitel verteilten Romans im Roman. Er wird nicht direkt als Gottsucher gezeichnet, sondern als Mensch, der sich träumend der Wahrheit nähert.

Im Traum geht er diskutierend mit Jeschua han-Nasri auf einer durchsichtigen Straße zum Mond.

Sie disputierten über etwas sehr Kompliziertes und Wichtiges, und keiner vermochte den anderen zu überzeugen. Ihre Ansichten deckten sich nirgends, und daher war ihr Disput besonders interessant und fand kein Ende. Die heutige Hinrichtung war natürlich ein reines Missverständnis, denn der Philosoph, der auf die unwahrscheinlich absurde Idee gekommen war, dass alle Menschen gut seien, ging ja hier neben ihm, folglich lebte er. Und außerdem konnte man einen solchen Menschen ja gar nicht hinrichten, der bloße Gedanke daran wäre entsetzlich! Nein, die Hinrichtung hatte nicht stattgefunden! Darum war es herrlich, diese Treppe zum Mond hinaufzugehen.

Doch, doch ..., stöhnte und schluchzte Pilatus im Schlaf. Selbstverständlich würde er seine Karriere aufs Spiel setzten.

... Er würde alles aufs Spiel setzen, um diesen gänzlich unschuldigen, verrückten Träumer und Arzt vor der Hinrichtung zu retten! Wir werden jetzt immer beisammen sein, sagte ihm im Traum der zerlumpte Wanderphilosoph, ... wo der Eine ist, sei auch der Andere! Gedenkt man meiner, so wird man auch deiner gedenken! (Michail Bulgakow: Der Meister und Margarita. München 1978)

Bulgakow nennt auch die Namen der beiden Räuber, die mit Jesus gekreuzigt wurden, Demas und Gestas, die so im Nikodemusevangelium zitiert werden.

Josef von Arimathäa und der Heilige Gral

Ein reicher Mann aus Arimathäa, Josef mit Namen, der ein Jünger Jesu war, ging am Abend zu Pontius Pilatus und bat um den Leichnam Jesu, um ihn in ein Felsengrab zu legen, das er selbst für sich hatte aushauen lassen. So berichtet Matthäus im Kapitel 27, Vers 57–61.

Das Nikodemusevangelium schreibt diese Geschichte fort und berichtet weiter, dass Josef von Arimathäa vom Hohen Rat beschuldigt worden sei, vor Pilatus die guten Werke des Jesus von Nazaret bezeugt und sich außerdem den Leichnam erbeten zu haben. Er sei also ein Anhänger dieses Mannes und habe wie er den Tod verdient. Sie schlossen ihn in sein Haus ein, versiegelten die Tür und stellten Wächter auf. Dann berieten sie, wie sie ihn töten wollten. Als sie am ersten Tag der Woche die Tür öffneten, war Josef nicht mehr da.

An das mysteriöse Verschwinden knüpft eine andere Legende an: Josef von Arimathäa soll den Gral – eine Schale oder einen Kelch –, in dem er das Blut Christi gesammelt hatte, nach England gebracht und dort eine kleine Kirche in Glastonbury gegründet haben.

Der Heilige Gral wurde dann zum Mittelpunkt vieler Legenden, zum Gegenstand, nach dem viele Ritter suchten.

Josef von Arimathäa wird in der bildenden Kunst auf vielen Tafelbildern und Fresken bei der Kreuzabnahme dargestellt. Besonders beeindruckend schildert das Ereignis Roger van der Weyden (1399/1400–1464) in seiner *Kreuzabnahme*, um 1435 (Prado, Madrid). Ein Stich von William Black zeigt Josef von Arimathäa vor den Felsen von Albion (ein alter Name für Britannien).

Im Film *Da-Vinci-Code – Sakrileg* wird auf ihn als den Gründer der ersten Kirche in England hingewiesen, und in *Indiana Jones und der letzte Kreuzzug* ist er der Gralshüter.

Hinabgestiegen in das Reich des Todes

Obwohl dieser Satz im apostolischen Glaubensbekenntnis, das in allen römisch-katholischen Kirchen gebetet wird, seit Jahrhunderten seinen festen Platz hat, berichtet das Neue Testament über diesen Vorgang nichts.

Das Nikodemusevangelium bringt dazu einen »Augenzeugenbericht« zweier Menschen, die aus dem Grab erstanden waren. Diese sehr anschauliche Erzählung hat gerade auf die mittelalterliche deutsche Kunst eine große Wirkung ausgeübt. Dargestellt wird der dramatische Augenblick, wo Jesus Adams rechte Hand ergreift, um ihn zu befreien und dem Erzengel Michael zu übergeben, der die Heiligen ins Paradies führen soll; auch der bekehrte Schächer steht mit dem Kreuz, seiner Eintrittskarte ins Paradies, mitten unter ihnen. In der frühchristlichen Kunst ist diese Szene verhältnismäßig selten dargestellt. Im um 800 entstandenen Bilderzyklus, der in der Klosterkirche St. Johann in Müstair (Graubünden) die Wände des Hauptschiffs und der Apsis bedeckt, ist auch Jesus in der Vorhölle zusammen mit Adam und Eva zu sehen. Auch in der Buchmalerei und im Kunstgewerbe ist dieses Thema wiedergegeben. Eindrucksvoll schildern Martin Schongauer und der Meister der großen Passion (um 1420), Lucas Cranach der Ältere (1472–1533) sowie Albrecht Dürer und Albrecht Altdorfer die Szene.

Die Körperlichkeit des Auferstandenen

Das Neue Testament erzählt, dass Thomas sich durch Handauflegen von der Körperlichkeit des Auferstandenen überzeugen konnte. In der apokryphen *Epistula Apostolorum* gibt Jesus einen weiteren Beweis. Er macht Andreas auf die Spuren, die seine Füße im Sand hinterlassen, aufmerksam. Wenn er ein Geist wäre, würden keine Spuren zu sehen sein.

Dieses Motiv der Körperlichkeit hat die Kunst übernommen. Bis ins 16. Jahrhundert hinein findet man daher auf Darstellungen der Himmelfahrt Christi, hauptsächlich bei geschnitzten Bildwerken und in der Buchmalerei, die sichtbaren Fußabdrücke als Beweis für seine leibliche Existenz.

Marias Tod

Einen großen Einfluss auf Kunst und Literatur des christlichen Abendlandes hatte auch der hier nicht abgedruckte apokryphe Text von *Johannes dem Theologen über das Sterben der Heiligen Mutter Gottes.* Er schildert das Sterben Marias, eine in der bildenden Kunst sehr häufig dargestellte Szene. Der Bildaufbau – Apostel umgeben ihr Sterbelager und Christus nimmt, hinter ihrem Bett stehend, ihre Seele auf, um sie den Engeln zu reichen – wurde in der byzantinischen Kunst entwickelt und von der abendländischen übernommen. Schon eine Reichenauer Handschrift aus dem 11. Jahrhundert bildet das Geschehen so ab. In der Folgezeit, besonders mit dem Einsetzen der Marienverehrung im 13. Jahrhundert, wird dieses Thema vermehrt in der bildenden Kunst dargestellt: als Mittelbild der geschnitzten Marienaltäre – im Krakauer Altar des Veit Stoß (um 1450–1533), als Relief, Mainfranken 1480–1490 oder in den grafischen Blättern des Marienlebens von Martin Schongauer (um 1440/45–1482) und Albrecht Dürer sowie von Hugo van der Goes (um 1450–1491) um 1480 als Altarbild (Groeningemuseum, Brügge).

Apokryphe Apostelgeschichten

Aus ihnen haben die bildende Kunst und die Literatur die Attribute der Apostel übernommen, meist sind es ihre Leidenswerkzeuge, durch die sie zu Tode kamen. Auch einige Martyriumsszenen, die Kreuzigung des Petrus mit dem Kopf nach unten, der Tod des Paulus durch das Schwert und andere, gehen auf diese Geschichten zurück. Sehr ausführlich zeigen dies die Tafeln mit den Apostelmartyrien, um 1440 (Städel-Museum, Frankfurt a. M.) aus der Werkstatt des Stephan Lochner (um 1400/10–1451).

Unter all den Aposteldarstellungen haben Petrus und Paulus natürlich den Vorrang. Die Kontroverse zwischen Petrus und dem Magier Simon ist ein beliebtes Thema. Den Sturz des Magiers haben Buchmaler schon um 990 in einem Antiphonar aus Prüm (Eifel) dargestellt, ebenso als Initial in einer Handschrift eines unbekannten Meisters um 1170 (Hildesheim). In der Klosterkirche St. Johann in Müstair sieht man auf einem Fresko den Magier Simon im Streitgespräch mit den Aposteln vor Nero und seinem Hofstaat (karolingisch um 800).

Eines der ältesten Kreuzigungsbilder des Petrus ist im Homilienkodex des heiligen Gregor von Nazianz (um 880) zu sehen. In diesem Manuskript sind auch die Martyrien aller anderen Apostel abgebildet.

Die apokryphen Texte als Quelle der Inspiration der bildenden Kunst und Literatur scheinen bis in unsere Zeit fortzuwirken, auch wenn im 16. Jahrhundert die Übernahme von Motiven und Stoffen aus den Apokryphen im Wesentlichen abgeschlossen war.

Die Apokryphen zum Alten Testament

Verheißung und Vollendung

Letztlich folgten die christlichen Gemeinden der Kanonbildung der jüdischen Gemeinden. Die Christen verstanden sich selbst ja als Vollendung der jüdischen Verheißung des Messias.

Das Alte Testament umfasst die Zeit von der Urgeschichte und der Schöpfung der Welt und im Wesentlichen bis zur Heimkehr aus der babylonischen Gefangenschaft. Später verfasste Schriften, die sich durchaus kämpferisch und inspiriert der jüdischen Sache angenommen haben, gelten im Jüdischen als außerkanonisch und apokryph.

Aber auch für die Zeit der Schöpfung, der jüdischen Urväter und der Propheten ist eine reiche Fülle an außerkanonischen Legenden entstanden. Diese Bücher geben lebendig, wortreich und ausladend Auskunft auf viele Details, die in den kanonischen Büchern zu kurz kommen.

Die alttestamentlichen Apokryphen sind geprägt von dem traumatischen Erleben des jüdischen Volkes.

Immer bedrängt, in der Existenz bedroht und in Angst um den Verlust der kulturellen Identität ist das jüdische Volk in einer einzigartigen Weise geprägt. Die narzisstische Selbstsicht als auserwähltes Volk wechselt in der Stimmungslage mit Unterdrückung und Drangsal. Ihre eigenen Sünden und der Abfall vom Glauben an ihren Gott, so die Selbsterkenntnis der frommen Juden, sind immer wieder schuld, dass ihre Feinde die Oberhand gewinnen. Die Hoffnung auf den kommenden Messias war der dabei immer einende Gedanke.

Das reiche Schaffen an Schriften zum alttestamentlichen Themenkreis ist nicht überraschend. Ist die Geschichte zur Entstehung der Welt in der Genesis doch sehr knapp ausgefallen zu den bekannten babylonischen und ägyptischen Kosmologien, die auch den Juden bekannt waren. Die Erzählungen in der Bibel zu den Patriarchen und zu Noach ist letztlich zu wenig für ein Volk, das stolz ist auf seine Ahnen und seine Geschichte. Da ist viel Platz für weitere Bücher, die die Sehnsucht nach Wunderbarem stillen, und es ist nicht verwunderlich, wenn die Erzähler irgendwann ihren Schreiber fanden, der aufschrieb, was an nationaler Folklore im Umlauf war.

Lilith, der Nachtgeist

Nicht in den Apokryphen zu finden ist die Geschichte um Lilith.

In Jesaja 34,14 ist die einzige Erwähnung der Lilith in der Bibel: »Wüstenhunde und Hyänen treffen sich hier, die Bocksgeister begegnen einander. Auch Lilith, das Nachtgespenst ruht sich dort aus und findet für sich eine Bleibe.«

Die Legende um Lilith stammt eigentlich aus dem sumerischen und babylonischen Kulturumfeld. Sie war dort die Göttin derer, die bei der Erschaffung der Welt wegen ihrer Bosheit aus dem Paradies vertrieben wurden. Lilith wird meist geflügelt dargestellt.

Lilith soll die erste Frau Adams gewesen sein, die wie er aus der gleichen Erde geschaffen wurde und deshalb eine ebenbürtige Rolle für sich verlangte, wie im jüdischen Midrasch berichtet wird:

»Als Gott Adam erschuf, sagte er: Es ist nicht gut, dass der Mensch allein sei. Daher erschuf er für ihn eine Gehilfin, ebenfalls aus der Erde, und nannte sie Lilith. Sobald sie geschaffen war, begann sie einen Streit und sagte: Weshalb sollte ich unten liegen? Ich bin ebenso viel wert wie du, wir sind beide aus Erde geschaffen. Als aber Lilith sah, dass sie Adam nicht überwältigen konnte, sprach sie den unaussprechlichen Gottesnamen aus und flog in die Luft.«

In der weiteren Rezeption bekam Lilith bedrohliche magische Fähigkeiten zugesprochen und wurde in heutigen Zeiten ein Symbol für die Frauenemanzipation. In der Figur selbst mischen sich magische Elemente, die sich so und explizit weder in der Bibel, noch in den außerkanonischen Schriften finden.

Apokryphe Quellentexte zum Alten Testament

Im Folgenden werden die bedeutenden Apokryphen zum Alten Testament aufgezählt. Viele sind in mehreren populären Ausgaben veröffentlicht, deshalb sind in dieser Sammlung die wichtigsten und vorbildhaften auch in der Quelle abgedruckt.

Legenden und Ermahnungen

Unter der Rubrik Heiligenlegenden und Ermahnungen zur Gesetzestreue sammelt sich eine große Anzahl an außerkanonischen Schriften zum Alten Testament.

Das Leben Adams und Evas

Diese Schrift ist beinahe wortgleich mit der sogenannten *Apokalypse Moses.* In duftig zarten Worten wird über das Leben im Paradies und die Verführung durch den Satan in Form der Schlange erzählt. Sie werden vertrieben und tun Buße. Ausführlich berichtet die Schrift vom Leben Adams und Evas außerhalb des Paradieses und von den Kindern Kain, Abel und Seth sowie dem Tod von Adam. Das Buch war im 14. bis 16. Jahrhundert in Europa weit verbreitet.

Testament Ijobs

Ijob reizt den Satan und zerstört ein Götzenbild. Der Vorbildcharakter dieses gottesfürchtigen Mannes wird vielfach gerühmt, den alle Heimsuchungen und Klagen seiner Frau und die Abkehr seiner Freunde nicht abbringen können. Im essenischen Gedankengut bewegen sich die Aussagen zur Engellehre und das Lob des jungfräulichen Lebens. Einige Redensarten stehen direkt in Bezug mit dem Neuen Testament.

In epischer Form erzieht das *Testament der 12 Patriarchen* zu Gottesfurcht, Gesetzestreue und Weisheit. Ruben warnt vor Unzucht, Simeon vor Neid, und Levi prophezeit den neuen Priester, den Messias, der die Erkenntnis und die Gnade auch den Heiden bringt. Juda erzählt von seinen Abenteuern und warnt vor Wein, Weibern und Habsucht. Der gerechte Herrscher wird das sündige Israel trotzdem befreien. Issachar preist die Einfalt, Sebulon das Erbarmen, Dan warnt vor dem Jähzorn und der Unwahrheit, Naphtali predigt Reinheit und Güte, Gad verabscheut den Hass und Ascher stellt Bosheit der Tugend gegenüber. Joseph idealisiert ein keusches Leben und Benjamin ruft zur Güte auf. Das Testament greift jüdische Stoffe aus verschiedenen Zeiten und wurde wohl erst 200 nach Christus endgültig redaktionell zu einem Ganzen zusammengefügt.

Joseph und Asenath

Das rührende und feinsinnige Gleichnis ist die Liebesgeschichte von Joseph und Asenath. Sie ist die reiche und schöne Tochter eines Priesters, wird aber von Joseph als Götzendienerin abgelehnt. Sie bekehrt ihn, und sie vermählen sich. Asenath ist sinnbildlich die im Turm eingeschlossene Seele und Joseph der Messias, der Weisheit, Wahrheit und den Geist des Lebens spendet.

Apokryphe Apokalypsen zum Alten Testament

Unzugängliche Einblicke, Auflösung der Widersprüche und Hoffnung spenden, wo Ängste verborgen sind, das ist Aufgabe dieser Schriften.

Apokalypsen gehen dem jüdischen Glauben an eine gerechte Welt und der Herrschaft des Messias voraus. Sie sollen die Übermacht und den Übermut der Heiden und Sünder erklären, die Zerstörung des Tempels und der Heiligen Stadt Jerusalem.

Etwa 100 nach Christus wurde das *4. Buch Esras* in Rom verfasst, das in mehreren Gesichtern die Zerstörung des Tempels 70 nach Christus beschreibt. Der Text war im Anhang der lateinischen Vulgata erhalten. Der Text ist mit der syrischen Baruch-Apokalypse verwandt.

Das Henoch-Buch ist die umfangreichste, interessanteste, aber auch umstrittenste Apokalypse. Es ist in fünf Büchern unterteilt nach dem Vorbild der Bücher des Mose.

Das Engelbuch berichtet vom Fall und der Strafe der Engel. Im astronomischen Buch breitet der Autor babylonisches Wissen zum Lauf der Gestirne aus. Das Geschichtsbuch enthält zwei Traumgeschichten zur Sintflut. Das Mahnbuch ermuntert zum Ausharren und zum Ertragen der Strafen. Im Messiasbuch schaut Henoch die Wohnungen der Gerechten.

Das Buch Henoch wurde nach Christi Geburt aus alten und früher zu datierenden Texten zusammengestellt. Eine Urform mag noch vor der Zerstörung des Tempels entstanden sein.

Schriften der Diasporajuden vor Christi Geburt

In den letzten Jahrhunderten vor Christi Geburt lebten die meisten Juden außerhalb von Palästina. In diesen durch den Glauben an Jahwe zusammengehaltenen Gemeinden entstand eine beachtliche Fülle an außerkanonischen Schriften, die die Umstände ihrer Bedrängnis, dem Leben in der Fremde, der Hoffnung auf eine Einung und den Stolz ein Jude zu sein, Ausdruck verliehen.

Das *Testament Salomos* erzählt von der Macht des großen Königs, der den Juden auch politische Geltung gab. So bezwingt Salomo in einer Wundergeschichte einen Dämon, der einen Tempelarbeiter quält, mit einem von Gott geschenkten Siegelring. Er zwingt den Dämon sogar zur Mithilfe am Bau des Tempels.

Im *Aristeasbrief*, verfasst von einem Beamten des Ptolemäos II., schildert dieser die Arbeit an der Übersetzung der hebräischen Bibel ins Griechische, der Septuaginta. Der Brief wurde etwa 80 vor Christus unter Verwendung älterer Quellen niedergeschrieben.

Das 3. und 4. Makkabäerbuch berichtet von den Auseinandersetzungen mit der griechischen Kultur und den Anstrengungen im Exil die eigene jüdische Identität zu wahren. Es werden die Martyrien und Reden der sieben Makkabäischen Brüder stilvoll ausgeführt. Die Texte stehen auch im Anhang der Septuaginta.

Das Buch der Regel der Einung

Ein gutes Beispiel für das Leben und die Zeit vor Christus ist die selbst gegebene Regel der Essenergemeinde in Qumran. Vieles an den dort beschriebenen religiösen Ritualen findet sich in einem neuen Zusammenhang auch in den christlichen Gemeinden. Die Essener, das Wort wird vom aramäischen Wort »chasaja« abgeleitet und heißt »die Frommen«, sind eine Gemeinschaft, die sich im 2. Jahrhundert vor Christus vom Priestertum und Tempelkult in Jerusalem trennte. Sie bereiteten sich durch eine strenge und asketische Lebensform auf das baldige Erscheinen des Messias und die neue Schöpfung vor. Es ist anzunehmen, dass Jesus von den Essenern in Qumran wusste.

Vom Leben Adams und Evas

Das Buch baut auf die ersten Kapitel des kanonischen Buches Genesis auf und erzählt vom Sündenfall, der Vertreibung aus dem Paradies und den daraus resultierenden Krankheiten, der Bedrohung durch wilde Tiere, über den Verlust der ursprünglichen Herrlichkeit und die Erfahrung des Todes. Ausführlich wird die Vergebung Gottes für Adam nach dessen Tod geschildert.

Dem unendlichen Leben des Menschen wird das endzeitliche Heil Gottes gegenübergestellt, und das gegenwärtige Dasein des menschlichen Lebens ist ein vorläufiges.

Das Buch wurde in griechischer, aber auch lateinischer und armenischer und anderen Sprachen überliefert und wird nach überwiegender Meinung der Forscher für die Entstehungszeit in das 1. bis 4. Jahrhundert nach Christus eingeordnet. Wenn ältere Quellen vorhanden waren, so wurden diese in dieser Zeit christlich überarbeitet.

Adam und Eva nach der Vertreibung aus dem Paradies

Nachdem sie aus dem Paradiese vertrieben waren, bauten sie sich eine Hütte und verbrachten sieben Tage dort trauernd und klagend in großer Betrübnis. Nach sieben Tagen aber bekamen sie Hunger und suchten nach einer Speise, doch sie fanden keine.

Da sprach Eva zu Adam: Mein Mann, ich habe Hunger. Geh, suche uns etwas zu essen! Vielleicht erbarmt sich Gott der Herr unser und schickt uns wieder an den Ort, wo wir früher waren. Und Adam machte sich auf und ging in sieben Tagen durch das ganze Land, fand aber keine Speise, so wie sie sie im Paradiese hatten. Und Eva sprach zu Adam: Mein Mann, willst du, so töte mich! Vielleicht führt dich dann Gott der Herr in das Paradies zurück. Denn Gott der Herr ist doch nur meinetwegen über dich in Zorn geraten und hat uns vertrieben.

Adam antwortete: Eva, rede nicht so weiter, dass Gott der Herr nicht abermals einen Fluch über uns verhängt! Wie könnte ich, meine Hand gegen mein eigenes Fleisch erheben? Wir wollen uns auf den Weg machen und uns etwas suchen, wovon wir leben können.

Und sie gingen hin und suchten neun Tage lang, fanden aber nichts in der Art, wie sie es im Paradiese gehabt hatten, sondern nur tierische Speise. Und Adam sprach zu Eva: Das hat der Herr den Tieren und dem Vieh zur Speise gegeben, wir aber hatten Engelspeise. Lass uns vor Gottes Angesicht trauern, der uns erschaffen hat. Lass uns große Buße tun. Vielleicht vergibt uns Gott der Herr und weist uns etwas zu, wovon wir leben können.

Und Eva sprach zu Adam: Mein Mann, wie viel Buße willst du tun? Habe ich dir doch Mühe und Drangsal bereitet! Und Adam sprach zu Eva: Du kannst nicht so viel Buße tun wie ich, aber tue so viel, wie es deine Gesundheit zulässt. Ich will 40 Tage fastend verbringen. Du aber mach dich auf den Weg und gehe zum Tigris, nimm einen Stein und stelle dich darauf ins Wasser bis an den Hals, dort, wo der Fluss am tiefsten ist. Und keine Rede gehe aus deinem Mund hervor, denn wir sind nicht würdig, den Herrn zu bitten. Unsere Lippen sind unrein von der Frucht des verbotenen Baumes. Bleibe im Wasser des Flusses 37 Tage lang stehen. Ich aber will im Wasser des Jordan 40 Tage verbringen. Vielleicht erbarmt sich Gott der Herr.

Und Eva ging zum Tigris und tat, wie ihr Adam gesagt hatte. Adam aber ging zum Jordan und stellte sich auf einen Stein und das Wasser reichte ihm bis zum Hals. Adam sprach: Ich sage dir, Wasser des Jordan, betrübe dich mit mir und versammle um mich alles schwimmende Getier, das in dir ist, dass sie mich umgeben und mit mir, der gesündigt hat, trauern.

Alsbald kamen alle Tiere und umgaben ihn, und das Wasser des Jordan blieb stehen von dieser Stunde an, ohne weiterzulaufen.

Es vergingen 18 Tage. Da geriet der Teufel in Zorn. Er verwandelte sich in die Lichtgestalt der Engel, kam an den Tigris zu Eva und fand sie weinend. Der Teufel fing an mit ihr zu weinen, als wenn auch er mit ihr betrübt wäre und sprach zu ihr: Steig aus dem Fluss und weine nicht länger. Lass ab von deinem Trauern und Klagen! Warum sind du und dein Mann Adam noch bekümmert? Gott der Herr hat eure Klage gehört und eure Buße angenommen. Wir Engel haben alle den Herrn für euch um Vergebung gebeten und er hat mich gesandt, euch aus dem Wasser zu holen und euch die Nahrung zu geben, die ihr im Paradiese hattet und um die ihr getrauert habt. Jetzt also steig aus dem Wasser, ich will euch an einen Ort führen, wo für euch gesorgt ist.

Eva glaubte, was sie gehört hatte. Sie stieg aus dem Wasser des Flusses und ihr Leib zitterte wie Gras von der Kälte des Wassers. Als sie herauskam, fiel sie auf die Erde; doch der Teufel richtete sie auf und führte sie zu Adam. Als aber Adam sie sah und den Teufel bei ihr, rief er weinend: Eva, Eva, wo ist nun deine Buße? Wie konntest du dich abermals von unserem Widersacher verführen lassen, durch den wir aus dem Paradies und der ewigen Freude vertrieben wurden?

Als Eva dies hörte, erkannte sie, dass es der Teufel gewesen war, der ihr geraten, aus dem Flusse zu gehen. Und sie warf sich auf die Erde, und ihr Schmerz, Klagen und Trauern verdoppelte sich. Und sie rief also: Wehe dir, Teufel, warum bekämpfst du uns ohne Grund? Warum richtet sich deine Bosheit gegen uns? Haben wir dir etwa deine Herrlichkeit und deine Ehre genommen? Warum verfolgst du uns bis zum Tod in Hass und Neid?

Da sprach der Teufel: Adam, meine ganze Feindschaft, mein Neid und mein Schmerz gehen gegen dich, weil ich deinetwegen vertrieben und entfremdet wurde von meiner Herrlichkeit, die ich im Himmel inmitten der Engel hatte. Deinetwegen wurde ich auf die Erde hinabgestoßen.

Adam antwortete: Was habe ich dir denn getan und was ist meine Schuld dir gegenüber? Warum verfolgst du uns, da wir dich doch nicht geschädigt oder verletzt haben? Der Teufel antwortete: Adam, was sagst du da zu mir? Um deinetwillen bin ich aus dem Himmel verstoßen worden. Als du gebildet wurdest, wurde ich von Gott verstoßen und aus der Gemeinschaft der Engel verbannt. Als Gott den Odem des Lebens in dich blies und dein Gesicht und Gleichnis nach Gottes Bild geschaffen wurde, kam Michael her und gebot, dich anzubeten im Angesichte Gottes. Gott der Herr sprach: Siehe, Adam, ich schuf dich nach meinem Bild und Gleichnis.

Und Michael kam herauf und gebot allen Engeln: Betet Gottes Ebenbild an, wie Gott der Herr es befohlen hat!

Michael selbst betete zuerst an und dann rief er mich und sprach: Bete nun auch du das Ebenbild Gottes an. Ich antwortete: Ich brauche Adam nicht anzubeten. Und da Michael mich drängte, sprach ich zu ihm: Warum drängst du mich? Ich werde doch den nicht anbeten, der geringer und jünger ist als ich! Ich bin vor ihm erschaffen worden. Ehe er erschaffen wurde, war ich erschaffen. Er sollte besser mich anbeten. Als dies die anderen Engel hörten, die mir unterstanden, wollten sie ihn auch nicht mehr anbeten. Michael sprach: Bete Gottes Ebenbild an! Tust du es aber nicht, so wird dir Gott der Herr zürnen. Und ich sprach: Wenn Gott über mich in Zorn gerät, werde ich meinen Sitz über die Sterne des Himmels erheben und ihm dem Höchsten gleich sein.

Gott der Herr war sehr zornig auf mich und verbannte mich mit meinen Engeln aus unserer Herrlichkeit. So wurden wir um deinetwillen aus unseren Wohnungen vertrieben und auf die Erde verstoßen. Wir waren sehr betrübt. Dich nun im Paradies in solcher Freude und Wonne sehen zu müssen, machte uns traurig. Mit List umgarnte ich deshalb dein Weib und verführte sie, dass du ihretwegen von deiner Freude und Wonne vertrieben wurdest, ebenso wie ich vertrieben wurde von meiner Herrlichkeit.

Als Adam den Teufel so sprechen hörte, rief er laut und weinend: Herr, mein Gott, in deinen Händen liegt mein Leben. Schicke den Satan weg, da er meine Seele ins Verderben zu bringen versucht. Gib mir die Herrlichkeit, die er selbst verloren hat! Sofort verschwand der Teufel. Adam aber hielt 40 Tage lang im Wasser des Jordan stehend aus.

Die Geburt von Kain und Abel
Evas Traum und Abels Tod
Die Geburt von Seth und den übrigen Kindern

Eva sprach zu Adam: Bleibe du am Leben, mein Mann! Du darfst leben, denn du hast weder die erste noch die zweite Sünde begangen. Ich aber habe gegen die Gebote Gottes gesündigt und bin verführt worden. Und jetzt nimm mir das Licht dieses Lebens! In die Richtung des Sonnenunterganges will ich gehen und dort bleiben, bis ich sterbe. Sie zog gen Westen und begann zu trauern und unter lautem Seufzen bitterlich zu weinen. Sie baute sich eine Wohnung, da sie schwanger war mit einer Leibesfrucht von drei Monaten. Und als die Zeit nahte, da sie gebären sollte, bekam sie heftige Schmerzen. Sie rief zum Herrn: Erbarme dich, mein Herr und hilf mir! Aber der Herr erhörte sie nicht und Gottes Barmherzigkeit war nicht um sie. So sprach sie bei sich: Wer wird es meinem Mann Adam sagen? Euch Himmelsleuchten bitte ich, wenn ihr nach Osten zurückkehrt, verkündet es meinem Mann Adam! In jener Stunde sprach Adam: Die Klage Evas ist zu mir gedrungen. Vielleicht hat die Schlange abermals mit ihr gekämpft. Er ging zu ihr und fand sie in tiefer Traurigkeit. Und Eva sprach: Als ich dich sah, war meine schmerzbewegte Seele erquickt. Und jetzt bitte Gott den Herrn für mich, dass er dich erhöre und mich gnädig ansehe und von meinen argen Schmerzen befreie. Und Adam bat den Herrn für Eva. Und siehe, 12 Engel und 2 Kräfte stellten sich Eva zur Rechten und zur Linken. Und Michael, der sich zur Rechten gestellt, berührte sie vom Antlitz bis zur Brust und sprach zu Eva: Gesegnet seiest du, Eva, um Adams willen. Weil seine Bitten und Gebete groß sind, wurde ich zu dir gesandt, dass du unsere Hilfe bekommst. Mache dich bereit zur Geburt! Und sie gebar einen Sohn, der voller Licht war. Bald stand das Kind auf, lief fort und brachte in seinen Händen einen Halm und gab diesen seiner Mutter. Sie gaben ihm den Namen Kain. Und Adam nahm Eva und den Knaben und führte sie nach Osten. Und Gott der Herr sandte durch den Engel Michael verschiedene Samen, gab sie Adam und zeigte ihm, wie er die Erde bearbeiten und bebauen sollte, damit sie Früchte hätten, von denen sie und ihre Nachkommen leben könnten. Danach wurde Eva schwanger und gebar einen Sohn namens Abel. Und Kain blieb mit Abel zusammen.

Und Eva sprach zu Adam: Im Traum sah ich das Blut unseres Sohnes Abel in der Hand Kains, der es mit seinem Munde verschlang. Adam sprach: Wehe uns, dass nicht etwa Kain den Abel erschlage! Wir werden sie voneinander trennen und jedem eine besondere Aufgabe geben. Sie machten Kain zum Ackerbauern und Abel zum Hirten. Dennoch erschlug Kain den Abel. Damals war Adam 130 Jahre alt.

Danach zeugte Adam mit seiner Frau einen weiteren Sohn und nannte ihn Seth. Adam sprach zu Eva: Sieh, ich habe einen Sohn gezeugt, der die Stelle Adams einnehmen soll.

Nachdem Adam Seth gezeugt hatte, lebte er noch 800 Jahre und zeugte mit Eva 30 Söhne und 30 Töchter. Sie verbreiteten sich über die ganze Erde.

Adam erzählt Seth alle Geheimnisse

Adam sprach zu Seth: Höre, mein Sohn, ich will dir berichten, was ich gehört und gesehen habe. Nachdem wir aus dem Paradies vertrieben worden waren, kam, als wir beim Gebete waren, der Erzengel Michael zu mir. Ich sah einen Wagen dem Winde gleich, feurig waren seine Räder; und ich wurde entrückt ins Paradies der Gerechtigkeit. Ich sah den Herrn sitzen. Sein Anblick war ein unerträgliches, brennendes Feuer und viele tausend Engel waren zur Rechten und Linken seines Wagens. Als ich das sah, war ich bestürzt und furchtsam. Ich fiel betend nieder vor Gott. Da sprach Gott zu mir: Sieh, du wirst sterben, denn du hast Gottes Gebot nicht gehorcht. Du hast mehr auf die Stimme deines Weibes als auf meine Worte gehört!

Als ich diese Gottesworte hörte, fiel ich zur Erde, betete den Herrn an und sprach: Mein Herr, allmächtiger und barmherziger, heiliger und getreuer Gott, lass mich nicht untergehen, sondern bekehre meine Seele. Denn ich muss sterben, und der Odem des Lebens wird wieder aus meinem Munde gehen. Verwirf mich nicht vor deinem Antlitz, denn du hast mich aus Erdenkot gebildet. Entziehe mir nicht deine Gnade! Und siehe der Herr sprach zu mir: Dein Samen soll bis in Ewigkeit mir dienen. Als ich diese Worte hörte, warf ich mich zur Erde und betete Gott den Herrn an: Du bist der ewige Gott und der Höchste. Alle Geschöpfe bringen dir Preis und Lob. Du bist das alles Leuchten überstrahlende wahre Licht, das lebendige Leben, die unbegreiflich große Kraft. Dir bringen Preis und Lob die Kräfte aller Geister. Du wirkst am Menschengeschlecht die Wunder deiner Barmherzigkeit! Nachdem ich den Herrn angebetet hatte, fasste mich der Erzengel Michael bei der Hand und trieb mich aus dem Paradies. Michael berührte mit einer Rute in der Hand die Wasser, die das Paradies umflossen, dass sie gefroren. Da ging ich über das Wasser und Michael mit mir. Er brachte mich wieder an den Ort, von dem er mich entrückt hatte.

Höre, mein Sohn Seth, noch andere zukünftige Geheimnisse, die mir offenbart wurden, als ich vom Baume des Wissens aß.

Adams Krankheit und Erzählung vom Sündenfall
Die Aussendung Seths und Evas zum Paradies
Ihre Begegnung mit einem wilden Tier
Gottes Botschaft und die Rückkehr beider

Nachdem Adam 930 Jahre alt geworden war und sein Ende spürte, sprach er: Alle meine Söhne sollen sich bei mir versammeln, dass ich mit ihnen rede und sie segne, bevor ich sterbe. Sie versammelten sich in drei Gruppen am Bethaus, wo sie Gott den Herrn anzubeten pflegten. Sie fragten ihn: Was ist mit dir, Vater, dass du uns versammelst? Warum liegst du in deinem Bett?

Da antwortete Adam: Meine Söhne, mir ist übel vor Schmerzen. Und alle seine Söhne fragten ihn: Was ist das, Vater, wenn es einem übel ist vor Schmerzen? Darauf sagte sein Sohn Seth: Vater, vielleicht brauchst du etwas von der Paradiesfrucht, von der du einst gegessen hast. Sage es mir, so will ich mich den Pforten des Paradieses nähern, Staub auf mein Haupt streuen, mich zur Erde werfen, wehklagen und den Herrn anflehen. Vielleicht erhört er mich und sendet seinen Engel, dass er mir von der Frucht bringt, nach der du verlangst. Adam sprach: Nein, mein Sohn, ich verlange nicht danach, sondern empfinde Schwäche und großen Schmerz. Seth fragte: Was ist Schmerz? Adam antwortete: Hört mich an, meine Söhne. Als Gott uns schuf, mich und eure Mutter, setzte er uns ins Paradies und gab uns alles Fruchtbringende zu essen. Gleichzeitig aber verbot er uns vom Baume der Erkenntnis des Guten und Bösen, der inmitten des Paradieses steht, zu essen. Gott gab einen Teil des Paradieses mir und den anderen eurer Mutter Die Bäume des östlichen Teils und jenen, der nach Norden gelegen ist, gab er mir, und eurer Mutter gab er den südlichen und den westlichen Teil. Zwei Engel dienten zu unserer Bewachung. Die Stunde, in der die Engel hinaufgingen, um vor Gottes Angesicht zu beten, nutzte der Widersacher, der Teufel, um eure Mutter zu verführen. Sie aß vom unerlaubten Baum und gab auch mir davon. Darüber geriet Gott in Zorn und sprach zu mir: Weil du meinem Gebot nicht gehorcht hast, will ich über deinen Leib 70 Plagen bringen. Du und deine Nachkommen sollen von mancherlei Schmerzen am ganzen Körper gequält werden.

Als Adam dieses seinen Söhnen sagte, wurde er von heftigen Schmerzen ergriffen und rief laut: Was soll ich Unglücklicher tun, da ich von solchen Schmerzen befallen bin? Als Eva ihn so sah, fing auch sie zu weinen an und sprach:

Herr, mein Gott, lass lieber mich leiden, denn ich war es, die gesündigt hat! Und zu Adam sprach Eva: Mein Mann, gib mir einen Teil deiner Schmerzen, denn durch mich hast du sie dir zugezogen. Da sprach Adam zu Eva: Auf, geh mit meinem Sohne Seth in die Nähe des Paradieses. Streut Staub auf euer Haupt und werft euch zur Erde und klagt im Angesichte Gottes. Vielleicht erbarmt er sich dann und sendet seinen Engel hinüber zum Baume seiner Barmherzigkeit, aus dem das Lebensöl fließt, und gibt euch etwas davon, dass ihr mich damit salbt, und ich Ruhe habe vor den Schmerzen, die mich verzehren.

Da gingen Seth und seine Mutter zu den Toren des Paradieses. Unterwegs kam plötzlich eine Schlange. Sie fiel Seth an und biss ihn. Als Eva das sah, weinte sie und sprach. Wehe mir Arme! Ich bin verflucht, denn des Herrn Gebot habe ich nicht gehalten! Und zur Schlange sprach Eva mit lauter Stimme: Verfluchtes Tier, warum fürchtest du dich nicht, dich auf Gottes Ebenbild zu werfen. Das Tier antwortete in Menschensprache: Eva, richtet sich unsere Bosheit und Wut etwa nicht gegen euch? Sage mir, Eva, warum öffnete sich dein Mund, als du von der Frucht gegessen hast, die dir Gott der Herr zu essen verboten hatte, und jetzt kannst du nicht standhalten, wenn ich anhebe, dich zu beschuldigen? Darauf sprach Seth zum Tiere: Gott der Herr schelte dich! Schweig, verstumme, halte deinen Mund, verfluchter Feind der Wahrheit! Lass ab von Gottes Ebenbild bis zu dem Tage, da Gott der Herr dich zur Verantwortung ziehen lassen wird! Da sprach das Tier zu Seth: Sieh, ich lasse ab, wie du sagtest, vom Ebenbild Gottes.

Seth und seine Mutter gingen in die Gegend des Paradieses auf der Suche nach dem Öl der Barmherzigkeit, um den kranken Adam damit zu salben. Als sie nun an die Tore des Paradieses gelangten, hoben sie Staub von der Erde auf und streuten ihn auf ihr Haupt. Sie warfen sich auf die Erde und fingen laut an zu klagen, um Gott den Herrn zu bitten, dass er sich Adams erbarme und seinen Engel sende, ihnen Öl zu geben vom Baum der Barmherzigkeit. Als sie viele Stunden lang gebetet hatten, erschien ihnen der Erzengel Michael und sprach: Ich bin zu euch vom Herrn gesandt. Dir, Seth, Mann Gottes, sage ich: Bete und bettle nicht länger um das Öl vom Baume der Barmherzigkeit. Ich sage dir, du wirst es nicht bekommen, es sei denn in den letzten Tagen, wenn 5500 Jahre um sind. Dann wird der liebreiche König Christus, Gottes Sohn, Adams Leib auf die Erde kommen, um die Leiber der Toten aufzuerwecken. Gottes Sohn wird, wenn er kommt, selbst im Jordan getauft werden. Wenn er aus dem Jordan gestiegen ist, wird er mit dem Öl seiner Barmherzigkeit alle salben, die an ihn glauben. Und das Öl der Barmherzigkeit wird von Ewigkeit zu Ewigkeit denen zuteil werden, die aus Wasser und heiligem Geist ins ewige Leben wiedergeboren werden. Dann fährt der geliebte Sohn Gottes, Christus, zur Erde hinab und führt deinen Vater Adam ins Paradies zum Baume der Barmherzigkeit. Du aber, Seth, gehe jetzt zu deinem Vater Adam, denn seine Lebenszeit ist um. Noch sechs Tage, dann wird die Seele aus seinem Leib gehen und du wirst große Wunder sehen am Himmel und auf Erden.

Nachdem er dies gesagt hatte, verschwand Michael. Eva und Seth kehrten zurück. Sie brachten Wohlgerüche mit: Narde, Safran, Kalmus und Zimt. Als Seth und seine Mutter zu Adam gelangten, erzählten sie ihm, dass ein Tier, die Schlange, Seth gebissen habe.

Da sprach Adam zu Eva: Was hast du getan! Große Plage hast du über uns gebracht, Vergehen und Sünde über unser ganzes Geschlecht! Und das, was du getan hast, berichte meinen Söhnen nach meinem Tode. Denn unsere Nachkommen werden von der Arbeit matt werden, uns verfluchen und sagen: Alle Übel haben unsere Eltern über uns gebracht! Als Eva dies hörte, begann sie zu weinen und zu klagen.

Evas Erzählung vom Sündenfall

Eva sprach zu ihren Kindern: Hört, alle meine Kinder und Kindeskinder! Ich will euch erzählen, wie uns der Satan verführt hat. Als wir das Paradies – jeder den von Gott ihm zugewiesenen Teil – bewohnten, ging der Teufel in Adams Bezirk, in dem die männlichen Tiere waren. Gott hatte nämlich die männlichen Tiere eurem Vater, die weiblichen mir zugeteilt.

Der Teufel sprach zur Schlange: Auf, komm her zu mir; ich will dir etwas sagen, wovon du Nutzen haben wirst! Da kam die Schlange zu ihm und der Teufel sprach zu ihr: Ich höre, du bist klüger als alle anderen Tiere. Warum isst du vom Unkraut Adams und seines Weibes und nicht vielmehr von der Frucht des Paradieses? Wir wollen mit einer List erreichen, dass Adam wegen seines Weibes aus dem Paradiese vertrieben wird, wie auch wir wegen ihm vertrieben worden sind.

Da sprach die Schlange zu ihm: Ich fürchte, der Herr wird

über mich in Zorn geraten. Aber der Teufel antwortete: Fürchte dich nicht! Werde du mein Gefäß, so will ich durch deinen Mund reden, womit es gelingen wird, ihn zu verführen.

Und so hing sich die Schlange an die Mauer des Paradieses. Um die Stunde, als die Engel Gottes kamen, um Gott anzubeten, nahm der Satan Engelsgestalt an und lobte Gott wie die Engel. Die Schlange wand sich über die Mauer, dass ich sie erblickte und für einen Engel hielt. Da sprach der Teufel in der Gestalt der Schlange zu mir: Bist du Eva? Und ich sprach zu ihm: Ja, ich bin es. Da sagte er: Was tust du im Paradies? Und ich sprach zu ihm: Gott hat uns eingesetzt, es zu bewachen und von den Speisen zu essen. Der Teufel antwortete mir durch den Mund der Schlange: Ihr tut gut daran, aber ihr esst nicht von allen Bäumen! Und ich sagte zu ihm: Doch, wir essen von allen Bäumen, nur von einem nicht, der mitten im Paradies steht. Von diesem hat Gott uns verboten zu essen, da wir sonst sterben müssen.

Da sprach die Schlange zu mir: So wahr Gott lebt, ich bin betrübt, weil ihr unvernünftig seid wie ein Tier. Ich will euch nämlich nicht in Unkenntnis lassen. Wenn du von den Früchten dieses Baumes isst, so wirst du den Wert des Baums wahrnehmen!

Ich aber sprach zur Schlange: Ich fürchte, Gott wird über mich in Zorn geraten, so wie er uns gesagt hat. Die Schlange entgegnete: Fürchte dich nicht; denn sobald du isst, werden dir die Augen aufgetan und ihr werdet sein wie Götter. Ihr werdet erkennen, was gut und was böse ist. Gott aber, der weiß, dass ihr ihm gleich werden würdet, hat nur aus Neid zu euch gesagt: Ihr dürft nicht von diesem Baum essen! Schaue auf den Baum, so wirst du große Herrlichkeit sehen. Da betrachtete ich den Baum und sah die große Herrlichkeit um ihn. Ich sprach aber zu ihr: Er ist schön für die Augen anzusehen! Doch fürchte ich mich, von seiner Frucht zu nehmen.

Da sprach die Schlange zu mir: Wohlan, ich will dir davon geben, folge mir! Ich öffnete ihr nun, und die Schlange trat hinein ins Paradies und ging vor mir her. Nachdem sie eine kleine Strecke gegangen war, wandte sie sich um und sprach zu mir: Es reut mich, ich will dir lieber nicht davon zu essen geben! Das sagte sie aber nur in der Absicht, mich vollends verrückt zu machen und ins Verderben zu stürzen. Nun sagte sie mir: Schwöre, dass du auch deinem Manne davon geben willst! Da sprach ich zu ihr: Ich weiß nicht, mit welchem Eid ich es dir schwören soll, doch was ich weiß, will ich dir sagen: Beim Herrscherthron, bei den Cherubinen und dem Baume des Lebens, ich will auch meinem Manne davon zu essen geben!

Als sie mir nun den Eid abgenommen hatte, kam sie und stieg auf den Baum. Sie verzauberte die Frucht, die sie mir zu essen gab, mit dem Gift ihrer Bosheit. Das ist die Begierde, der Anfang aller Sünde. Sie bog den Zweig zur Erde, ich nahm von der Frucht und aß. Noch zur selben Stunde wurden mir die Augen aufgetan und ich erkannte, dass ich entblößt war. Da weinte ich und sprach: Warum hast du mir das angetan, dass ich mir meiner Nacktheit bewusst werde? Ich weinte aber auch über den Eid. Da kam die Schlange vom Baum herab und verschwand. Ich aber suchte Blätter, um meine Scham zu bedecken. Doch fand ich keine an den Bäumen des Paradieses. Denn sobald ich die Frucht gegessen hatte, waren die Blätter von allen Bäumen meines Teils des Paradieses abgefallen, ausgenommen beim Feigenbaum. Da nahm ich Blätter von ihm und machte mir daraus ein Kleid. Ich rief mit lauter Stimme: Adam, Adam, wo bist du? Komm her zu mir, ich will dir ein großes Geheimnis zeigen! Als nun euer Vater kam, redete ich zu ihm die verbotenen Worte, die uns von großer Herrlichkeit entzweit haben. Sobald er nämlich hergekommen war, tat ich meinen Mund auf, doch der Teufel redete aus mir. Er forderte ihn auf: Adam, mein Mann, höre auf mich, iss von der Frucht des Baums, von dem zu essen uns Gott verboten hat, und du wirst sein wie Gott!

Da sprach euer Vater: Ich fürchte, Gott wird über mich in Zorn geraten. Ich aber sprach zu ihm: Fürchte dich nicht; denn sobald du davon isst, wirst du Gut und Böse erkennen! Damit hatte ich ihn überredet. Er aß, ihm wurden die Augen aufgetan und auch er erkannte seine Blöße. Da sprach er zu mir: Du böses Weib, was hast du da angerichtet? Entfremdet hast du mich von der Herrlichkeit Gottes!

Und zur selben Stunde hörten wir den Erzengel Michael seine Trompete blasen und die Engel rufen: So spricht der Herr: Kommt mit mir ins Paradies und hört den Spruch, mit dem ich Adam richten werde! Als wir nun den Erzengel trompeten hörten, dachten wir: Siehe, Gott kommt ins Paradies, uns zu richten. Wir fürchteten und verbargen uns. Da fuhr Gott zum Paradies auf dem Wagen der Cherubim, und die Engel sangen ihm sein Lob. In dem Augenblick, als Gott ins Paradies kam, trugen alle Bäume wieder ihre Blätter und Gottes Thron wurde beim Baume des Lebens aufgerichtet.

Gott rief: Adam, wo hältst du dich verborgen? Meinst du, ich finde dich nicht? Kann sich denn ein Haus vor seinem Baumeister verbergen? Darauf antwortete euer Vater und sprach: Keineswegs, Herr, aber ich fürchte mich, weil ich nackt bin. Da sprach Gott zu ihm: Wer hat dir gezeigt, dass du nackt bist?

Du hast mein Gebot nicht gehalten, das ich dir gegeben habe! Da berief sich Adam auf das, was ich ihm gesagt hatte, als ich ihn verführen wollte. Ich will dich vor Gott bewahren.

Gott, wandte sich zu mir und sprach: Warum hast du das getan? Da berief ich mich wieder auf das Wort der Schlange und sprach: Die Schlange hat mich verführt! Da sprach Gott zu Adam: Weil du meinem Gebote nicht gehorcht, sondern auf dein Weib gehört hast, so sei die Erde verflucht bei deiner Arbeit! Im Schweiße deines Angesichts sollst du dein Brot essen. In mancherlei Mühsal sollst du verfallen, sollst müde werden und doch keine Ruhe finden, bedrückt von der Bitterkeit, sollst du doch keine Süßigkeit schmecken, bedrückt von Hitze und beengt von Kälte, sollst du dich plagen und doch nicht reich werden, sollst fett werden und doch zuletzt nicht mehr leben. Die Tiere, deren Herr du warst, werden wider dich aufstehen, weil du mein Gebot nicht gehalten hast.

Zu mir gewandt sprach der Herr: Weil du auf die Schlange gehört hast und meinem Gebot nicht gehorcht hast, sollen dich unerträgliche Qualen plagen, sollst du Kinder unter vielen Schmerzen gebären.

Nachdem er mir dies gesagt hatte, sprach er zur Schlange in großem Zorn: Weil du das getan hast, ein Gefäß für den Teufel geworden bist und die Arglose verführt hast, bist du verflucht vor allen anderen Tieren! Du sollst Staub fressen alle Tage deines Lebens. Auf Brust und Bauch sollst du gehen und deiner Hände und Füße beraubt sein. Weder Ohr noch Flügel, noch irgendeines von deinen Gliedern sollen dir bleiben. Und ich will Feindschaft setzen zwischen dir und seinen Nachkommen. Er wird dir nach dem Kopf und du ihm nach der Ferse trachten, bis zum Tage des letzten Gerichtes!

Nachdem er dies gesagt hatte, befahl er seinen Engeln, uns aus dem Paradiese zu treiben. Als wir nun unter Wehklagen fortgetrieben wurden, flehte euer Vater Adam die Engel an: Lasst mir ein wenig Zeit, dass ich Gott bitte und er Mitleid habe und sich meiner erbarme, denn ich allein habe gesündigt! Und da sie aufhörten, ihn fortzutreiben, schrie Adam weinend: Verzeih mir, Herr, was ich getan habe!

Da sprach der Herr zu seinen Engeln: Warum hört ihr auf, Adam aus dem Paradiese zu vertreiben? Habe ich mich versündigt oder habe ich falsch gerichtet? Da fielen die Engel zur Erde und beteten den Herrn an: Gerecht bist du, Herr, und gerecht ist dein Urteil! Und zu Adam gewandt sprach der Herr: Von jetzt an will ich dich nicht länger im Paradiese dulden! Da bat Adam: Herr, gib mir vom Baume des Lebens zu essen, ehe ich hinausgetrieben werde. Darauf sprach der Herr zu Adam: Jetzt kannst du von ihm nicht mehr essen, denn den Cherubinen und dem gewundenen Flammenschwert ist der Auftrag gegeben worden, ihn vor dir zu hüten, damit du nicht von ihm isst und unsterblich bist.

Aber wenn du dich nach deiner Vertreibung aus dem Paradiese von allem Bösen fernhältst und zu sterben bereit bist, will ich dich wieder auferwecken zur Zeit der Auferstehung, und dann soll dir vom Baume des Lebens gegeben werden, dass du unsterblich wirst in Ewigkeit!

Nachdem der Herr dies gesagt hatte, befahl er, uns aus dem Paradiese zu treiben. Euer Vater aber weinte vor den Engeln. Da fragten ihn die Engel: Was sollen wir für dich tun, Adam? Euer Vater antwortete: Siehe, vertreibt mich! Ich bitte euch nur, lasst mich Wohlgerüche aus dem Paradiese mitnehmen, damit ich, nachdem ich gegangen bin, Gott Opfer darbringen kann und er mich erhört!

Da baten die Engel: Ewiger König, befiehl, dass wir Adam wohlriechendes Räucherwerk aus dem Paradiese geben! Und Gott befahl Adam zu kommen und erlaubte ihm, Samen und wohlriechende Gewürze zu seinem Unterhalt aus dem Paradiese mitzunehmen: Safran, Narde, Kalmus und Zimt. Mit diesen ging er aus dem Paradies. Und wir kamen auf die Erde. Nunmehr habe ich euch, Kinder, eröffnet, in welcher Weise wir verführt wurden. Ihr aber hütet euch, vom Guten abzuweichen!

Adams letzter Wille und sein Tod

Einen Tag, bevor Adam sterben sollte, fragte Eva ihn: Wie soll ich noch leben, wenn du tot bist? Wie viel Zeit habe ich nach deinem Tode noch zu verbringen? Adam antwortete: Sorge dich nicht darum. Du wirst mir wenig später nachfolgen und am selben Ort wie ich beigesetzt werden. Wenn ich aber gestorben bin, soll mich niemand anrühren, bis der Engel des Herrn über mich bestimmt hat. Denn Gott wird mich nicht vergessen und nach seinem Gefäß verlangen, das er selbst erschaffen hat. Bete zu Gott, bis ich meinen Geist zurückgegeben habe. Wenn wir vor unserem Schöpfer erscheinen, wissen wir nicht, ob er über uns in Zorn gerät oder sich uns erbarmend wieder zuwendet.

Da stand Eva auf und ging hinaus. Sie fiel auf die Knie und sprach: Gott, ich habe gesündigt, gegen dich, deine auserwählten Engel, Cherubim und Seraphim, deinen unerschütterlichen Thron, und alle Sünde ist durch mich in die Schöpfung gekommen. Da kam der Engel der Menschheit zu ihr und sprach: Eva, steh auf von deiner Buße, denn Adam, dein Mann, ist von dir gegangen. Sein Geist ist zu seinem Schöpfer aufgefahren, um vor ihm zu erscheinen!

Bitte der Engel um Verzeihung für Adam

Eva erhob sich und bedeckte mit der Hand ihr Gesicht. Der Engel sprach zu ihr: Lasse alles Irdische zurück! Da blickte Eva zum Himmel und sah einen Lichtwagen kommen, gezogen von vier glänzenden Adlern, deren Herrlichkeit kein Mensch auszusprechen noch ihr Antlitz anzusehen vermochte. Engel gingen dem Wagen voran, bis sie Adam erreichten. Alle Engel kamen mit Rauchfässern, Schalen und Weihrauch. Sie bliesen den Opferaltar an, dass der Dampf des Rauchwerks die Vesten des Himmels verhüllte, fielen nieder und beteten: Gott, verzeihe ihm, denn er ist dein Ebenbild und deiner heiligen Hände Geschöpf! Weiter sah Eva zwei große und furchtbare Wundergestalten vor Gott stehen. Sie weinte vor Furcht und rief ihrem Sohn Seth zu: Steh auf, Seth, komm her zu mir und sieh, was niemandes

Auge je gesehen hat. Da stand Seth auf, kam zu seiner Mutter und sprach zu ihr: Was ist mit dir? Warum weinst du? Sie sagte: Sieh die sieben Vesten des Himmels. Sieh mit eigenen Augen den Leib deines Vaters und höre, wie alle heiligen Engel für ihn beten: Verzeih ihm, Vater des Alls, denn er ist dein Ebenbild! Wann wird er übergeben werden in die Hände unseres unsichtbaren Vaters und Gottes? Und wer mögen wohl die beiden Männer sein, die deinem Vater im Gebete beistehen?

Da sprach Seth zu seiner Mutter: Das sind Sonne und Mond; auch sie fallen nieder und beten für meinen Vater Adam. Eva fragte ihn: Wo ist denn ihr Licht geblieben, und warum sehen sie so schwarz aus? Seth antwortete: Ihr Licht haben sie nicht verloren, aber sie können nicht leuchten in der Gegenwart Gottes, dem Lichte des Alls und dem Vater der Lichter.

Adam wird Verzeihung gewährt

Auf einen Trompetenstoß hin standen alle Engel auf und riefen mit lauter Stimme: Gepriesen sei die Herrlichkeit des Herrn von seinen Geschöpfen, denn er hat sich Adam erbarmt, der Schöpfung seiner Hände! Dann nahm der sechsflügelige Seraph Adam auf, entführte ihn zum acherontischen See, wusch ihn dreimal ab und brachte ihn vor Gottes Angesicht. Nach drei Stunden streckte der Vater des Alls seine Hand aus, hob Adam auf und übergab ihn dem Erzengel Michael mit den Worten: Erhebe ihn ins Paradies bis zum dritten Himmel und lasse ihn dort bis zu jenem großen und furchtbaren Tage, meinem letzten Gericht. Michael tat, wie ihm geheißen. Und alle Engel sangen einen Lobgesang über die Adam gewährte Verzeihung.

Bitte der Engel um die Bestattung von Adams Leichnam

Dann bat der Erzengel Michael den Vater der Lichter um die Bestattung von Adams Leichnam. Gott versammelte alle Engel vor seinem Thron, die einen mit Rauchfässern in den Händen, andere mit Trompeten und Klangschalen. Er stieg in den Himmelswagen, gezogen von vier Winden, gelenkt von den Cherubinen, und die Engel des Himmels gingen ihm voran. Sie kamen auf die Erde, wo Adams Leichnam lag und nahmen ihn mit. Als sie ins Paradies kamen, bewegten sich alle Blätter des Paradieses und alle Menschen schlummerten vom Wohlgeruch ein. Nur Seth blieb wach. Da sprach Gott der Herr: Adam, warum hast du gesündigt? Ich sage dir, Freude will ich in Leid verkehren, dein Leid aber in Freude. Dich werde ich wieder in deine Herrschaft einsetzen. Dein Verführer aber soll verdammt werden samt denen, die auf ihn hörten; und er wird betrübt sein, wenn er dich auf seinem Throne sitzen sieht.

Die Bestattung Adams und Abels im Paradies

Gott befahl dem Erzengel Michael: Breite Linnen aus und bedecke damit Adams Leichnam. Bringe vom wohlriechenden Öl herbei und gieße es auf ihn. Anschließend veranlasste Gott, auch Abels Leichnam, der nach dem Brudermord unbestattet geblieben war, herbeizubringen. Seinerzeit hatte Kain vergeblich versucht, die Tat zu vertuschen, doch der Leichnam Abels war immer wieder der Erde entwichen und eine Stimme hatte gerufen: In der Erde soll kein anderes Geschöpf verborgen werden, bis die erste Schöpfung, die aus mir erstand, den Staub zurückgibt, aus dem es genommen wurde.

Nach Adams Reinigung befahl Gott, ihn an den Ort zu bringen, wo er den Staub gefunden hatte, woraus er Adam geformt hatte. Hier ließ er die Erde aufgraben und sandte sieben Engel ins Paradies. Diese brachten viele Wohlgerüche herbei und legten sie mit den Leichnamen Adams und Abels in das Grab.

Dann rief Gott: Adam, Adam! Und der Leichnam antwortete: Hier bin ich, Herr! Da sprach der Herr zu ihm: Ich sagte dir: Staub bist du und zu Staub wirst du zurückkehren. Ich verheiße dir die Auferstehung, denn auferwecken will ich dich am letzten Tage, zusammen mit dem ganzen Menschengeschlecht, dessen Urvater du bist. Nach diesen Worten versiegelte Gott das Grab.

Evas Tod und Begräbnis

Eva hatte über Adams Tod bitterlich geweint. Sie wusste nicht, wohin er gelegt worden war. In dem Augenblick, da der Herr ins Paradies kam, um Adam zu bestatten, waren alle eingeschlafen. Daher wusste niemand auf der Erden, außer seinem Sohn Seth, wo er war. Als aber die Stunde ihres Todes nahte, bat sie Gott: Entfremde mich, deine Dienerin, nicht von Adams Leib, aus dem du mich genommen hast, und lass mich unwürdige Sünderin in seine Behausung eingehen. Zusammen war ich mit ihm im Paradies, gemeinsam haben wir dein Gebot übertreten. Herr, scheide uns auch jetzt nicht! Nach diesem Gebet blickte sie zum Himmel, seufzte auf, schlug sich an die Brust und sprach: Gott des Alls, nimm meinen Geist auf.

Da kam der Erzengel Michael und belehrte Seth, wie er Eva bestatten sollte. Es kamen drei Engel, die ihren Leichnam nahmen und dort begruben, wo auch Adam und Abel begraben waren.

Danach sprach der Erzengel Michael zu Seth: Bestatte alle Menschen, die sterben, bis zum Tage der Auferstehung! Nachdem er ihm dieses Gesetz gegeben hatte, sprach er zu ihm: Länger als sechs Tage sollt ihr nicht trauern und am siebten Tage ruhen. Freue dich seiner, denn mit der gerechten, von der Erde geschiedenen Seele freuen sich auch Gott und wir Engel.

Dann kehrte der Erzengel Michael lobpreisend in den Himmel zurück. Halleluja! Sein sind die Kraft und die Herrlichkeit in alle Ewigkeit, Amen.

Das Testament des Ijob

In 53 Kapiteln wird Ijobs Abkehr vom Götzendienst und sein Leid und seine Hoffnung auf die himmlische Welt beschrieben. Der in griechischer Sprache verfasste Text wurde zum Ende des 1. und zu Beginn des 2. Jahrhunderts nach Christus verfasst. Das Testament ist vermutlich in zwei Stufen entstanden. Die Grundlage bildet ein hebräisch geschriebener Ijob-Midrasch. Dieser Text ist später frei ins Griechische übertragen und ergänzt worden. Die endgültige Fassung ist möglicherweise einem griechisch sprechenden Judenchristen zuzuschreiben, der im 2. oder 3. Jahrhundert in Ägypten lebte. Dieser bediente sich bei seiner Arbeit aus verschiedenen älteren Quellen.

Die Erzählung bewegt sich auf vielen verschiedenen Handlungsebenen und die beteiligten Personen und Themen wechseln vielfach.

1. Ijobs Abschiedsrede
Das Buch der Geschichte Ijob mit dem Beinamen Jakob

Am Tag, als er erkrankte, wollte Ijob sein Haus bestellen. Er rief seine sieben Söhne und drei Töchter namens Tersi, Choros, Yon, Nike, Phoros, Phiphe, Phruon sowie Hemera, Kasia und Amaltheas Horn zu sich und sprach: Stellt euch im Kreis um mich, meine Kinder, damit ich euch erzählen kann, was mir der Herr getan hat und was mir alles zugestoßen ist! Ich bin ja euer Vater Ijob, dem schon jedes Leid zugestoßen ist. Ihr aber seid ein auserwähltes, vornehmes Geschlecht aus Jakobs Stamm, der eurer Mutter Dinas Vater war. Ich selbst bin einer von den Söhnen Esaus, der Jakobs Bruder war. Mein erstes Weib starb eines bitteren Todes mit zehn der Kinder. Hört mich nun, an, Kinder! Ich will euch erzählen, was mir widerfahren ist.

2. Ijob und das Götzenbild

Bevor der Herr mich Ijob nannte, hieß ich Jakob und wohnte zuerst ganz nahe bei einem viel verehrten Götzenbild. Ich sah beständig, wie man ihm Brandopfer darbrachte. Da fragte ich mich: Ist das der Gott, der einst den Himmel und die Erde, das Meer, uns selbst gemacht? Wie kann ich das erkennen?

3. Die Entlarvung des Götzenbildes

Im Schlaf drang eine laute Stimme in einem übergroßen Licht zu mir und rief: »Jakob! Jakob!« Ich sagte: »Hier bin ich.« Sie sprach: »Steh auf! Ich will dir offenbaren, wer der ist, den du erkennen willst. Der, dem man diese Brand- und Dankesopfer bringt, ist niemals Gott, sondern die Macht des Teufels, durch den die menschliche Natur sich täuschen lässt.« Als ich dies hörte, fiel ich auf mein Lager nieder, betete und sprach: »Mein Herr! Für mein Seelenheil frage ich dich: Ist dies in Wirklichkeit die Stätte Satans, der die Menschen täuscht, dann gib mir die Erlaubnis, hinzugehen und diesen Ort zu reinigen! Dadurch erreiche ich, dass ihm nicht mehr geopfert wird. Wer wollte mich dran hindern, mich, den König dieses Landes?«

4. Die Zerstörung des Götzenbildes ist gefährlich, aber ehrenvoll

Darauf gab mir das Licht zur Antwort: »Du kannst ja diese Stätte reinigen; ich verkündige dir alles, was mir der Herr dir mitzuteilen aufgetragen hat.«

Ich sprach darauf: »Alles, was der Herr mir, seinem Diener je befiehlt, will ich tun.«

Und das Licht sagte: »So spricht der Herr: Versuchst du, Satans Ort zu reinigen, wirst du seinen Zorn auf dich ziehen.

Nicht der Tod, aber viele Plagen werden die Folge sein. Er nimmt dir dein Hab und Gut und tötet deine Kinder. Doch harrst du aus, dann mache ich deinen Namen hochberühmt bei allen Geschlechtern der Erde bis ans Ende aller Zeit. Ich verhelfe dir abermals zu Hab und Gut, doppelt soll es dir erstattet werden. Du sollst erkennen: Der Herr nimmt nie auf jemanden Rücksicht, denn er belohnt jeden, der auf ihn hört. Du wirst auch bei der Auferstehung auserwählt. Du gleichst dann einem Faustkämpfer, der Mühen standhaft duldet und so den Siegerkranz erringt. Dann erkennst du, dass der Herr gerecht, wahrhaftig, gar mächtig ist und seinen Auserwählten Kraft gibt.«

5. Ijobs Bereitwilligkeit

Da gab ich dem Herrn zur Antwort: »Ich halte bis zum Tode aus.« Der Engel drückte mir das Siegel auf und ging von mir. Noch in der gleichen Nacht erhob ich mich, nahm fünfzig Knechte mit und ging zur Opferstätte und warf das Götzenbild auf den Boden. Dann kehrte ich heim und ließ die Türen fest verriegeln.

6. Ijob will niemand mehr empfangen

Nachdem die Türen gut verschlossen waren, gab ich den Türhütern den Auftrag: Wenn heute jemand nach mir fragt, soll er nicht angemeldet werden! Sagt vielmehr: »Er hat keine Zeit; er hat dringende Geschäfte.« Alsbald klopfte der Satan in Gestalt eines Bettelmanns an die Tür und sprach: »Melde doch dem Ijob, dass ich ihn sprechen will.« Die Pförtnerin kam herein und richtete es mir aus. Auf meinen Befehl hin sagte sie dem Satan, ich hätte keine Zeit.

7. Satans Ankunft

Als der Satan dies vernahm, warf er seinen Mantel über die Schultern und ging weg, kam dann aber zurück und ließ mir durch die Pförtnerin Folgendes ausrichten: »Gib mir aus deinen Händen ein Stück Brot zum Essen!« Daraufhin gab ich der Magd ein völlig verbranntes Brot, sie solle es ihm geben; dazu ließ ich ihm sagen: »Denke nie mehr dran, von meinem Brot zu essen! Du bist mein Gegner geworden.« Da die Pförtnerin nicht wusste, dass sie den Satan vor sich hatte, schämte sie sich, ihm das verbrannte, aschefarbene Brotstück zu geben. Vielmehr holte sie von ihren eigenen Broten ein schönes Stück und gab es ihm. Er nahm es zwar an, sprach dann aber zu der Magd: »Geh, böse Magd, und hole das Brot, das man dir gab, um es mir zu reichen!« Da brach die Magd in Tränen aus und sprach: »Du sagst ganz richtig, ich wäre eine böse Magd. Ansonsten hätte ich getan, wie es mich mein Herr geheißen hat.« Sie holte das verbrannte Brot und sprach: »Mein Herr lässt sagen: ›Von meinem Brote sollst du nie mehr essen; ich bin dein Gegner geworden. Dies gebe ich dir gerade noch, damit ich nicht beschuldigt würde, ich hätte meinem Feind auf seine Bitten nichts gegeben.‹« Als der Satan dies vernommen hatte, schickte er die Magd zu mir zurück und ließ vermelden: »So verbrannt wie dieses Brot will ich auch deinen Körper machen. In einer Stunde komme ich wieder; dann plündere ich dich aus.« Ich ließ ihm sagen: »Tu, was du willst! Was immer du über mich verhängst, ich bin bereit, es zu ertragen!«

8. Ijob fällt in Satans Gewalt

Der Satan ging von mir hinweg und stieg zur Himmelsfeste auf. Und er beschwor den Herrn, er möge ihm doch Gewalt verleihen über all mein Gut. Und so empfing er die Gewalt von Gott und nahm mir meinen ganzen Reichtum weg.

9. Ijobs früherer Reichtum

Hört nun, was mir zugestoßen und weggenommen wurde. Ich hatte 130 000 Schafe. Aus ihnen sonderte ich 7000 aus zur Schur, um Waisen, Witwen, Arme und Bedürftige zu bekleiden. Ich hatte auch ein Rudel von 800 Hunden, die mein Haus bewachten. Und an Kamelen hatte ich 9000. Aus ihnen wählte ich 3000 aus, belud sie mit Gütern und schickte sie in die Städte und Dörfer mit dem Befehl, sie an die Schwachen, Bedürftigen und Witwen zu verteilen. Weiter besaß ich 130 000 Esel. Aus ihnen sonderte ich 500 zur Zucht aus und ließ sie verkaufen, um den Armen und den Dürftigen zu geben. So kamen denn Menschen aus aller Herren Länder zu mir, und auf mein Geheiß standen in meinem Haus alle Türen offen. Kein Bettler sollte abgewiesen werden, sondern das bekommen, was er brauchte.

10. Ijobs Gastfreundlichkeit

Ich hatte in meinem Hause dreißig Tische aufgestellt, die immer für die Fremden und Armen bereitstanden. Weitere zwölf Tische waren für die Witwen gedeckt. Kam nun ein Fremder und bat um eine Gabe, dann musste er sich zuerst am Tisch sättigen, bevor er das Nötige empfing. Keinen schickte ich je mit leerer Tasche fort von meiner Tür. Ich hatte auch 3500 Joch Ochsen. Aus ihnen wählte ich 500 aus und stellte sie zum Bepflügen der Äcker bereit. Den Ertrag legte ich für meine Fremdenspeisung beiseite. Und ich besaß auch fünfzig Badeöfen, wovon zwölf den Fremden zur Verfügung standen.

11. Ijobs Armendienst

Einige der Gäste baten darum, beim Armendienst mithelfen zu dürfen. Andere wandten sich an mich mit diesen Worten: »Wir bitten dich: Ach, könnten wir nicht auch den Armendienst ausüben? Wir selbst haben freilich nichts. Gewähre uns doch die Gnade und leihe uns Geld! Dann gehen wir in die großen Städte, wo wir Handel treiben und so die Armen unterstützen können. Dann geben wir dir das geliehene Geld zurück.« Ich freute mich, dass sie zur Armenunterstützung Geld bei mir holten. Gern nahm ich auch Schuldscheine an und gab ihnen so viel sie wollten. Ich nahm von ihnen keinen anderen Pfänder als nur das Schriftstück. So trieben sie mit meinem Geld Handel. Manchmal hatten sie Glück und gaben so den Armen. Ein anderes Mal dagegen wurden sie geplündert. Dann kamen sie zu mir: »Wir bitten dich: Sei großmütig mit uns! Wir wollen sehen, wie wir es dir ersetzten können.« Ich holte unverzüglich ihren Schuldschein her und las ihn vor; dann brachte ich den Tilgungskranz darauf an und sprach: »Ich will nichts mehr von euch zurück von dem, was ich euch für die Armen gab. Ich nahm auch nie von meinem Schuldner irgendetwas an.«

12. Ijobs Rechtlichkeit

Bisweilen kam ein Mann mit frohem Herzen zu mir her und sprach: »Ich habe zwar nichts, um es den Armen zu verteilen; doch möchte ich die Armen heute in deinem Haus bedienen.« Ich erlaubte es und er aß selbst auch mit. Als er am Abend nach Hause gehen wollte, entlohnte ich ihn und sprach: »Ich weiß: Du bist ein Arbeiter, der seinen Lohn mit Recht erwartet. Du musst ihn annehmen.« Nie entließ ich einen Arbeiter ohne Lohn.

13. Ijobs Überfluss

Die Knechte, die die Kühe molken, riefen laut: »Auf dem Gebirge läuft die Milch umhehr.« Auf meinen Pfaden häufte sich die Butter. Die Muttertiere warfen so viele Junge, dass sie auf den Felsen und den Bergen lagerten. Deswegen wurde das Gebirge überschwemmt von Milch und glich so fester Butter. Meine Diener, die für die Witwen und die Armen Speisen kochen mussten, waren überfordert, wurden rücksichtslos und verwünschten mich: »Wer gäbe uns sein eigen Fleisch zur Sättigung?« So edel war ich damals schon.

14. Ijobs Dankbarkeit

Ich hatte auch sechs Harfen und eine Zither mit zehn Saiten. Täglich nach dem Mahl der Witwen stand ich auf, nahm die Zither und spielte ihnen vor. Und also lenkte ich ihren Sinn durchs Saitenspiel zu Gott, dass sie den Herrn lobpreisen. Und murrten einmal meine Mägde, nahm ich die Harfe und sang vom Lohne der Vergeltung.

15. Ijobs Frömmigkeit

Meine Söhne und Töchter nahmen nach dem Armendienst ihre tägliche Mahlzeit beim Ältesten der Brüder ein. Weil aber meine Söhne oft den Sklaven sowie den Armendienern zusetzten, brachte ich jeden Morgen nach dem Aufstehen für sie ein Opfer dar, entsprechend ihrer Zahl dreihundert Tauben, fünfzig Zicklein und zwölf Schafe. Dies alles ließ ich nach dem Mahle für die Armen herrichten und sprach zu ihnen: »Nehmt dies als Zugabe zum Mahl und betet für meine Kinder!« Hochmütig und prahlerisch versündigten sich meine Söhne vor dem Herrn und sprachen: »Wir sind die Kinder dieses reichen Mannes und uns gehören diese Güter. Deswegen sollen wir die Armen gar bedienen?« Weil solcher Hochmut den Herrn erzürnt, brachte ich noch ein auserlesenes Kalb auf Gottes Altar dar.

16. Ijobs Heimsuchungen

Sieben Jahre, nachdem der Engel mich belehrt hatte, erhielt der Satan die Gewalt über mich und ging unbarmherzig vor. Er verbrannte die 7000 Schafe, die für der Witwen Kleidung dienten, die 3000 Kamele, die zur Versorgung der Schwachen, Bedürftigen und Witwen dienten, und die 500 Joch Ochsen zur Bepflügung der Äcker. Was von meinen Herden übrig blieb, raubten meine Mitbürger. Auch diese hatten Wohltaten von mir empfangen, doch jetzt erhoben sie sich gegen mich.

17. Ijobs Ausplünderung

Als ich dem Teufel meine innere Gesinnung zeigte, erfand er einen anderen Anschlag gegen mich. Er verwandelte sich in einen Berberkönig, drängte in meine Stadt, sammelte alle Schurken unter Drohungen und verleumdete mich: »Ijob verschleuderte des Landes Güter und teilte sie an Blinde und an Lahme aus. Des großen Gottes Tempel riss er nieder, zerstörte die Opferstätte. Deswegen will ich ihm vergelten, was er am Gotteshause tat. Kommt nun mit mir und nehmt ihm alle Tiere weg, ja alles, was er noch im Land besitzt!« Sie gaben ihm zur Antwort: »Er hat auch sieben Söhne und drei Töchter. Wenn die nur nicht in fremde Länder fliehen und alsdann gegen uns in Übermacht heranziehen, uns überfallen und schließlich töten!« Er sprach zu ihnen: »Seid gänzlich ohne Furcht! Ich habe zum größeren Teil sein Hab und Gut vernichtet, das Übrige geraubt und die Absicht, seine Kinder zu töten.«

18. Der Tod der Kinder Ijobs

Mit diesen Worten ging er fort, ließ über meinen Kindern gar das Haus zusammenfallen und tötete sie so. Als meine Mitbürger bemerkten, dass die Drohung wahr geworden war, kamen sie, setzten mir zu und plünderten mein ganzes Haus. Ich musste an meinen Tischen und auf meinen Lagern gemeine, ehrlose Menschen dulden. Ich konnte keinen Laut mehr von mir geben, denn ich war schwach, gleich einem Weib, das in den Hüften von den vielen Wehen ganz erschlafft. Ich dachte ganz besonders an den Kampf und die Verheißungen, die mir der Herr durch seinen Engel angekündigt hatte. Ich glich einem Menschen, der auf dem Schiff zu einer Stadt hinfährt, um ihren Reichtum anzuschauen und sich seinen Teil zu nehmen. Er hatte Waren auf ein Frachtschiff verladen. Mitten auf dem Meer sieht er den hohen Wellengang, der Strömung Hindernis; da wirft er die Ladung in das Meer mit den Worten: »Ich will das gern verlieren, komme ich nur in die Stadt. Dort kann ich Besseres gewinnen als dieses Schiff und seine Fracht.« Auch ich erachtete das Meinige für nichts im Vergleich zu jener Stadt, von der der Engel zu mir gesprochen hatte.

19. Ijobs Trauerklage

Doch als der letzte Bote kam und mir vom Tode meiner Kinder kündete, da schüttelte mich ein gewaltiger Schrecken. Und ich zerriss die Kleider. Dann fragte ich den Boten: »Wie kamst du denn davon?« Als ich dann hörte, was geschehen war, schrie ich hinaus: »Der Herr hat es gegeben; der Herr hat es genommen. So wie's dem Herrn gefiel, geschah es auch. Des Herrn Name sei gepriesen!«

20. Ijobs Krankheit

Als meine Besitztümer ganz vernichtet waren, erkannte der Satan, dass mich gar nichts zum Abfall vom Glauben bewegen konnte. Da ging er hin und erbat sich vom Herrn meinen Körper, damit er eine Plage über mich verhängen könne. Der Herr übergab meinen Leib, nicht jedoch mein Leben seinen Händen. Der Satan erschien vor meinem Thron, als ich meiner Kinder Tod beklagte, wurde einem Sturmwind gleich und stürzte mich zur Erde. Drei Stunden lag ich hilflos unter meinem Thron. Dann belegte er meinen ganzen Körper mit einer fürchterlichen Plage. Ich ging tief bestürzt und voller Angst zur Stadt hinaus und setzte mich auf einen

Düngerhaufen. Mein Körper war von Würmern ganz zerfressen, und der Eiter floss mir aus dem Leib. Sooft ein Wurm herausgekrochen kam, nahm ich ihn und legte ihn immer an die gleiche Stätte mit den Worten: »Bleib hier an diesem Platz, wohin ich dich gelegt habe, bis dir dein Herr etwas anderes befiehlt!

21. Ijobs Elend

Und ich verbrachte achtundvierzig schmerzvolle Jahre auf dem Düngerhaufen außerhalb der Stadt. Ich musste mit eigenen Augen sehen, wie mein erstes Weib einer Sklavin gleich das Wasser in ein vornehmes Haus trug, um sich das Brot zu verdienten, das sie mir brachte. Da rief ich schmerzdurchzittert aus: »O diese Anmaßung der Herren dieser Stadt! Wie können sie meine Frau wie eine Sklavin behandeln?« Dann aber beruhigte ich mich wieder.

22. Ijobs Weib im Elend

Und nach elf Jahren nahmen sie ihr das Brot ab, sodass sie es mir nicht mehr bringen konnte. Sie überließen ihr kaum das Nötigste zum Überleben. Trotzdem teilte sie das Wenige mit mir und sagte schmerzerfüllt: »Weh mir! Bald kann er sich nicht mehr sättigen.« So zögerte sie nicht, zum Markte hinzugehen und von den Verkäufern Brot zu erbetteln, um es mir zum Essen zu bringen.

23. Ijobs Weib und der Satan

Als der Satan dieses merkte, verwandelte er sich selbst in einen Händler. Zufällig kam mein Weib zu ihm und erbettelte, da sie ihn nicht erkannte, ein Brot von ihm. Der Satan sprach zu ihr: »Gib Geld! Dann nimm, was dir gefällt!« Sie sprach zu ihm: »Woher nur sollte ich Geld nehmen? Weißt du denn nicht, was mir Schlimmes passiert ist? Hast du Erbarmen, dann sei barmherzig! Wenn nicht, dann betrachte mein Elend!« Er aber sprach zu ihr: »Wenn ihr das Unglück nicht verdient hättet, dann hätte es so euch auch nicht getroffen. Und hast du jetzt kein Geld in Händen, verpfände das Haar auf deinem Haupt und nimm drei Brote! Davon könnt ihr drei Tage leben.« Da dachte sie bei sich: »Was nützt mir das Haar auf meinem Haupt, wenn mein Gatte Hunger leidet?« Also sprach sie zum Satan: »Stehe auf und nimm es hin!« Daraufhin schnitt er ihr mit einer Schere das Haar ab und gab ihr vor aller Augen drei Brote. Sie nahm sie in Empfang, um sie mir zu bringen. Der Satan aber folgte ihr heimlich und berückte ihr Herz und ihren Sinn.

24. Ijobs Weib klagt

Mein Weib näherte sich mir wehklagend: »Ach Ijob! Oh Ijob! Wie lang willst du noch auf dem Düngerhaufen vor der Stadt sitzen und auf Rettung hoffen? Ich ziehe als Magd unstet von Ort zu Ort; denn von der Erde schwand dein Angedenken, die eigenen Söhne, meine Töchter, für die ich mich umsonst mit Schmerzen abgemüht habe. Du selbst sitzt da in Fäulnis mit Würmern und übernachtest unter freiem Himmel. Tagsüber arbeite ich, die tief Unglückliche, und ängstige mich bei der Nacht, ob ich auch genug Brot verdiene, um es dir zu bringen. Und mein Weniges teile ich mit dir. Wäre es nicht genug für dich mit deinen Schmerzen? Du kannst dich nicht einmal mehr am Brot sättigen.« Ich wagte es, zum Markt zu gehen; ich schämte mich nicht mehr und bettelte dort um Brot. Der Händler aber sprach zu mir: »Gib Geld! Nur dann bekommst du es.« Und da erklärte ich ihm unsere Not, bekam jedoch von ihm zu hören: »Wenn du kein Geld hast, Weib, so gibt dein Haupthaar her und nimm dafür drei Brote! Davon könnt ihr drei Tage leben.« Ich sagte ganz betrübt zu ihm: »Stehe auf und nimm es hin!« Daraufhin schor er mir vor der gaffenden Menge mit einer Schere mein Haar.

25. Ijobs Weib einst und jetzt

Die Menge geriet ob des Anblicks in Erstaunen: »War das wirklich Eitidos, das Weib des Ijob? Einst hatte sie in einem Thronsaal gesessen, den vierzehn Vorhänge zierten; man musste zahllose Türen durchschreiten, um zu ihr vorzudringen. Und jetzt tauscht sie gar ihr Haar gegen Brot. Einst hatten ihre vollbeladenen Kamele Güter in die Lande für die Armen getragen, jetzt gibt sie für Brot ihre Haare her. Einst hatte sie feste Tische, woran die Armen und die Fremden gespeist wurden, nun verkauft sie ihr Haar um Brot. Schau! Einst hatte sie ihre Füße in einem Gold- und Silberbecken gewaschen, nun geht sie barfuß auf dem bloßen Boden und tauscht ihr Haar gegen Brot. Schaut! Die einst Gold- und Silberlagerstätten hatte, verkauft jetzt ihr Haar um Brot.«

Mein Weib sagte zu mir: »Kurzum! Ijob! Ijob! Der Worte sind schon genug gemacht, und so erkläre ich dir kurz und bündig: Ich habe genug gelitten. Steh auf! Nimm hier die Brote! Iss dich satt! Dann sprich ein Wort des Herrn zum Trotz und stirb! Dann bin ich frei von Kummer, den mir das Leiden deines Körpers bereitet.«

26. Ijobs Mahnung zur Geduld

Darauf erwiderte ich ihr: »Ich verbringe schon siebzehn Jahre mit meinen Plagen und ertrage die Würmer in meinem Leib. Doch meine Seele hat unter meinen Schmerzen nicht so gelitten als durch deine eben gesprochenen Worte. Weshalb erinnerst du dich nicht an jene großen Güter, die wir hatten? Wenn wir das Gute aus der Hand des Herrn genommen haben, sollten wir nicht auch das Schlimme ertragen? Lasst uns geduldig sein, bis dass der Herr sich unser erbarmt! Siehst du denn nicht den Teufel hinter dir stehen, der dein Herz und deinen Sinn verwirrt, um auch mich in die Irre zu führen?

27. Satans Niederlage

Dann wandte ich mich an den Satan, der hinter meinem Weib stand, und sprach: »Komm nur hervor! Verstecke dich doch nicht länger! Zeigt denn der Löwe seine Kraft im Käfig? Fliegt denn der Vogel im Korbe auf? Komm her und kämpf mit mir!« Da kam er hinter meinem Weib hervor, trat vor mich hin: »Sieh Ijob! Ich räume das Feld vor dir; du bist ja Fleisch, ich aber bin ein Geist. Du bist im Unglück, ich dagegen in heftiger Verlegenheit. Du kämpftest wie ein Ringkämpfer mit einem Gegner. Der oben Liegende verstopfte dem unten Liegenden den Mund mit Sand, brach ihm sämtliche Glieder; doch der ertrug es mit Tapferkeit und gab nicht nach. Da schrie der oben Liegende laut auf. So lagst auch du, Ijob, unten und du erhieltest Schläge. Doch gingest du als Sieger aus dem Ringkampfe mit mir hervor.« Beschämt ließ der Satan dann drei Jahre von mir ab. Jetzt meine Kinder, harrt auch ihr geduldig aus in allem, was euch trifft, denn Geduld zahlt sich aus.

28. Der Besuch der drei Freunde

Ich litt nun schon volle zwanzig Jahre an meiner Plage. Da hörten auch die Könige von meinem Leiden. Sie wollten mich besuchen und trösten, doch sie erkannten mich nicht. Sie wehklagten, zerrissen sich die Kleider und bewarfen sich mit Staub. Sie blieben sieben Tage und Nächte bei mir sitzen. Doch nicht ein Einziger sprach mit mir. Keiner blieb aus Mitleid bei mir, sondern alle dachten viel mehr dran, wie reich ich vor diesem Unglück gewesen war.

Einst hatte ich ihnen meine Edelsteine geholt, worüber sie sich erstaunten und, ihre Hände zusammenschlagend, riefen: »Deine Edelsteine übertreffen bei weitem unsere Schätze.« Ich war von edlerem Geschlecht als alle Ostländer. Als sie in die Ausitis kamen und in der Stadt nachfragten: »Wo ist jetzt Jakob, der über ganz Ägypten herrschte?«, da erhielten sie die Auskunft: »Er sitzt auf einem Düngerhaufen draußen vor der Stadt. Seit zwanzig Jahren kam er nicht mehr in die Stadt.« Sie fragten auch nach meinem

Hab und Gut. Da tat man ihnen kund, was mich getroffen hatte.

29. Der Zweifel der Freunde

Daraufhin verließen sie zusammen mit den Bürgern die Stadt, um mich aufzusuchen. Bei meinem Anblick sträubten sie sich und sagten, ich sei doch nicht Jakob. Als sie noch immer zweifelten, wandte sich kurz entschlossen Temans König Eliphas an mich und fragte: »Bist du denn Jakob, unser Mitkönig?« Ich aber brach in Tränen aus, nickte und sprach: »Ich bin es.«

30. Der Schmerz der Freunde

Tief bestürzt verließ sie ihre Kraft. Sie fielen zu Boden und blieben drei Stunden wie tot liegen. Dann standen sie auf und sprachen zueinander: »Er ist es.« Anschließend saßen sie sieben Tage lang da, redeten von meinem Geschick und von meinen Besitztümern: »Ja, wissen wir denn nicht, wie viele Güter dieser in die umliegenden Städte und Dörfer schickte, um sie den Armen zugutekommen zu lassen, ganz abgesehen von dem, was er im eigenen Hause verteilte? Wie kann er einem solchen Elend verfallen?«

31. Die Klage der Freunde

So redeten sie sieben Tage; dann richtete Elin das Wort an seine Mitkönige: »Kommt! Lasset uns ihm näher treten und ihn genauer ausforschen, ob er es wirklich ist!« Des widrigen Körpergeruchs wegen lag ich siebzig Schritte weiter weg; so machten sie sich mit ihrem Gefolge auf und näherten sich mir in sage und schreibe drei Tagen mit Wohlgerüchen in den Händen. Elin wagte mich zu fragen: »Bist du denn Jakob, unser Mitkönig? Bist du es, der einst großes Ansehen genoss? Bist du es, der einst dem Sonnenlicht auf der ganzen Erde glich? Bist du es, der einst dem Mond- und Sternenglanz ähnlich war?« Ich sprach zu ihm: »Ich bin es.« Da weinte er bittere Tränen und stimmte mit den anderen Königen ein Klagelied an.

32. Die Klage des Elin

Vernehmt die Klage des Elin! Euch allen will er von dem Reichtum Ijobs erzählen. Bist du es, der einst 7000 Schafe zur Schur für Bettlerkleidung ausgesondert hat? Wo ist nun deines Thrones Pracht? Bist du es, der 3000 Kamele zur Beförderung von Gütern für die Armen bereitgestellt hat? Wo ist nun deines Thrones Pracht? Bist du es, der den Armen 500 Joch Ochsen zum Bepflügen ihrer Äcker gab? Wo ist nun deines Thrones Pracht? Bist du es, der einst goldene Bettgestelle und einen Thron aus Edelstein besaß, jetzt aber auf dem Düngerhaufen sitzt? Wo ist nun deines Thrones Pracht? Wer war nur gegen dich, als du inmitten deiner Kinder weiltest? Du glichest einem Baum, mit duftigen Äpfeln reich behangen. Wo ist nun deines Thrones Pracht? Bist du es, der Tische für die Armen und Fremden aufgestellt und hergerichtet hat? Wo ist nun deines Thrones Pracht? Bist du es, der die Rauchgefäße für den Wohlgeruch in der Gemeinde hatte? Nun aber weilest du in widrigem Geruch. Wo ist nun deines Thrones Pracht? Bist du es, der goldene Lampen auf den Silberleuchtern hatte? Nun aber musst du auf den Mondschein warten. Wo ist nun deines Thrones Pracht? Bist du es, der seine Salbe vom Weihrauchbaum bezog? Nun aber sitzt du in der Fäulnis da. Wo ist nun deines Thrones Pracht? Bist du es, der die Ungerechten und die Frevler ausgelacht hat, nun aber selbst zum Spott geworden bist? Wo ist nun deines Thrones Pracht? Bist du der Ijob, der diesen großen Ruhm genoss? Wo ist nun deines Thrones Pracht?

33. Ijobs Antwort

Als sich das Wehklagen der Könige allmählich legte, sprach Ijob zu ihnen: »Schweigt! Nun will ich euch belehren über meinen Thron. Er steht in der Überwelt und seine Pracht und Herrlichkeit ist zu des Vaters Rechten. Die ganze Welt vergeht mitsamt ihrer Pracht und den auf ihr lebenden Menschen. Mein Thron steht im heiligen Land und seine Pracht im Reich der Unvergänglichkeit. Die Wellen stürzen in des Abgrunds Tiefen und die Flüsse trocknen aus. Doch in dem Land, worin mein Thron steht, fließen sie immer. Auch diese Könige vergehen, die Fürsten schwinden; ihr Ruhm und ihre Prahlerei gleicht einem Spiegelbild. Mein Reich jedoch besteht auf ewige Zeiten, und seine Pracht und Herrlichkeit ruht auf des Vaters Wagen.«

34. Des Eliphas Rede

Als ich zu ihnen diese Worte sprach, schwiegen sie zunächst. Doch dann geriet Eliphas in Zorn und sagte zu den

Freunden: »Was nützt es, dass wir hierbleiben, um ihn zu trösten? Seht doch, wie er uns schmäht? Lasst uns in unsere Lande zurückkehren! Er sitzt jetzt da, von Würmern schwer gequält, in widrigem Geruch, und doch erhebt er sich noch über uns und sagt: ›Es schwinden Königreiche hin samt ihren Fürstentümern; doch unser Reich, spricht er, wird ewig dauern.‹« Alsdann erhob sich Eliphas in heftiger Erregung und verkündete tief betrübt: »Ich selbst gehe. Zwar kamen wir zu seiner Tröstung, doch er stößt uns vor den Kopf.«

35. Baldads Rede

Da hielt ihn Baldad mit den Worten auf: »So darf man nicht mit einem kummervollen Menschen reden, noch weniger mit einem, der viel Schmerzen hat. Wir sind ja ganz gesund. Und dennoch konnten wir seine Nähe des widrigen Geruchs halber allein mit scharfen Wohlgerüchen ertragen. Erinnerst du dich gar nicht mehr, wie es dir, Eliphas, zumute war, als du zwei Tage krank warst? Lasst uns geduldig prüfen, wie es mit ihm steht! Erinnert er sich vielleicht an sein früheres Glück und wurde er davon wahnsinnig? Wer würde nicht das Gleichgewicht verlieren und ob solcher Schmerzen! Doch lasset mich näher zu ihm treten; ich möchte wissen, wie es um ihn steht!«

36. Baldads Rede

Darauf erhob sich Baldad, kam zu mir und fragte: »Bist du Ijob?« Ich sprach zu ihm: »Gewiss!« Dann fragte er: »Ist wohl dein Geist zugegen?« Ich sprach: »Er haftet zwar nicht mehr am Irdischen, denn unbeständig ist die Erde, wie die, die sie bewohnen. Wohl aber haftet er am Himmlischen. Im Himmel gibt es ja keine Änderung mehr.«

Darauf sprach Baldad: »Wir wissen, dass die Erde unbeständig ist, denn sie verändert sich im Lauf der Zeit.

Bald finden Strafgerichte statt; bald hat sie Frieden; bald wird darauf gekämpft.

Vom Himmel aber hören wir, dass er beständig ist.

Wenn es dir aber wirklich so geht, so will ich ein paar Fragen an dich richten.

Und gibst du mir darauf eine besonnene Antwort, dann wissen wir: Dein Sinn hat sich nicht vernebelt.«

37. Baldads Fragen

Dann sprach er weiter: »Worauf nur hoffest du?« Ich sprach: »Auf Gott, den Lebendigen.« Dann fragte er mich wiederum: »Wer nahm dir dein Hab und Gut weg und tat dir diese Schmerzen an?« Ich gab zur Antwort: »Gott.« Und nochmals fragte er mich: »Du hoffst auf Gott? Wie kannst du dann behaupten, er habe dir ungerechterweise dein Leiden zugefügt und dir dein Hab und Gut weggenommen? Wenn er gab und wieder nahm, dann hätte er lieber gar nichts geben sollen. Denn nie entehrt ein König seinen Krieger, der einst sein treuer Waffenträger war. Wer könnte je die Tiefen des Herrn und seiner Weisheit erfassen? Wer dürfte sich erdreisten, dem Herrn ein Unrecht aufzubürden? Ijob! Antworte mir darauf, wenn du noch bei Verstand bist. Weswegen sehen wir im Osten die Sonne aufgehen, im Westen aber untergehen; und stehen wir des Morgens auf, dann sehen wir sie sich abermals im Osten erheben? Belehre mich hierüber, wenn du ein Diener Gottes bist!«

38. Ijobs Entgegnung

Darauf entgegnete ich also: »Ich bin wirklich noch bei Verstand. Weshalb sollte ich also nicht die Großtaten des Herrn nicht künden, mich gar gegen ihn versündigen? Wer sind wir denn, dass wir uns mit dem Himmlischen so viel beschäftigen, wir, die wir nur aus Fleisch sind und unseren Anteil an der Erde, an dem Glauben haben? Die Speise geht zum Mund; das Wasser kommt in denselben Schlund. Wenn aber beide ausgeschieden werden, dann trennen sie sich voneinander?«

Und Baldad sprach: »Ich weiß es nicht.«

Da sprach ich wiederum zu ihm: »Wenn du die Ausscheidung des Körpers nicht begreifst, wie willst du dann das Himmlische verstehen?«

Darauf griff Sophar ein und sprach: »Nicht Dinge, die für uns zu hoch, wollen wir erforschen, vielmehr, ob du bei Sinnen bist. Und nun sehen wir, dass sich dein Verstand nicht verändert hat. Was sollen wir für dich tun? Die Ärzte unserer drei Königreiche sind bei uns. Willst du dich von ihnen behandeln lassen? Vielleicht kannst du geheilt werden.« Ich sprach zu ihm: »Mich heilt und pflegt der Herr, der auch die Ärzte schuf.«

39. Ijobs Weib klagt

Während ich mit ihnen sprach, kam Eitidos, mein Weib, in Lumpen. Sie war dem Dienste ihres Herrn entlaufen. Man hatte sie am Fortgehen hindern wollen, weil die Mitkönige sie nicht erblicken und mitnehmen sollten. Sie warf sich ihnen vor die Füße und fragte unter Tränen: »Denk, Eliphas, daran und seine beiden Freunde, wie ich bei euch gewesen bin und wie ich mich bekleidet habe! Jetzt schaut her, in welchem Aufzug ich daherkomme!«

Da brachen sie zuerst in lautes Weinen aus, dann verstummten sie gramvoll.

Darauf nahm Eliphas den Purpurmantel ab, zerriss ihn und warf ihn meinem Weibe um.

Sie aber bat die Könige: »Lasst eure Männer in dem Schutt des Hauses graben, das einst über meinen Kindern zusammenfiel, damit man ihre Gebeine bergen kann! Denn wir vermochten es der Kosten wegen nicht. So könnten wir doch wenigstens die Überreste sehen. Ja, bin ich denn ein wildes Tier? Habe ich denn eines Tieres Schoß? Zehn Kinder sind mir gestorben, und nicht ein Einziges von ihnen durfte ich begraben.«

Ich hielt die Männer jedoch zurück und sprach: »Müht euch nicht ab! Es ist vergeblich. Ihr findet meine Kinder nicht. Sie wurden von ihrem Schöpferkönig in seinen Himmel aufgenommen.«

Sie sprachen wiederum zu mir: »Wer wollte nicht abermals behaupten, dass du verrückt bist? Du sagtest: ›Es wurden aufgenommen meine Kinder in den Himmel!‹ Darum künde uns jetzt die Wahrheit!«

40. Ijobs Weib stirbt

Ich sagte ihnen: »So richtet mich doch auf, damit ich stehen und zuerst den Vater preisen kann!« Da richteten sie mich auf und stützten mich. Nach dem Gebet sprach ich zu ihnen: »Erhebt eure Augen gen Osten, dort erblickt ihr meine Kinder, mit der Herrlichkeit des Himmlischen gekrönt! Ach Eitidos, mein Weib, schaut, wie sie zur Erde niederfällt und spricht: ›Jetzt weiß ich es: Gott denkt an mich. Jetzt gehe ich in die Stadt und schlummere ein wenig; dann nehm ich meinen Lohn für meinen Sklavendienst entgegen.‹« So ging sie in die Stadt zurück; dann trat sie in den Stall der Rinder, die ihr einst von ihrem Dienstherrn weggenommen worden war. Sie legte sich an einer Krippe nieder und starb hier in Frieden. Ihr Dienstherr suchte nach ihr, fand sie aber erst abends. Als er die Tote erblickte, brach er in ein lautes Schreien und Wehklagen um sie aus. Der Lärm durchdrang die ganze Stadt. Da liefen sie herbei, zu wissen, was geschehen war. Sie sahen die Tote inmitten der Tiere, die um sie klagten, trugen sie hinweg und begruben sie beim Haus, das einst über ihren Kindern zusammenfiel. Die Armen in der Stadt erhoben großes Wehklagen: »Seht! Das ist Eitidos, das ruhm- und ehrenvolle Weib, dem nicht einmal ein richtiges Begräbnis zuteil wurde.«

41. Elins Rede

Drauf setzte sich Eliphas mit den Übrigen zu mir. Sie führten große Reden und standen erst nach siebenundzwanzig Tagen auf, um in ihr Land zurückzukehren. Doch von Elin wurden sie beschworen: »Ach, wartet doch auf mich, bis dass auch ich ihm meine Meinung gesagt habe! So viele Tage habt ihr Ijob ertragen, wie er selbstgerecht prahlte. Zu Anfang habe ich ihn beklagt, weil ich mich seines früheren Glücks erinnerte. Aber seine Überheblichkeit, mit der er behauptet, er habe seinen Thron im Himmel, ist mir nun unerträglich. So hört mich an! Ich will euch kundtun, welchen Anteil er dort hat.« Dann hielt Elin gegen mich gar freche Reden, die der Satan ihm eingab.

42. Gott erscheint

Als Elin verstummte, erschien mir selbst der Herr und sprach aus Sturm und Wolken. Er tadelte Elin, mir aber zeigte er, dass aus Elin nicht ein Mensch, sondern ein Tier geredet hatte. Danach wandte er sich an Eliphas mit den Worten: »Du und deine beiden Freunde haben sich an meinem Diener Ijob versündigt. Darum steht auf und lasst ihn Opfer für euch darbringen, dass eure Sünde getilgt werde! Denn wäre er nicht gewesen, dann hätte ich euch vernichtet.« Da brachten sie mir selbst die Opfergaben. Ich nahm sie an und brachte diese für sie dar. Der Herr nahm so das Opfer an und vergab ihnen die Sünde.

43. Des Eliphas Lied

So erkannten Eliphas, Baldad und Sophar, dass der Herr ihnen, nicht aber Elin die Sündenschuld verziehen hat. Da ergriff der Geist den Eliphas und er begann unter dem Beifall der Freunde zu singen: »Getilgt sind unsere Sünden, begraben unsere Missetat. Elin, ja Elin, ist der einzige Missetäter; darum wird ihm bei den Lebenden kein Angedenken mehr zuteil. Erloschen ist ihm seine Leuchte, ihr Glanz verschwunden. Ja, seiner Lampe Schein wird ihm zum Ankläger. Er ist ein Kind der Finsternis. Verschwunden ist sein Reich, sein Thron vermodert und seines Zeltes Ehre trifft ihn wieder in der Unterwelt. Der Schlange Schönheit liebte er, des Drachen Schuppen, und seine Galle und sein Gift wurden ihm zur Speise. Den Herrn gewann er nicht und fürchtete ihn nicht; er reizte vielmehr seine Freunde noch zum Zorn. Der Herr vergaß darum seiner; es ließen ihn die Heiligen im Stich. Es werden ihm zum Zelte Zorn und Wut. Er trägt nicht Mitleid im Herzen noch Frieden im Mund. Auf seiner Zunge hat er Natterngift. Gerecht ist ja der Herr und wahr sind seine Urteilssprüche. Bei ihm gibt es kein Ansehen der Person; er richtet alle gleich. Wenn einst der Herr erscheint, dann stehen die Heiligen bereit; vorangetragen werden unter Lobgesängen Kränze. Die Heiligen sollen sich freuen, in ihren Herzen jubeln! Errungen haben sie die Herrlichkeit, die sie erhofft. Getilgt ist unsere Sünde; gesühnt ist unsere Schuld. Nur der Bösewicht Elin hat bei den Lebenden kein Angedenken.«

44. Ijob im Glück

Als Eliphas sein Lied beendet hatte, erhoben wir uns alle und gingen in die Stadt, in dieses Haus, das wir heute bewohnen. Wir genossen ein Festmahl zur Freude des Herrn. Dann begann ich, den Armen wieder Wohltaten zu spenden. Meine Freunde kamen wieder zu mir und alle, die mir

Gutes zu erweisen wussten. Sie fragten mich: »Was wünschst du dir von uns?« Ich stellte an sie die Bitte: »Gebt mir jeder ein Lamm, das ich scheren kann, um mit der Wolle die Blöße der Armen zu bedecken.« Da brachte mir jeder ein Lamm und eine goldene Viererdrachme. Und alles, was ich hatte, segnete der Herr und verdoppelte meinen Besitz.

45. Ijobs Rede

»Nun, meine Kinder! Geht! Ich muss sterben. Vergesst ja nicht den Herrn! Den Armen spendet Gutes! Und überseht nicht die Schwachen! Nehmt eure Weiber nicht aus fremden Völkern! Geht, meine Kinder! Ich teile alles, was ich habe, unter euch auf; jeder kann über seinen Teil ganz frei verfügen.«

46. Das Erbteil der Töchter des Ijob

So ließ Ijob das Geld herbeiholen, das unter den sieben Söhnen verteilt werden sollte. Den Töchtern aber gab er nichts davon. Deshalb fragten sie ihren Vater: »Herr, unser Vater! Sind wir nicht gleichfalls deine Kinder? Weswegen gibst du uns nichts vom Vermögen?« Da sagte ich zu ihnen: »Ihr, meine Töchter! Murret nicht! Denn ich vergaß euch nicht. Ich gebe euch sofort ein Erbe, weit besser als das eurer sieben Brüder.« Dann rief er seine Tochter Semera und sprach zu ihr: »Nimm diesen Ring! Gehe ins Gewölbe und hole dir die drei goldenen Schreine! Dann gebe ich euch das Erbe.« Sie gehorchte ihm. Er schloss diese auf und nahm daraus drei bunte Gürtel; kein Mensch kann ihre Schönheit je beschreiben. Sie stammten nicht von dieser Erde, sondern aus dem Himmel. Sie sprühten wie Sonnenstrahlen.

Und jeder gab er einen Gürtel mit den Worten: »Umgürtet euch die Brust damit, dass es euch wohlergehe alle Tage eures Lebens!«

47. Die wunderbaren Gürtel

Da sprach zu ihm seine Tochter Kasia: »Ist dies das Erbe, Vater, wovon du sagtest, dass es weit besser sei als unserer Brüder Erbe? Was sollen diese überflüssigen Gürtel nützen? Ja, können wir denn davon leben?« Der Vater sprach zu ihnen: »Ihr werdet nicht nur von ihnen leben können, die Gürtel werden euch einst sogar zu einem besseren Leben verhelfen, zum Leben im Himmel. Ihr Töchter! Kennt ihr nicht den Wert der Gürtel? Es hielt der Herr mich ihrer selbst für würdig am Tage, als er sich entschloss, sich meiner zu erbarmen und meines Leibes Schmerzen samt den Würmern wegzunehmen. Er rief mich an und gab mir die drei Gürtel mit den Worten: ›Steh auf! Umgürte einem Manne gleich die Lenden!‹ Ich tat, wie mir geheißen, und sogleich verschwanden mit den Würmern auch die Schmerzen von Körper und Seele. Dann zeigte mir der Herr meine Vergangenheit und Zukunft. Jetzt also, meine Kinder, nehmt diesen Gürtel! Damit seid ihr vor Angriffen aller Art geschützt. Wohlan! Umgürtet euch damit, bevor ich sterbe! Dann könnt ihr die erblicken, die her zu meiner Seele kommen, also Gottes Schöpfungen bewundern.«

48. Hemeras Gürtel

Und so legte sich Hemera auf Geheiß ihres Vaters den Gürtel um, erhielt ein anderes Herz, sodass sie gar nicht mehr an Irdisches dachte. Sie redete in der Engelssprache und pries Gott nach Engelsart.

49. Kasias Gürtel

Alsdann umgürtete sich Kasia; auch sie empfing ein ganz verändertes Herz; ihr Sinnen war nicht mehr auf Irdisches gerichtet. Ihr Mund erhielt der Mächte Sprache und sie besang des Himmels Schöpfung. Wer also etwas davon wissen will, der kann es in der Rafia Lieder finden.

50. Der Gürtel der dritten Tochter

Alsdann umgürtete sich die dritte Tochter namens Amaltheas Horn. Auch ihr Herz wurde verwandelt und so dem Irdischen entrückt. Sie redete die Sprache der Cherubim, lobpries den Herrn der Kräfte und kündete von seiner Herrlichkeit, wie es in Amaltheas Horns Gebeten aufgezeichnet ist.

51. Das Buch Ijob

Es hörten nun die Töchter zu singen auf. Anwesend waren dabei der Herr und ich, Ijobs Bruder Kereus, und der Heilige Geist. Ich ließ mich neben Ijob auf mein Lager nieder und vernahm Wundersames von meines Bruders Töchtern, wie eine es der anderen erklärte. So schrieb ich denn dieses

Buch mit Ausnahme der Lobgesänge sowie der Deutungen der Töchter meines Bruders.

52. Ijobs Sterben

Nach drei Tagen legte Ijob sich auf sein Lager nieder: dank dem Gürtel ohne Schmerz und Leiden. Nach drei weiteren Tagen erblickte er heilige Engel.

Sofort erhob er sich, griff nach der Zither und gab sie seiner Tochter Hemera. Der Tochter Kasia gab er ein Rauchfass in die Hand, der Tochter Amaltheas Horn eine Pauke. Sie sollten damit die Engel begrüßen, die jetzt zu seiner Seele kämen. Daraufhin sahen sie leuchtende Wagen zu seiner Seele fahren. Sie sangen, jede auf ihre Weise, Preis- und Ruhmeslieder.

Dann stieg der Wagenlenker aus dem größten Wagen und grüßte Ijob. Ihn sahen die drei Töchter und ihr Vater; die Anderen aber sahen ihn nicht. Er nahm die Seele Ijobs, schloss sie in seine Arme, brachte sie auf seinen Wagen und fuhr gen Osten. Ijobs Leichnam aber wurde eingehüllt und zu Grab getragen.

Es schritten an der Spitze die drei Töchter; sie trugen ihre Gürtel und sangen Lobeshymnen auf den Vater.

53. Ijobs Begräbnis

Und ich, sein Bruder Kereus, weinte zusammen mit den sieben Söhnen, den Armen, den Waisen und den Krüppeln um ihn. Wir riefen: »Wehe uns! Zweimal wehe! Denn heute wurde die Kraft der Schwachen fortgenommen. Und fortgenommen ist der Blinden Blick, der Waisen Vater, der Fremden Gastgeber, der Witwen Mantel. Wer wollte nicht den Gottesmann beweinen?«

Ijobs Leichnam wurde zu Grabe getragen; da stellten sich die Witwen und Waisen im Kreise auf und ließen somit nicht zu, dass man ihn ins Grab bettete. Erst nach drei Tagen fand er seine letzte Ruhe, er, der sich bei allen den Geschlechtern der Erde einen hochberühmten Namen erworben hatte.

Amen

Joseph und Asenath

Asenath, die ägyptische Priestertochter, wird die Frau des Joseph und bekennt sich zum Judentum. Die Originalsprache dieses Buches ist Griechisch. Es wurde am Anfang des 2. Jahrhunderts nach Christus verfasst.

Für die in der Diaspora lebenden Juden war es von großer Bedeutung, ob eine andersgläubige Frau bekehrt werden und auch zur Frau genommen werden kann. Dies wird bei der jungfräulichen Braut bejaht. Asenath konnte die Stelle Jerusalems als Braut einnehmen. In einer überhöhten christlichen Exegese ist diese Braut Gottes sogar im Vorteil vor den Töchtern Jerusalems. Da sich nicht alle Juden zum Christentum bekehren würden, lag die Zukunft der neuen Religion in der Heidenmission.

1. Asenath

Am fünften Tag des zweiten Monats, im ersten Jahr der sieben fetten Jahre bestellte Pharao den Joseph zu einem Rundgang durch ganz Ägypten. So kam er am achtzehnten des vierten Mondes des ersten Jahrs in das Gebiet von Heliopolis und sammelte das Korn der Gegend ein, dem Sand am Meere gleich. Dort lebte ein Mann namens Pentephres, der ein Priester zu Heliopolis, ein Satrap des Pharao und Oberhaupt aller Satrapen und der Fürsten des Pharao war. Er war unermesslich reich, milde und als des Pharao Berater der Klügste aller Fürsten Pharaos. Er hatte eine Tochter namens Asenath, eine Jungfrau von achtzehn Jahren, schlank, blühend und viel schöner als alle Jungfrauen des Landes. Sie glich viel mehr den Töchtern der Hebräer: schlank wie Sara, blühend wie Rebekka, schön wie Rachel. Der Ruf ihrer Schönheit verbreitete sich im ganzen Land und sogar über dessen Grenzen hinaus. Die Großen und Satrapen sowie des Königs junge und kräftige Söhne begehrten sie zur Frau, gerieten ihretwegen in Streit und begannen sich gegenseitig zu bekämpfen. Des Pharao Erstgeborener hörte auch von Asenath und sprach: »Mein Vater! Gib mir Asenath, die Tochter Pentephres, des ersten Mannes zu Heliopolis, zum Weib!« Da sprach der Pharao zu ihm: »Warum suchst du dir ein Weib aus, das unter dir steht, zumal du einmal König dieses Landes wirst? Ist nicht die Tochter des Moabkönigs Joakim mit dir verlobt? Sie wäre eine äußerst schöne Königin!«

2. Asenaths Schmuck und Wohnung

Doch durch Asenaths unnahbaren Stolz bekam kein Mann sie je zu sehen, denn Pentephres' Haus besaß einen mächtigen Turm, der von einem Söller mit zehn Zimmern bekrönt wurde. Das erste Zimmer war groß und prächtig mit Purpursteinen ausgelegt; die Decke war aus Gold. Zahllose goldene und silberne Götter der Ägypter standen hier, die von Asenath voller Furcht verehrt und täglich mit Opfergaben bedacht wurden. Im zweiten Zimmer befanden sich der ganze wertvolle Schmuck der Asenath und unzählige goldgewirkte, mit kostbaren Steinen besetzte Kleider sowie feine leinene Gewänder. Das dritte Zimmer diente als Vorratskammer, die alle Güter dieser Welt enthielt. Und in den anderen sieben Zimmern wohnten sieben wunderschöne Jungfrauen, die in derselben Nacht wie Asenath geboren wurden, sie sehr liebten und bedienten. Nie sprach ein Mann oder Knabe mit ihnen. Drei Fenster waren in dem großen Zimmer Asenaths, wo ihre Jungfräulichkeit gehegt und gepflegt wurde; das erste Fenster war sehr groß und blickte auf den Hof nach Osten, das zweite nach Süden, das dritte auf die Straße. Ein goldenes Bett stand in Ostrichtung und war mit goldgewirktem Purpur ausgelegt, aus Scharlach und aus feinem Linnenstoff gewoben. In diesem Bett schlief Asenath stets allein. Ein großer Hof und eine hohe Mauer aus großen Quadersteinen umgaben das Haus. Vier eisenbeschlagene Pforten wurden von achtzehn jungen, kräftigen Bewaffneten bewacht. An der Mauer wuchsen Bäume, die zur Erntezeit reife Früchte trugen. Im Hof gab es eine reiche Quelle mit einem großen Behälter, deren Wasser mitten durch den Hof floss und die Bäume bewässerte.

3. Josephs Ankunft

Am achtundzwanzigsten des vierten Mondes im ersten Jahr der sieben fetten Jahre kam Joseph ins Gebiet von Heliopolis und sammelte das Korn der Gegend ein. Als er sich der Stadt näherte, entsandte er zwölf Männer zu Pentephres, dem Priester von Heliopolis, und ließ ihm sagen: »Ich kehre heute zum Mittagsmahl bei dir ein.« Als Pentephres dies hörte, sprach er erfreut: »Gepriesen sei der Herr, der Gott des Joseph! Mein Herr! Für würdig hält mich Joseph.« Und Pentephres berief den Aufseher des Hauses und sprach zu ihm: »Setze schnell mein Haus instand und richte ein Gastmahl her, weil Joseph, Gottes Held, heute zu uns kommt!« Als Asenath vernahm, dass ihre Eltern von den Erbgütern heimkämen, freute sie sich sehr. Sie eilte in ihr Zimmer, wo ihre Kleider lagen, und zog ein feines Linnenkleid, aus Scharlach und aus Gold gewirkt, an, legte einen goldenen Gürtel, Armspangen, goldne Beinbinden und wertvollen Schmuck an. Abschließend setzte sie sich einen Turban aufs Haupt, band sich ein Diadem um die Schläfen und verhüllte ihren Kopf mit einem Schleier.

4. Asenath und ihre Eltern

So verließ sie eilends den Söller und begrüßte ihre Eltern, die sich am Anblick ihrer wie eine Gottesbraut geschmückten Tochter Asenath erfreuten. Sie brachten reiche Ernte von den Erbgütern mit und übergaben ihrer Tochter Obst, Trauben, Datteln, Granatäpfel und Feigen, alle reif und wohlschmeckend. Dann sprach Pentephres zu seiner Tochter Asenath: »O Kind! Setz dich hier zwischen uns! Ich will dir etwas sagen. Sieh, Joseph, Gottes Held, kommt heute zu uns; er ist der vom Pharao bestimmte Herrscher über ganz Ägypten. Er gibt diesem Land Nahrung und rettet es vor künftigen Hungersnöten. Ein gottesfürchtiger Mann ist Joseph, jungfräulich wie du, klug und weise; in ihm ist Gottes Geist. Komm, teures Kind! Ich gebe dich ihm zum Weib.« Als Asenath von ihrem Vater diese Worte hörte, brach sie in Schweiß aus und wurde sehr zornig: »Was redest du, mein Herr und Vater, solche Dinge? Willst du mich einem fremden Mann gefangen übergeben, der flüchtig war und den man gar verkaufte? Ist er nicht eines Hirten Sohn aus Kanaan? Ist er nicht von ihm verlassen worden? Ist er nicht der, der bei der Herrin ruhte und den sein Herr in einen dunklen Kerker werfen ließ und den aus seinem Kerker Pharao entließ, weil er ihm seinen Traum erklärte, so wie es die alten Weiber der Ägypter machen? Nein! Lieber heirate ich den erstgeborenen Sohn des Königs, weil dieser König des ganzen Landes wird.« Als Pentephres dies vernahm, verging ihm alle Lust, sich mit seiner Tochter Asenath noch weiter über Joseph zu unterhalten.

5. Josephs Besuch

Da kam ein Jüngling aus der Dienerschaft zu Pentephres und verkündete Josephs Ankunft. Als Asenath dies hörte, floh sie in ihren Söller, betrat ihr Zimmer, stellte sich ans große Fenster, das gegen Osten blickt, um Joseph sehen zu können. Pentephres und seine Frau gingen mit allen Verwandten und der Dienerschaft hinaus, um Joseph zu begrüßen. Als sich die Pforten im Osten öffneten, fuhr Joseph auf des Pharao zweitem Wagen ein, der aus purem Gold war und von vier Schimmeln gezogen wurde. Joseph war mit einem weißen Rock bekleidet, seines Umhangs Kleid war purpurn, aus feinem golddurchwirktem Linnen. Auf seinem Haupt war ein goldener Kranz, zwölf auserlesene Steine um den Kranz und goldene Strahlen auf den Steinen; in seiner Rechten trug er einen Königsstab und einen Ölzweig, der viel Früchte trug. Da kamen Pentephres und seine Frau mit allen Verwandten außer Asenath und warfen sich vor Joseph auf die Erde nieder.

Und Joseph stieg von seinem Wagen und begrüßte sie mit Handschlag.

6. Josephs Eindruck auf Asenath

Der Anblick Josephs erschütterte Asenath bis ins Mark und sie rief: »Weh mir Unseligen! Wohin soll ich, Unglückliche, jetzt fliehen? Wo mich vor seinem Angesicht verbergen? Wie wird doch Joseph, dieser Gottessohn, mich anschauen, da ich so schlimm von ihm gesprochen? Weh mir Unseligen! Wo soll ich hingehen und mich verbergen? Er sieht ja jegliches Versteck, weiß alles und nichts Verborgenes entgeht ihm des großen Lichtes wegen, das er in sich trägt. Nun sei des Josephs Gott mir gnädig, dass ich unwissentlich so Schlimmes wider ihn geredet habe! Was soll ich tun, ich Elende? Habe ich denn nicht gesagt, dass Joseph, eines Hirten Sohn, aus Kanaan gekommen sei? Nun kommt er gleich der Himmelssonne zu uns auf seinem Wagen, und heute betritt er unser Haus, erhellt es, wie das Licht der Erde. Ich aber war so töricht und so dreist, dass ich ihn so verachtete und Schlimmes von ihm sprach und wusste nicht, dass Joseph ein Gottessohn ist. Denn welcher Mensch auf Erden besitzt je solche Schönheit und welches Weibes Schoß gebärt ein solches Licht? Ich war so unselig und töricht, dass ich so schlimme Worte meinem Vater gab. Gib mich zur Magd dem Joseph, Vater, zur Sklavin noch viel lieber! Ich will ihm ewig Sklavin sein!«

7. Josephs Eintritt ins Haus des Pentephres

Bevor Joseph das Haus des Pentephres betrat, blickte er zum Söller hoch, wo Asenath stand und ihn verstohlen musterte. Drinnen setzte er sich auf einen Thron; sie wuschen ihm die Füße und bereiteten ihm eine eigene Tafel, weil es Joseph ein Gräuel war, zusammen mit Ägyptern zu speisen. Da fragte er Pentephres: »Wer ist dieses Weib, das an des Söllers Fenster steht? Sie gehe fort aus diesem Haus!« Denn Joseph befürchtete, von Asenath wie von allen Weibern und Töchtern der ägyptischen Fürsten und Satrapen mit dem Wunsch des Zusammenseins behelligt zu werden. Die Boten, die bisher die Weiber mit Gold, Silber und wertvollen Geschenken zu ihm gesandt hatten, verjagte Joseph voller Zorn mit den Worten: »Ich werde nimmer sündigen vor Gott dem Herrn und vor dem Angesichte meines Vaters Israel. Josephs Vater Jakob hatte seinem Sohn Joseph und allen seinen anderen Söhnen einst eindrücklich ans Herz gelegt: Kinder! Hütet euch vor fremden Weibern! Lasst euch doch nicht mit ihnen ein! Ihr Umgang ist Verderben und Vernichtung. Deshalb sprach Joseph: »Es gehe jenes Weib aus diesem Hause fort!« Darauf erwiderte ihm Pentephres: Mein Herr! Die du im Söller stehen sahst, war keine Fremde, sondern unsere Tochter, die bisher jeden Mann verschmähte; doch wenn du willst, wird sie erscheinen und dich anreden; denn unsere Tochter ist wie deine Schwester.« Diese Worte erfreuten Joseph sehr, und er sprach zu Pentephres und seinem Weib: »Wenn diese eure jungfräuliche Tochter ist, dann soll sie kommen! Dann werde ich sie von heute an wie meine Schwester lieben.«

8. Josephs Begegnung mit Asenath

Darauf stieg ihre Mutter in den Söller und führte Asenath zu Joseph, und Pentephres sprach zu ihr: »Begrüße deinen Bruder! Er ist jungfräulich wie du, und er verschmäht ein jedes fremde Weib wie du die fremden Männer.« Darauf sprach Asenath zu Joseph: »Willkommen, Herr, Gesegneter des höchsten Gottes!« Und Joseph sprach zur ihr: »Jungfrau! Dich segne Gott, der alles ins Leben ruft!« Darauf sprach Pentephres zu seiner Tochter Asenath: »Komm! Küsse deinen Bruder!« Als Asenath Joseph küssen wollte, legt dieser seine rechte Hand auf ihre Brust und sprach: »Es ziemt sich nicht für einen gottesfürchtigen Mann, der mit dem Munde den lebendigen Gott verherrlicht, der geweihtes Lebensbrot genießt, der Unsterblichkeit geweihten Trank einnimmt und mit der Unverweslichkeit geweihtem Salböl gesalbt wird, dass er einem fremden Weibe einen Kuss auf den Mund gebe, da diese tote, stumme Götzen preist, von ihrem Tisch erwürgte Speise genießt, von ihrem Opfertrank den Kelch des Truges nimmt und sich mit des Verderbens Salbe salbt. Der gottesfürchtige Mann vielmehr küsst nur seine Mutter, seine Schwester und seine Gattin, die sein Lager teilt, die mit dem Munde den lebendigen Gott verherrlichen. Doch ziemt es einem gottesfürchtigen Weibe nicht, dem fremden Manne einen Kuss zu geben; denn dieses ist vor Gott, dem Herrn, ein Frevel.«

Josephs Worte betrübten Asenath sehr und sie begann zu weinen. Als Joseph dies sah, bedauerte er sein Tun, denn er sah, dass sie sanft, gütig und gottesfürchtig war. Er legte ihr seine Rechte aufs Haupt und sprach: »Herr, Gott des Vaters

Israel! Du höchster, starker Gott, der du das All belebst und aus dem Dunkel es ins Licht berufst und aus dem Irrtum zu der Wahrheit und aus dem Tod zum Leben, ach, segne du auch diese Jungfrau! Belebe sie; erneure sie durch deinen Heiligen Geist; lasse sie dein Lebensbrot genießen und trinken aus dem Kelche deiner Segnung und zähle sie deinem Volke bei, das du erwählt, bevor das All geworden! Führe sie zu deiner Ruhestatt, die deinen Auserwählten du bereitet! Lasse sie in deinem ewigen Leben ewig leben!«

9. Josephs Abreise

Josephs Worte erfreuten und betrübten Asenath gleichermaßen. Sie eilte in den Söller, fiel kraftlos auf ihr Lager und brach in ein lautes, bitterliches Weinen aus. Dann wandte sie sich voller Reue von ihren Göttern ab und blieb dort bis zum Abend. Joseph aß und trank; dann hieß er seine Knechte die Pferde einspannen, um die ganze Gegend zu befahren. Da sprach Pentephres zu Joseph: »Mein Herr, bleibe heute hier! Ziehe erst morgen weiter!« Doch Joseph sprach: »Nein, heute will ich gehen; denn dieses ist der Tag, an dem Gott mit der Erschaffung aller Dinge begonnen hat. Am achten Tag werde ich jedoch zu euch zurückkehren und bleiben.«

10. Asenaths Reue

Als Joseph nun das Haus verließ, begab sich Pentephres mit allen Verwandten zu ihren Erbgütern. Nur Asenath blieb teilnahmslos und in Tränen aufgelöst zurück. Sie aß kein

Brot und trank kein Wasser, und während alles schlief, blieb sie wach und schlug sich in Tränen auf die Brust. Dann erhob sie sich von ihrem Lager und stieg die Treppe des Söllers hinunter. Als sie zu der Pforte kam, traf sie die Hüterin mit ihren Kindern schlafend an; da nahm sie schnell das Vorhangsfell, füllte es mit Asche, trug diese in den Söller und streute sie auf den Boden. Dann schloss sie selbst die Türe ab und schob den Eisenriegel vor. Von ihrem Stöhnen und Weinen erwachte die Jungfrau, die Asenath am nächsten stand, ging zur Türe, nachdem sie auch die anderen Jungfrauen geweckt hatte, und fand diese fest verschlossen. Sie rief: »Was gibt es, meine Herrin? Was betrübt und bedrückt dich? Schließ auf, dass wir dich sehen!« Darauf sprach Asenath durch die Tür: »Gar großes, schweres Leid ist auf mein Haupt gekommen; ich ruhe nun auf meinem Lager; doch kann ich mich nicht erheben und euch öffnen, weil ich an allen meinen Gliedern leide. Geht nun in eure Kammer und ruhet; mich aber lasst allein!« Als nun die Jungfrauen in ihre Kammern gingen, erhob sich Asenath, öffnete die Türe ihres Schlafgemachs, ging in ihr zweites Zimmer, wo ihr Schmuck aufbewahrt wurde, und öffnete die Truhe. Sie entnahm ein schwarzes Kleid, das sie getragen hatte, als ihr erstgeborener Bruder starb, ging damit auf ihr Zimmer, verschloss wieder fest die Türe und schob den Riegel vor. Dann legte Asenath die königlichen Kleider und sämtlichen Schmuck ab, warf alles durch das Nordfenster den Armen zu und zog das Trauerkleid über. Dann nahm sie alle ihre goldenen und silbernen Götter, die sich in ihrem Zimmer befanden, zerbrach sie in kleine Stücke und ließ sie ebenfalls aus dem Fenster fallen. Anschließend raffte sie Speisen und Opfergaben zusammen und warf sie den Hunden zum Fraß vor. Dann löste sie ihr Haar und streute Asche auf ihr Haupt. Sie setzte sich auf den mit Asche bedeckten Boden, schlug sich an die Brust und weinte bitterlich bis zum Morgen. Am Morgen sah Asenath, dass die Asche von ihren Tränen zu Schmutz geworden war. Sie blieb nun sieben Tage lang ohne zu sprechen und zu essen auf dem schmutzigen Boden liegen.

11. Asenaths Bekehrung

Am achten Tage, als die Vögel im Morgenrot sangen und Hunde Wandernde anbellten, erhob sich Asenath nur ein wenig; sie war erschöpft und ob des vielen Fastens geschwächt. Sie sprach zu sich: »Was soll ich Arme tun? Wo soll ich hingehen? Zu wem soll ich mich flüchten? Mit wem soll ich nur sprechen, ich hilflose, vereinsamte, von allen verlassene, missachtete Jungfrau? Meine Eltern und Verwandten verachten mich, weil ich ihre Götter vernichtet habe, und ergötzen sich an meiner Trübsal. Der Herr und Gott des Helden Joseph aber hasst, wie ich gehört habe, alle Götzenbildanbeter. So hat er denn auch mich gehasst, weil ich tote, stumme Götzenbilder verehrte. Nun aber meide ich ihre Opfer; mein Mund wurde ihrem Tisch entfremdet; doch habe ich keinen Mut, den Herrn, den Gott des Himmels, anzurufen, den Höchsten und den Mächtigen des Helden Joseph; es wurde ja mein Mund befleckt von Götzenopfern. Ich habe aber viele sagen hören, dass der Gott der Hebräer ein wahrer, lebendiger, barmherziger, mitleidiger, nachsichtiger, erbarmungsvoller und milder Gott sei. Nun wage auch ich arme, verlassene Jungfrau den Schritt und flüchte mich zu ihm, bekenne ihm alle meine Sünden und flehe um Erbarmen. Vielleicht beschützt er mich, weil er, wie ich höre, der Vater der Waisen, und der Tröster der Betrübten, der Helfer der Verfolgten ist.« Und Asenath kniete gen Osten nieder, schaute zum Himmel auf und sprach zu Gott.

12. Asenaths Gebet und Bekenntnis

»O Herr, Gott der Gerechten, der du die Welten schufst und allem Leben gabst, der du den Geist des Lebens jeglichem Geschöpf verliehest, der du das Unsichtbare in das Licht gebracht, der du das All geschaffen, das Unsichtbare sichtbar hast gemacht, der du den hohen Himmel schufest, die Erde auf die Wasser gründetest, der du die großen Steine auf der Wassertiefe festigtest, die nicht versinken können, die vielmehr bis zum Ende deinen Willen tun, weil du, o Herr, befahlst und alles ward. Dein Wort, o Herr, ist Leben ja für alle deine Schöpfungen. Zu dir nun fliehe ich, Herr, mein Gott: Von jetzt an rufe ich, Herr, zu dir und dir bekenne ich meine Sünden; vor dir schütte ich mein Flehen aus, o Herr; vor dir enthülle ich meine Sündenschulden. Schone mich, Herr! Verschone mich! Denn viel habe ich an dir gesündigt und gefrevelt, gottlos gehandelt, Abscheuliches, was schlecht in deinen Augen ist, ausgesprochen. Befleckt ist, Herr, mein Mund von Götzenopfern der Ägypter, von ihren Göttermahlen. Ich habe gesündigt, Herr, ich habe vor dir gesündigt; ich habe wissentlich wie auch unwissentlich gottlos gehandelt, ich habe tote, stumme Götzenbilder angebetet. Ich bin nicht würdig, meinen Mund, o Herr, zu dir zu öffnen, ich arme Asenath, die Tochter Pentephres, des Priesters, Jungfrau und Königin, ich, die ich einstmals stolz und übermütig, durch meinen elterlichen Reichtum glücklicher als alle Menschen war, ich, die ich nunmehr einsam und verwaist, von allen Menschen ganz verlassen bin. Zu dir, Herr, fliehe ich; dir trage ich meine Bitte vor; ich rufe zu dir: Errette mich von den Verfolgern, Herr, eh' ich von ihnen ergriffen werde! So wie ein kleines Kind, das jemand fürchtet, zum Vater und zur Mutter flieht, der Vater aber seine Hand ausstreckt und es an seine Brust drückt, so strecke auch du, mein Herr, die Hände nach mir aus, gleichwie ein Vater, der die Kinder liebt, und reiße mich aus der Hand des geistigen Feindes! Denn siehe: Der alte, wilde, rohe Löwe verfolgt mich, weil er der Vater der ägyptischen Götter ist, und seine Kinder sind die Götter der vom Götzendienst Besessenen; ich aber hasste und zerstörte sie, weil sie des Löwen Kinder sind. So warf ich alle Götter der Ägypter von mir fort, zerstörte sie. Der Löwe aber, welcher der Teufel ist, versucht voller Wut, mich zu verschlingen. Du aber, Herr, befreie mich aus seinen Händen, auf dass er mich nicht zerfleische, nicht in die Feuerglut werfe, mich nicht dem Sturme überlasse, der mich in Finsternis versenkt oder gar in des Meeres Tiefe schleudert! Errette mich, Herr, ehe mich dies alles trifft! Errette, Herr, die Einsame und Schutzlose, von ihren Eltern Verstoßene. Ich habe keine andere Hoffnung mehr als dich, mein Herr, und keine andere Zuflucht mehr als dein Erbarmen, du Menschenfreund. Ich habe erkannt, dass alle Geschenke meines Vaters Pentephres vergänglich sind; doch deines Erbes Gaben, Herr, sind unvergänglich.«

13. Asenaths Gebet

»Siehe, Herr, mein Elend an! Erbarme dich meiner, der Verwaisten! Habe Mitleid mit mir, der Tiefgebeugten! Siehe, Herr, ich floh vor allen zu dir, dem einzigen Menschenfreund. Die weltlichen Güter habe ich verlassen und bin zu dir geflüchtet, Herr, in Sack und Asche, nackt und bloß. Ich habe mein königliches Gewand gegen ein schwarzes Trauerkleid getauscht und mich und den Zimmerboden mit Asche bestreut. Mein Herr! Aus der Asche und meinen Tränen entstand ein großer Schmutz in meinem Zimmer, wie auf einer breiten Straße. Mein Herr! Mein königliches Mahl warf ich den Hunden zum Fraß vor. O Herr! Ich bin jetzt sieben Tage und sieben Nächte nüchtern; ich aß kein Brot und trank kein Wasser; mein Mund ist trocken wie eine Trommel, meine Zunge wie ein Horn und meine Lippen gleichen einer Scherbe; mein Antlitz ist ganz eingefallen und meine Augen geben keine Tränen mehr. Du, Herr, mein Gott, erlöse mich von meinen vielen Schulden! Verzeihe mir unerfahrener Jungfrau meine Irrtümer! Nun habe ich erkannt, dass alle Götter, die ich einst verehrte, nur stumme, tote Götzenbilder waren. So schlug ich sie zusammen, ließ sie von den Armen zertreten und von den Dieben stehlen, da sie aus Silber und Gold bestanden. Zu dir, Herr Gott, bin ich geflohen, dem einzigen, mitleidsvollen Menschenfreund. Verzeihe mir, Herr, dass ich unwissentlich an dir gesündigt und Frevelhaftes gegen Joseph, meinen Herrn, geredet habe! Ich Arme wusste nicht, dass er dein Sohn ist; denn schlechte Menschen sagten mir, Joseph sei ein Hirtensohn aus Kanaan. Ich Arme glaubte es ihnen; ich ließ mich täuschen; ich schätzte ihn gering und sprach von ihm gar schlecht, wusste ich doch nicht, dass er dein Sohn ist. Wer von den Menschen brachte je solche Schönheit zur Welt? Wer sonst ist so weise und mächtig wie dieser wunderschöne Joseph? Doch dir, mein Herr, vertraue ich an, dass ich ihn mehr als meine Seele liebe. Erhalte ihn in deiner Gnade Weisheit und gib mich ihm zur Dienerin und Sklavin auf Lebenszeit, damit ich seine Füße wasche, sein Lager richte und ihn bediene!«

14. Der Besuch des Erzengels Michael

Als Asenath mit ihrer Beichte vor dem Herrn zu Ende war, ging auch der Morgenstern am Himmel gen Osten auf; Asenath sah ihn mit Freude und sprach: »Hat wohl Gott der Herr mein Flehen erhört, weil dieser Stern ein Bote und ein Herold des Lichts des großen Tages ist?« Alsdann spaltete sich der Himmel, und es erschien ein unaussprechlich großes Licht. Als Asenath es sah, fiel sie aufs Antlitz in die Asche; da kam ein Wesen vom Himmel, das Lichtstrahlen aussandte, stellte sich zu ihr und sprach: »Erhebe dich, Asenath!« Sie aber fragte: »Wer ist es, der mich ruft, ist meines Zimmers Tür doch fest verschlossen, der Turm so hoch?« Er rief nochmals ihren Namen und sie bat erneut: »Herr, vermelde mir, wer du bist!« Er sprach: »Ich bin des Herrgotts Oberführer. Steh auf, damit ich meine Worte an dich richten kann!« Sie erhob darauf ihr Gesicht und sah einen Mann, der Joseph in seiner Kleidung ähnelte; nur glich sein Antlitz einem Blitz und seine Augen dem Sonnenglanz, sein Haupthaar einem Fackelfeuerbrand, seine Hände und Füße, aus denen Funken sprühten, glühendem Eisen. Als Asenath dies sah, fiel sie voller Furcht zu Boden. Da sprach der Mann zu ihr: »Sei guten Mutes, Asenath, habe keine Angst! Stehe auf, damit ich meine Worte an dich richten kann!« Darauf erhob sich Asenath und das Wesen sprach zu ihr: »Gehe sofort in dein zweites Zimmer, lege das schwarze Kleid ab, entferne die Asche von deinem Haupt, wasche dir die Hände und Gesicht mit reinem Wasser und ziehe ein weißes Kleid an! Gürte deine Brust und Hüften mit dem Doppelgürtel der Jungfräulichkeit! Dann kehre zu mir zurück, damit ich meinen Auftrag erfüllen kann!« Und Asenath tat, wie ihr geheißen und umschleierte ihr Haupt.

15. Michaels Aussprache

Dann trat sie vor den Engel des Herrn der ihr befahl: »Entferne von deinem Haupt den Schleier, weil du nun eine reine Jungfrau bist und dein Haupt dem eines Jünglings gleicht.« Asenath gehorchte, worauf der Gottesbote sprach: »Sei guten Mutes, reine Jungfrau Asenath! Es hat ja Gott der Herr vernommen, was du bekannt, was du erfleht hast. Er sah auch die Erniedrigung und Not der sieben Tage deines Fastens im Schmutz. Sei nunmehr guten Mutes, du reine Jungfrau Asenath! Dein Name wurde in das Buch des Lebens eingetragen und wird nie mehr daraus getilgt. Von heute an wirst du neu geschaffen und belebt; du isst das gesegnete Brot des Lebens und trinkst den mit Unsterblichkeit gefüllten Becher, wirst mit geweihtem Öl der Unsterblichkeit gesalbt. Sei guten Mutes, du reine Jungfrau Asenath! Heute gab dich Gott der Herr dem Joseph für ewig zur Braut. Von heute an heißt du nicht mehr Asenath, dein Name ist jetzt Stadt der Zuflucht; denn viele Völker fliehen zu dir und rasten unter deinen Flügeln, und viele Völker finden durch dich Schutz. In deinen Mauern fühlen die sich sicher, welche sich dem höchsten Gott in Reue hingegeben; denn sie ist Gottes Tochter, der Schlussstein und der Hort aller Jungfrauen. Sie liebt euch und bittet für euch Bereuenden. Sie gewährt euch einen Ruheort in den himmlischen Sphären. Wie die Reue ist auch sie wunderschön, jungfräulich, rein, milde und sanft; darum liebt sie auch der höchste Gott, und alle Engel ehren sie. Auch ich liebe sie sehr, weil sie meine Schwester ist; und wie sie euch, die Jungfrauen, liebt, so liebe ich euch. Ich gehe jetzt zu Joseph und sage ihm alles über dich. Er kommt noch heute zu dir, wird über deinen Anblick erfreut und von Liebe zu dir erfüllt sein. Ihr werdet für alle Zeiten Bräutigam und Braut. Nun hör mich an, Asenath! Bekleide dich mit deinem Hochzeitskleid, das schon seit langer Zeit in deiner Kammer liegt! Schmücke dich wie eine rechte Braut und sei bereit, ihm zu begegnen! Vor Freude über die Ankündigung des Engels fiel Asenath zu Boden und küsste dessen Füße mit den Worten: Gepriesen sei der Herr, dein Gott, der dich gesandt hat, mich aus der Finsternis zu retten und aus tiefstem Abgrund an das Licht zu führen! Auch dein Name sei ewiglich gepriesen! Ich bitte dich. Setze dich ein wenig hier auf dieses Lager, das rein und unbefleckt ist. Ich setze dir einen Tisch mit Broten vor; davon magst du essen. Ich bringe dir guten alten Wein, dessen Duft zum Himmel steigt. Trink auch davon! Danach ziehe deines Weges!« Er sprach zu ihr: »Beeile dich!«

16. Die wunderbare Speise

Da stellte Asenath schnell einen leeren Tisch vor ihn; bevor sie ging, das Brot zu holen, bat sie der Gottesengel: »Bringe mir auch eine Honigwabe!« Da wurde sie verlegen und betrübt, weil sie in ihrer Vorratskammer keine Honigwabe hatte. Da fragte der Gottesengel: »Was zögerst du?« Sie antwortete: »Mein Herr! Ich will ein Mädchen in die Vorstadt schicken; mein Erbgrundstück ist in der Nähe. Sie kommt damit schnell wieder her; dann setz ich dir die Honigwabe vor.« Da sprach zu ihr der Gottesengel: »Gehe nur in deine Vorratskammer! Du findest auf dem Tisch dort eine Honigwabe. Nimm und bring sie her!« Sie sprach: »In meiner Vorratskammer gibt es keine Honigwabe, Herr!« Er sprach: »Gehe nur, du findest sie schon!« Und Asenath ging in die Vorratskammer und fand auf dem Tisch eine Honigwabe; die Wabe aber war groß und weiß wie Schnee, voll Honig, und dieser Honig war wie Himmelstau, sein Duft wie Lebensduft. Darauf fragte sich Asenath erstaunt: »Stammt diese Wabe aus dem Munde dieses Mannes?« Sie nahm diese Wabe mit und legte sie auf den Tisch. Da hielt der Engel ihr entgegen: »Sagtest du nicht, in deinem Haus gäbe es keine Honigwabe? Hier aber bringst du mir eine!« Sie sprach: »Herr! Es gab keine Honigwabe, bevor du von ihr sprachst, dadurch ging sie aus deinem Mund hervor, und ihr Duft ist dem Balsam gleich!« Da lächelte der Mann ob ihres Verstands, rief sie zu sich her und streckte, als sie kam, die Rechte aus, erfasste und bewegte mit der Rechten ihren Kopf. Doch Asenath fuhr erschreckt zurück, denn Strahlen gingen von seiner Rechten aus wie von geschmolzenem Eisen.

Er aber lächelte und sprach: »O selig bist du, Asenath. Denn Gottes unaussprechliche Geheimnisse sind dir enthüllt. Und selig sind, die Gott dem Herrn in Reue anhängen, weil sie von dieser Wabe essen werden! Denn diese Wabe ist der Geist des Lebens, und diese fertigten des Wonneparadieses Bienen aus Tau der Lebensrosen in dem Paradiese Gottes. Von ihr genießen auch die Engel und alle Auserwählten und Söhne Gottes. Wer also davon isst, stirbt nie!« Der Gottesengel streckte seine Rechte aus, nahm von der Wabe einen kleinen Teil und aß. Dann legte er Asenath den Rest in den Mund. Dann sprach er zu ihr: »Jetzt hast du Lebensbrot gegessen sowie den Becher der Unsterblichkeit getrunken, bist auch mit dem Öl der Unsterblichkeit gesalbt. Dein Fleisch lässt aus des Höchsten Born jetzt Lebensblumen sprießen und dein Gebein gedeiht den Zedern im Wonneparadiese Gottes gleich und frische Kräfte werden dich erfüllen. Alsdann wird deine Jugend nimmermehr das Alter schauen und deine Schönheit nie erlöschen. Du wirst für alle eine Stadt, gar wohlbefestigt.« Da rieb der Engel an der Wabe, und viele Bienen kamen aus den zahllosen Zellen dieser Wabe. Die Bienen waren weiß wie Schnee und ihre Flügel purpurfarbig, Scharlach, wie Karmesin; sie hatten scharfe Stacheln; doch taten sie keinem weh. Sie bedeckten Asenath von Kopf bis Fuß; andere große Bienen, ihren Königinnen gleich, erschienen aus den Waben, setzten sich auf ihre Lippen und fertigten in ihrem Munde eine Wabe, die jener Wabe glich, die vor dem Engel lag. Und all jene Bienen zehrten von dieser Wabe. Dann sprach der Engel zu den Bienen: »Geht jetzt an euren Platz!« Sofort erhoben sich die Bienen und flogen gen Himmel. Die aber Asenath wehtun wollten, fielen leblos zu Boden. Der Engel streckte über diese toten Bienen seinen Stab und sprach: »Erhebt euch und geht auch ihr an euren Platz!« Da erwachten die Bienen, flogen zum Vaterhaus der Asenath und ließen sich in den Fruchtbäumen nieder. Anschließend streckte der Engel seinen Zeigefinger aus, um damit die gen Osten zeigende Ecke der Wabe zu berühren; da wurde des Fingers Bahn zu Blut. Dann berührte er die gen Norden weisende Ecke der Wabe; erneut wurde des Fingers Bahn zu Blut. Und Asenath stand zur Linken des Engels und beobachtete sein Tun.

17. Michaels Segen

Nachdem der Engel Asenath gefragt hatte, ob sie alles gesehen habe, sie dies bejaht hatte, streckte er zum dritten Male seine Rechte aus und berührte eine Ecke der Wabe. Da flammte aus dem Tisch ein Feuer auf und fraß die Wabe auf, ohne den Tisch zu zerstören. Ein süßer Wohlgeruch stieg auf und erfüllte das ganze Zimmer. Da sprach Asenath zum Gottesengel: »Herr, ich bin mit sieben Jungfrauen in derselben Nacht geboren und mit ihnen aufgewachsen, sie bedienen und lieben mich bedingungslos. Ich möchte sie jetzt rufen, damit du sie segnest, wie du mich gesegnet hast.« Nachdem der Engel zugestimmt hatte, rief Asenath die sieben Jungfrauen und stellte sie ihm vor. Der Engel sprach zu ihnen: »Es segne euch der Herr, der höchste Gott; ihr sollt sieben Zufluchtssäulen sein in sieben Städten und dort mit allen Auserlesenen zusammenwohnen, sie sollen auf euch ruhen in alle Ewigkeit!« Der Gottesengel wandte sich dann an Asenath: »Nimm diesen Tisch weg!« Als sich Asenath umwandte, um den Tisch zu entfernen, verschwand er schnell aus ihren Augen. Im Augenwinkel sah sie, dass etwas wie ein Wagen mit vier Pferden gen Himmel fuhr; der Wagen glich einer Feuerflamme, die Pferde einem Blitz; der Engel aber stand auf jenem Wagen. Da dachte Asenath bei sich: »Wie töricht und albern bin ich Arme gewesen, als ich glaubte, etwas wie ein Mensch sei vom Himmel in mein Zimmer gekommen, wo dieser doch ein göttliches Wesen war, das nun wiederum an seinen Ort zurückgekehrt ist. Sei deiner Sklavin gnädig, Herr!«

18. Josephs und Asenaths Verlobung

Ein Jüngling von der Dienerschaft des Joseph riss Asenath aus ihren Gedanken und meldete: »Zu euch kommt heute Joseph, Gottes Held.« Und Asenath rief sofort den Hausverwalter und befahl ihm: »Schmücke schnell mein Haus und richte ein schönes Gastmahl her! Denn Joseph, Gottes Held, kommt heute zu uns.« Da sah sie der Verwalter besorgt an – ihr Gesicht war nämlich von den Ereignissen der vergangenen Tage gezeichnet –, küsste ihre rechte Hand und sprach: »Was ist mit dir, meine Herrin? Dein Antlitz ist so eingefallen.« Sie sprach: »Es gab viel Kummer und keinen Schlaf.« Darauf entfernte sich der Hausverwalter und schmückte Haus und Tafel. Doch Asenath erinnerte sich an des Engels Worte, ging eilends in ihr zweites Zimmer und machte dort die große Truhe auf. Sie entnahm daraus den einer Braut gemäßen prächtigen Schmuck und ihr Hochzeitskleid, das einem Blitze glich, und ihr Haupt verhüllte sie mit einem wunderbaren Schleier. Dann dachte Asenath an des Verwalters Worte, dass ihr Angesicht eingefallen sei. Da seufzte sie betrübt und sprach: »O weh, wenn mich Joseph so sieht!« Sie befahl ihrer Dienerin, reines Wasser aus dem Brunnen zu holen, goss dieses in ein Becken und beugte sich darüber, um ihr Gesicht zu waschen. Da leuchteten ihre Wangen und Augen wie der Stern im Morgenrot auf und ihre Lippen glichen roten Rosen, ihr Haupthaar einem rebenbehangenen, paradiesgleichen Weinstock, ihr Hals einer gut gewachsenen Zypresse. Nicht nur Asenath, sondern auch der Hausverwalter war von ihrem Anblick begeistert; dieser erzitterte, fiel sogar zu ihren Füßen nieder mit den Worten: »Meine Herrin, was ist dies für eine Schönheit, die dich umfängt, so groß und wunderbar? Hat dich der Herr, der Gott des Himmels, für Joseph, seinen Sohn, gar zur Braut auserwählt?«

19. Josephs zweiter Besuch

Als sie noch darüber sprachen, kam schon ein Knabe, der Asenath vermeldete: »Sieh, Joseph steht schon vor den Pforten unseres Hofes!« Darauf begab sich Asenath mit ihren sieben Jungfrauen in die Halle, um Joseph zu erwarten. Als Joseph in den Hof getreten war, ging sie Joseph entgegen; er erkannte sie ob ihrer Schönheit nicht wieder und fragte sie: »Wer bist du, Jungfrau? Sag's mir schnell!« Sie sprach zu ihm: »Ich bin, Herr, deine Sklavin Asenath; die Götzenbilder habe ich alle entfernt; da kam vom Himmel heute ein Wesen zu mir und reichte mir das Lebensbrot; ich aß und trank auch den geweihten Kelch. Es sprach zu mir: Ich habe dich Joseph zur Braut gegeben; er wird für alle Zeiten dein Bräutigam sein. Auch heißt du nicht mehr Asenath, vielmehr Stadt der Zuflucht und Gott der Herr wird über viele Völker herrschen; durch dich nehmen sie ihre Zuflucht zum höchsten Herrn. Ich gehe nun zu Joseph, um ihm über dich zu berichten. Nun weißt du, Herr, ob jenes Wesen zu dir gekommen und von mir gesprochen hat.« Und Joseph sprach zu Asenath: »Du bist gesegnet, Weib, vom höchsten Gott. Gepriesen ist dein Name ewiglich. Denn Gott der Herr hat deine Mauern wohl gegründet. Die Söhne des lebendigen Gottes bewohnen deine Zufluchtsstadt, und Gott der Herr wird über sie in alle Zukunft herrschen. Ja, jenes Wesen kam heute zu mir vom Himmel und sagte zu mir jene Worte über dich. So komme denn her zu mir, du reine Jungfrau! Was bleibst du in der Ferne stehen?« Dann streckte Joseph seine Arme aus, sie umarmten und küssten sich lang. Beim zweiten Kuss verlieh Joseph Asenath Lebensgeist und Weisheit. Beim dritten zärtlichen Kuss schenkte er ihr den Geist der Wahrheit.

20. Das Gastmahl

Nach endlosen Umarmungen und Küssen sprach Asenath zu Joseph: »Wohlan, Herr, gehe in unser Haus! Ich ließ für ein großes Mahl herrichten.« Sie fasste ihn an der rechten Hand, führte ihn ins Haus und hieß ihn auf dem Throne ihres Vaters Pentephres Platz nehmen. Zum Waschen seiner Füße ließ sie Wasser bringen. Und Joseph sprach: »Es komme doch eine von den Jungfrauen und wasche mir die Füße!« Darauf sprach Asenath zu ihm: »Nein, Herr! Denn jetzt bist du mein Herr, ich deine Dienerin. Was suchst du zum Waschen deiner Füße eine andere Jungfrau aus? Denn deine Füße sind ja meine Füße und deine Hände meine Hände und deine Seele meine Seele. Keine andere wasche dir die Füße!« So wusch ihm Asenath, ihn nötigend, die Füße; dann fasste Joseph sie bei der rechten Hand und küsste sie gar inniglich. Dann küsste Asenath sein Haupt; er setzte sie darauf zu seiner Rechten. Da kamen ihre Eltern und alle Verwandten von den Erbgrundstücken heim und sahen Asenath im Hochzeitskleid bei Joseph sitzen. Sie wunderten und freuten sich über ihre Schönheit; sie priesen Gott, der Tote wiederum lebendig macht. Während des Gastmahles sprach Pentephres zu Joseph: »Ich rufe morgen alle Großen und Satrapen aus ganz Ägypten und richte für euch die Hochzeit aus.« Darauf sprach Joseph: »Ich gehe morgen zu dem König Pharao, weil er mein Vater ist und mich zum Fürsten über das ganze Land bestellt hat, und bitte ihn, mir Asenath zum Weib zu geben.« Pentephres sagte zu Joseph: »Ziehe morgen hin in Frieden!«

21. Josephs und Asenaths Hochzeit

Joseph blieb an jenem Tag bei Pentephres; doch ging er nicht zu Asenath, denn es schickte sich nicht für einen gottesfürchtigen Mann, vor seinem Hochzeitstag bei seinem Weib zu sein. Am anderen Morgen machte sich Joseph auf zum Pharao und sprach zu ihm: »Gib mir Asenath, die Tochter Pentephres', des Priesters von Heliopolis, zum Weib!« Da freute sich der Pharao und sprach zu Joseph: »Sie sei dein Weib von nun an bis in Ewigkeit!« Er ließ Pentephres herbeirufen, der mit Asenath erschien, um sie dem Pharao vorzustellen. Dieser war von ihrer Schönheit bezaubert und sprach:

»Es segne dich der Herr und Josephs Gott, mein Kind, und diese deine Schönheit währe für immer! Der Herr und Josephs Gott hat dich zur Braut auserwählt, denn Joseph gleicht einem Sohn des Höchsten und du bist seine Braut von nun an bis in Ewigkeit.« Danach setzte der Pharao dem Brautpaar traditionelle goldene Kränze auf ihr Haupt und stellte Asenath zur rechten Seite Josephs. Dann legte er beiden seine Hände auf ihr Haupt und sprach: »Es segne euch der Herr, der höchste Gott! Er mehre und erhöhe und verherrliche euch in Ewigkeit!« Er wandte ihre Gesichter einander zu, und sie küssten sich. Anschließend richtete der Pharao ein großes Hochzeitsmahl und viele Getränke für sieben Tage her und lud dazu Ägyptens Fürsten und alle Könige der Völker ein; er ließ in ganz Ägypten verkünden: Wer immer an den sieben Tagen der Hochzeit Josephs mit Asenath arbeitet, der soll des Todes sterben! Nach den Hochzeitsfeierlichkeiten ging Joseph zu Asenath, die ihn empfing und ihm erst Manasses und dann Ephraim gebar.

22. Asenath bei Jakob

Als auf sieben fette Jahre sieben Hungerjahre folgten, zog Josephs Vater mit der ganzen Sippe im zweiten Hungerjahr, am einundzwanzigsten des zweiten Monats, nach Ägypten und wohnte in dem Lande Gesem. Da sprach Asenath zu Joseph: »Ich möchte deinen Vater sehen, weil dein Vater Israel mir wie mein Vater ist und Gott.« Und Joseph sprach zu ihr: »Du ziehst mit mir, dann siehst du meinen Vater.« Und Joseph kam mit Asenath zu Jakob in das Land von Gesem. Josephs Brüder gingen ihnen hier entgegen und fielen vor ihnen auf den Boden. Sie gingen hin zu Jakob, einem rüstigen Greis von großer Schönheit; sein Haupthaar war zwar völlig weiß wie Schnee, aber immer noch dicht und stark; sein Bart war ebenfalls weiß und reichte bis zur Brust; die Augen waren froh und funkelnd; die Sehnen und die Schultern, die Arme glichen denen eines Engels, die Schenkel und Füße glichen denen eines Riesen. Asenath war darüber sehr erstaunt und fiel vor ihm nieder. Jakob fragte Joseph: »Ist diese meine Tochter, deine Frau? Gesegnet sei sie von dem höchsten Gott!« Dann rief er Asenath zu sich, gab ihr den Segen und küsste sie. Und Asenath streckte ihre Arme aus, umfasste den Nacken Jakobs, hängte sich an seinen Hals und küsste ihn zärtlich. Dann aßen und tranken sie; danach ging Joseph mit Asenath nach Haus.

Nur Simeon und Levi, Lias Söhne, gaben ihnen das Geleit, nicht jedoch die Söhne Ballas und Zelphas, die als Mägde den Weibern Jakobs – Lia und Rachel – dienten. Levi ging zur Rechten Asenaths und Simeon zur Linken. Da fasste Asenath den Levi an der Hand, weil sie ihn mehr als alle Brüder Josephs liebte: als Seher, gottesfürchtiger und kluger Mann sowie Prophet des Höchsten; er sah selbst am Himmel Zeichen, las sie und enthüllte Asenath insgeheim deren Sinn. Deswegen liebte auch Levi Asenath innig und schaute ihren Ruheort in Himmelshöhen.

23. Asenaths Bedrohung

Als Joseph mit Asenath zu Jakob reiste, sah sie der erstgeborene Sohn des Pharao von der Mauer aus und erflammte durch ihre wundersame Schönheit. Er ließ per Boten Simeon und Levi zu sich rufen und sprach zu ihnen: »Ich weiß, ihr seid immer noch starke Männer. Durch diese eure rechte Hand wurde einst der Sichemiten Stadt zerstört; durch eure beiden Schwerter wurden etwa 30 000 Krieger hingemetzelt. Ich möchte euch heute zu Genossen machen, würde euch viel Gold, Silber, Knechte, Mägde, Häuser und großen Grundbesitz geben, wenn ihr mir eine Gefälligkeit erweist. Von eurem Bruder Joseph wurde ich schlecht behandelt, weil er Asenath zum Weib nahm, die mir doch längst versprochen war. Nun kommt mit mir! Ich will mit Joseph kämpfen, ihn mit dem Schwert töten und Asenath zum Weibe nehmen. Ihr sollt mir dann zu Brüdern und zu treuen Freunden werden. Doch stimmt ihr mir nicht zu, dann töte ich euch mit meinem Schwert.« Kaum hatte er dies gesagt, entblößte er schon sein Schwert und zeigte es ihnen. Doch Simeon war ein kühner und verwegener Mann; er dachte schon daran, die Rechte an den Griff des Schwerts zu legen, es aus der Scheide zu ziehen und dann den Sohn des Pharaos zu erschlagen, weil er Unerträgliches zu ihnen sprach. Das jedoch bemerkte Levi, war er doch ein Prophet. So stieß er mit seinem Fuß Simeon an und sprach in Ruhe: »Was zürnst du diesem Mann? Wir sind doch gottesfürchtige Männer; uns ziemt es nicht, Böses mit Bösem zu vergelten.« Darauf sprach Levi zu dem Sohn des Pharao furchtlos, aber milde: »Was redet unser Herr nur solche Sachen? Wir sind doch gottesfürchtige Männer, und unser Vater ist ein Freund des höchsten Gottes und unser Bruder gleicht einem Gottessohn. Wie könnten wir da solche Schlechtigkeit begehen, zu sündigen vor unserem Gott und unserem Vater Israel und unserem Bruder Joseph? Höre meine Worte: »Einem gottesfürchtigen Mann ziemt es nicht, auf irgendeine Weise einem Menschen wehzutun. Will aber jemand einen gottesfürchtigen Mann verletzen, ist dieser Gottesfürchtige schutzlos, weil er kein Schwert in seinen Händen hält. Nimm dich in Acht, von unserem Bruder Joseph so zu reden! Bleibst du jedoch bei deinem schlimmen Plan, dann werden unsere Schwerter gegen dich gezogen.« Und Simeon und Levi zogen ihre Schwerter aus ihren Scheiden mit den Worten: »Siehst du hier diese Schwerter? Damit hat der Herr den Übermut der Sichemiten schwer gerächt. Denn Sichem, Emmors Sohn, befleckte unsere Schwester Dina und hatte somit die Söhne Israels beleidigt.« Als nun der Sohn des Pharao die gezogenen Schwerter sah, erschrak er sehr und zitterte am ganzen Leib, weil diese wie Feuerflammen blitzten, und seine Augen wurden dunkel; dann fiel er vor ihre Füße. Da streckte Levi seine Rechte aus und fasste ihn mit den Worten: »Steh auf, sei ohne Furcht! Nur hüte dich, von unserem Bruder Joseph noch ein schlimmes Wort zu reden!« Dann gingen Simeon und Levi von ihm weg.

24. Verschwörung gegen das junge Paar

Der Sohn des Pharao blieb voller Furcht und Trauer zurück, sein Herz aber entflammte erneut für Asenath. Da flüsterten ihm seine Knechte ins Ohr: »Die Söhne Ballas und die Söhne Zelphas, der Mägde der Lia und der Rachel, der Weiber Jakobs, sie hassen Joseph und Asenath; sie werden dir in allem wohl zu Willen sein.« Daraufhin ließ Pharaos Sohn sie per Boten zu sich rufen. Als sie in der ersten Stunde der Nacht vor ihm erschienen, sprach er zu ihnen: »Von vielen habe ich erfahren, dass ihr tapfere Männer seid.« Darauf erwiderten ihm Dan und Gad, die älteren Brüder: »Es rede unser Herr mit seinen Knechten, was er wünscht, damit es deine Knechte hören und wir nach deinem Wunsche tun!« Da freute sich des Pharao Sohn und sprach zu seinen Dienern: »Entfernt euch für kurze Zeit! Ich möchte mit diesen Männern ein geheimes Wörtlein reden.«

Der Sohn des Pharao sprach nun zu ihnen: »Seht, Segen oder Fluch liegen hier vor eurem Angesicht! Wählt lieber Segen als den Tod! Ihr seid ja tapfere Männer und wollt nicht wie Weiber sterben. Seid vielmehr tapfer! Rächt euch an euren Feinden! Ich habe selbst gehört, wie Joseph, euer Bruder, einst zu meinem Vater Pharao sprach: Dan, Gad, Nephthalim und Aser sind nicht meine Brüder; sie sind viel mehr die Mägdekinder meines Vaters. Ich warte nur den Tod meines Vaters ab, dann lösche ich sie und ihre ganze Sippe aus! Auch haben sie mich einst an die Ismaeliten verkauft, und so vergelte ich ihnen ihren Frevel. Nur soll mein Vater vorher sterben. Da lobte ihn mein Vater Pharao und sprach zu ihm: Gar gut gesprochen, Kind! Nun nimm von mir doch starke Männer! Alsdann belange sie nach dem, was sie dir angetan haben! Ich will dabei dein Helfer sein.«

Als Dan und Gad vom Sohne Pharaos diese Worte vernahmen, wurden sie betrübt und ängstlich; sie sagten zu ihm: »Wir bitten dich, Herr: Leiste uns Hilfe! Von jetzt an sind wir deine Diener, deine Sklaven und wollen mit dir sterben.« Da sprach der Sohn des Pharao: »Ich werde euer Helfer sein, wenn ihr auf meine Worte hört.« Da sprachen sie zu ihm: »Befiehl uns, was du willst! Wir handeln nach deinem Willen.« Da sprach der Sohn des Pharao zu ihnen: »Ich werde meinen Vater Pharao in dieser Nacht noch töten, weil Pharao zu Joseph wie ein Vater ist und weil er ihm Hilfe gegen euch versprochen hat. Ihr aber tötet Joseph; dann nehme ich mir Asenath zum Weib. Ihr werdet meine Brüder und Miterben sein!« Da sprachen Dan und Gad zu ihm: »Wir sind heute deine Knechte und wir tun alles, was du uns befiehlst. Wir hörten aber Joseph zu Asenath sagen: Gehe morgen doch in unser Erbgut; es ist ja Erntezeit! Er sandte auch sechshundert Krieger mit ihr aus und fünfzig leicht Bewaffnete. Nun höre uns an! Wir möchten jetzt im Geheimen mit unserem Herrn reden!«

Der Sohn des Pharao gab den vier Brüdern fünfhundert Mann und machte sie zu ihren Obersten und Führern. Da sprachen Dan und Gad zu ihm: »Wir sind heute deine Knechte und wir tun alles, was du uns befiehlst; wir ziehen in der Nacht noch fort. Wir legen uns in der Schlucht in den Hinterhalt und verbergen uns im Röhrendickicht. Nun nimm auch du berittene Bogenschützen, so fünfzig an der Zahl, mit dir! Ziehe lange vor uns her! Wenn Asenath dann kommt, fällt sie uns in die Hände. Versucht sie zu fliehen, fällt sie dir in die Hände. Dann kannst du mit ihr tun, was dein Herz begehrt. Danach töten wir Joseph, der Asenath betrauern wird, und seine Kinder.« Als der erstgeborene Sohn des Pharao dies vernahm, wurde er mit großer Freude erfüllt und entließ die vier Brüder mit 2000 Kriegern. Sie kamen zu der Schlucht und verbargen sich im Röhrendickicht; sie teilten sich zu je fünfhundert Mann auf jeder Seite der Schlucht auf; doch zwischen ihnen blieb ein breiter und bequemer Weg.

25. Das Attentat auf den Pharao

In der gleichen Nacht erhob sich der Sohn des Pharao und ging zum Schlafgemach seines Vaters, um ihn mit dem Schwert zu töten.

Doch die Wächter ließen ihn nicht zu ihm und fragten: »Was ist, Herr, dein Befehl?«

Der Sohn des Pharao antwortete: »Ich will nur meinen Vater sehen, weil ich gehe, um meinen neu gepflanzten Weinberg abzuernten.«

Die Wächter aber sagten ihm: »Dein Vater leidet Schmerzen; er lag die ganze Nacht wach. Nun kann er ruhen und befahl, nicht einmal von seinem erstgeborenen Sohn gestört zu werden.«

Daraufhin ging der Sohn des Pharao zornig fort, nahm etwa fünfzig berittene Bogenschützen mit und zog vor ihnen her, wie Dan und Gad es ihm geheißen hatten. Die jüngeren Brüder Nephthalim und Aser sprachen zu ihren älteren Brüdern Dan und Gad: »Warum nur handelt ihr an eurem Vater Israel, sowie an eurem Bruder Joseph abermals so schlecht? Und diesen hütet Gott doch wie seines Auges Apfel. Habt ihr nicht Joseph schon einmal verkauft, und heute ist er König über ganz Ägypten, ein Heiland und Nahrungsspender? Wollt ihr an ihm jetzt wieder schnöde handeln, wird er zum Höchsten rufen, und dieser wird Feuer aus dem Himmel senden, das euch verzehren wird, und Gottes Engel werden mit euch kämpfen.« Da sprachen die älteren Brüder voller Zorn: »Wir sollen wohl wie Weiber sterben? Das liegt uns fern!« Sie zogen also fort, um Joseph und Asenath zu treffen.

26. Asenaths Rettung

Asenath stand in der Frühe auf und sprach zu Joseph: »Ich will auf unser Erbgut gehen, wie du gesagt hast; doch meine Seele ist voller Angst, weil du nicht bei mir bist.« Und Joseph sprach zu ihr: »Sei guten Mutes und ohne Angst, geh vielmehr freudig hin! Der Herr ist ja mit dir und behütet dich wie einen Augapfel. Auch ich gehe jetzt zu meiner Kornverteilung und gebe dort allen Leuten in der Stadt Getreide, dass niemand in Ägypten Hungers sterben muss.« Dann gingen beide ihres Weges. Als Asenath und die 600 Männer, die sie begleiteten, zu der Schlucht kamen, sprangen plötzlich die Krieger des Pharaosohnes aus ihrem Hinterhalt und kämpften mit den Begleitern Asenaths, hieben mit ihren Schwertern auf die Leichtbewaffneten und töteten sie. Asenath ergriff mit ihrem Wagen die Flucht. Doch da erkannte Levi, Lias hellsichtiger Sohn, die Gefahr, in der Asenath schwebte, und meldete dies seinen Brüdern. Diese bewaffneten sich sofort mit Schwertern, Schilden sowie Lanzen und liefen hinter Asenaths Wagen her, dem schon der Sohn des Pharao mit seinen fünfzig Reitern den Weg abschnitt. Asenath rief in höchster Not Gottes Namen an.

27. Der Kampf

Benjamin saß ihr zur Rechten auf dem Wagen, ein kräftiger, wunderschöner und gottesfürchtiger Bursche von neunzehn Jahren, sprang vom Wagen, nahm aus dem Bach einen runden Stein, schleuderte ihn auf Pharaos Sohn, traf ihn an der linken Schläfe, worauf er halb tot vom Pferd fiel. Dann lief Benjamin auf einen Felsen und rief dem Wagenlenker Asenaths zu: »Hole mir Steine aus dem Bach!« Dieser gab ihm fünfzig Steine, mit denen Benjamin die Krieger des Pharaosohnes zur Strecke brachte. Alsdann überfielen Lias Söhne, Ruben, Simeon und Levi, Juda, und Issachar mit Zabulon die Männer, die Asenath auflauern wollten, mit einem Überraschungsangriff, und die sechs Männer töteten 2706 Mann. Die Söhne Ballas und der Zelpha flohen vor ihnen mit den Worten: »Zugrunde gehen wir durch unsere Brüder; Pharaos Sohn und seine Krieger starben durch die Hand des jungen Benjamin. Nun also kommt! Wir wollen Asenath und Benjamin erschlagen und dann in diesen Rohrwald fliehen!« Sie gingen mit gezückten Schwertern voller Blut zu Asenath. Bei ihrem Anblick rief sie voller Furcht: »Herr, Gott! Du hast das Leben mir geschenkt und mich befreit von Götzenbildern, von tödlichem Verderben, hast mir verheißen, es werde meine Seele ewig leben. Befreie mich jetzt von diesen bösen Männern!« Und Gott der Herr erhörte die Stimme Asenaths, und augenblicklich fielen ihren Feinden die Schwerter aus der Hand und wurden zu Staub.

28. Asenaths Großmut

Als Ballas und Zelphas Söhne dieses seltsame Wunder sahen, sprachen sie voller Furcht: »Es kämpft der Herr zugunsten Asenaths jetzt gegen uns.« Da warfen sie sich Asenath zu Füßen mit den Worten: »Erbarm dich unser, deiner Sklaven, weil du unsere Herrin bist und unsere Königin! Wir handelten an dir gar schlimm sowie an unserem Bruder Joseph; der Herr jedoch vergalt uns schon nach unseren Werken. Deswegen flehen wir dich an, wir deine Sklaven: Hab Mitleid mit uns Armen, Elenden! Schütze uns vor unserer Brüder Hand! Sie mögen nicht als Rächer auftreten, dass wir dich unterdrücken wollten! Nicht mögen ihre Schwerter gegen uns sich wenden! Wir wissen ja, dass unsere Brüder gottesfürchtige Männer sind und keinem Menschen Böses tun für Böses. Schütze deine Sklaven vor jenen, ach, du unsere Herrin!« Da sprach zu ihnen Asenath: »Seid guten Mutes; habt keine Furcht vor euren Brüdern! Sie sind ja gottesfürchtige Männer und voller Furcht des Herrn. Geht aber in den Rohrwald dort, bis ich sie zu euren Gunsten umgestimmt und ihren Zorn beschwichtigt habe für das, was ihr so schrecklich gegen sie gewagt! Indessen sieht's der Herr und richtet zwischen mir und euch.« Da flohen Dan und Gad in den Rohrwald; doch ihre Brüder, Lias Söhne, eilten ihnen wie die Hirsche hinterher. Da stieg Asenath von ihrem überdachten Wagen und reichte ihnen unter Tränen ihre Rechte; sie aber warfen sich huldigend vor sie hin, brachen in ein lautes Weinen aus und fragten nach den Brüdern, nach den Mägdesöhnen, um sie zu töten. Da sprach zu ihnen Asenath: »Ich bitte euch: Schont eure Brüder! Vergeltet nicht Böses mit Bösem! Der Herr hat mich doch vor ihnen gerettet, indem er ihre Degen und Schwerter zerbrach und zu Asche werden ließ. Es ist uns genug, dass selbst der Herr mit ihnen kämpft zu unseren Gunsten. Nun schonet eure Brüder! Sie sind ja eure Brüder, von eures Vaters Israel Blut.« Darauf erwiderte ihr Simeon: »Warum spricht unsere Herrin gute Worte zugunsten ihrer Feinde? Nein! Lieber wollen wir sie Glied um Glied mit unseren Schwertern zusammenschlagen. Sie planten Schlimmes gegen unseren Bruder Joseph und unseren Vater Israel und gegen dich heute, unsere Herrin.« Da streckte Asenath die Rechte aus, berührte Simeons Bart, küsste ihn und sprach: »Bruder, du darfst nicht Böses mit Bösem vergelten. Der Herr würde eine solche Überhebung rächen. Sie sind nun einmal eure Brüder und eures Vaters Israel Geschlecht; sie flohen ja auch weit von euch hinweg. Verzeiht ihnen doch!« Da trat nun Levi auf sie zu und küsste ihr die rechte Hand; er sah, dass sie die Männer vor ihrer Brüder Zorn retten wollte. Obgleich ihr Bruder Levi wusste, dass sich die Männer ganz in der Nähe im Röhrendickicht verbargen, verriet er es den Brüdern nicht, weil er befürchtete, sie würden in ihrem Zorn unbedacht handeln.

29. Ende

Der Sohn des Pharao erhob sich vom Boden und spie Blut aus, das ihm von der Schläfe in den Mund gelaufen war. Und Benjamin lief zu ihm hin, zog dem Pharaosohn sein Schwert aus der Scheide und wollte damit dessen Brust durchbohren. Doch Levi lief auf ihn zu, ergriff ihn bei der Hand und sprach: »Bruder, du darfst das nicht tun; wir sind ja gottesfürchtige Männer, und einem gottesfürchtigen Manne ziemt es nicht, Böses mit Bösem zu vergelten, noch einen Hingestürzten vollends zu zertreten, noch seinen Feind zu zermalmen. Bringe das Schwert an seinen Platz! Hilf mir, seine Wunde zu versorgen! Bleibt er leben, wird er unser Freund und Pharao, sein Vater, unser Vater.« Alsdann hob Levi Pharaos Sohn vom Boden auf, wusch ihm das Blut vom Gesicht, verband die Wunde, setzte ihn auf sein Pferd und brachte ihn zu seinem Vater Pharao. Ihm erzählte er, was vorgefallen war. Darauf stand Pharao von seinem Throne auf und fiel vor Levi auf den Boden.

Am dritten Tage starb der Sohn des Pharao am Steinwurf Benjamins. Der Pharao betrauerte den erstgeborenen Sohn so sehr, dass er schwer krank wurde und mit 109 Jahren verstarb. Er hinterließ sein Diadem dem wunderschönen Joseph, der 48 Jahre lang Ägyptens Alleinherrscher war. Danach übergab Joseph Pharaos jüngstem Sprössling das Diadem. Dieser war beim Tod des alten Pharao noch ein Säugling gewesen und Joseph war all die Jahre hindurch für ihn wie ein Vater. Er lobte Gott und pries ihn bis zu seinem Ende.

Das Buch Henoch

Henoch, Sohn des Jared und Vater des Methusalem, ist nach biblischer Überlieferung von Gott in den Himmel entrückt worden. In den apokryphen Henochbüchern wird visionär erzählt, was Henoch bei seiner Himmelfahrt vom Himmel und der Hölle erfahren hat.

Überliefert sind ein äthiopisches, slawisches und hebräisches Henochbuch. Zwei hebräische Fragmente des 1. Henoch wurden in Qumran gefunden und auf die Zeit zwischen 130 v. Chr. und 68 n. Chr datiert.

Erstmals im Judentum findet sich im äthiopischen Henochbuch die Beschreibung einer »Hölle«, in der Menschen gequält werden, was in der jüdischen Bibel unbekannt ist. Die Schrift hat Kunst und Volksglauben mit seinen Höllenbeschreibungen und den Visionen vom Ende der Welt inspiriert. Der Textauszug stammt aus dem äthiopischen Henochbuch.

Die Einleitung zum ganzen Buch. Henochs Bilderrede vom künftigen Weltgericht

Kapitel 1

Die Segensrede Henochs, mit der er die auserwählten Gerechten segnete, die am Tage der Trübsal vorhanden sein werden, wenn man alle gottlosen Sünder beseitigte. Da hob Henoch, ein gerechter Mann, seine Bilderrede an und sprach. Ein Gesicht war ihm von Gott enthüllt, und er schaute ein heiliges und himmlisches Gesicht, das mir die heiligen Engel zeigten. Von ihnen hörte und erfuhr ich alles, was ich sah. Nicht für das gegenwärtige Geschlecht dachte ich nach, sondern für das künftige. Ich spreche nun über die Auserwählten und habe meine Bilderrede über sie angehoben: Der große Heilige wird von seinem Wohnort ausziehen und der Gott der Welt wird von da auf den Berg Sinai treten, mit seinen Heerscharen sichtbar werden und in der Stärke seiner Macht vom Himmel der Himmel her erscheinen. Da werden die Menschen sich fürchten, die Wächter werden erbeben und große Furcht und Angst wird sie bis an die Enden der Erde erfassen. Die hohen Berge werden erschüttert werden, fallen und vergehen, die ragenden Hügel sich senken und in der Flamme wie Wachs vor dem Feuer schmelzen. Die Erde wird gänzlich zerschellen und alle Lebewesen umkommen und ein Gericht wird über alle stattfinden. Mit den Gerechten aber wird er Frieden schließen und die Auserwählten behüten. Gnade wird über ihnen walten, und sie werden alle Gott angehören. Sie werden sein Wohlgefallen haben und gesegnet sein, und das Licht Gottes wird ihnen scheinen und siehe, er kommt mit Myriaden Heiliger, um über alle Gericht zu halten, und er wird die Gottlosen vernichten und alles Fleisch zurechtweisen wegen all der gottlosen Werke, die jene gottlosen Sünder begangen, und wegen all der heftigen Reden, die sie gesprochen, und wegen all dessen, was sie über ihn Übles geredet haben.

Kapitel 2

Beobachtet, wie alle Werke am Himmel ihre Bahnen nicht ändern, und wie die Lichter am Himmel alle auf- und untergehen, ein jedes nach bestimmter Ordnung zu ihrer festgesetzten Zeit an ihren Festtagen erscheinen und ihre besondere Ordnung nicht übertreten! Betrachtet die Erde und beachtet die Werke, die von Anfang bis Ende auf ihr geschehen, wie sich keins von ihnen auf Erden verändert, sondern alle Werke Gottes, zum Vorschein kommen. Betrachtet den Sommer und den Winter, wie im Winter die ganze Erde voll Wasser ist und Wolken, Tau und Regen sich über ihr lagern.

Kapitel 3

Beobachtet und seht, wie im Winter alle Bäume aussehen, als ob sie verdorrt wären, und nie alle ihre Blätter abgefallen sind, außer bei vierzehn Bäumen, die ihr Laub nicht abwerfen, sondern das alte zwei bis drei Jahre lang behalten, bis das neue kommt.

Kapitel 4

Beobachtet alsdann, wie in der Sommerzeit die Sonne über der Erde ihr gegenübersteht! Ihr sucht dann kühle Plätze und Schatten gegen die Sonnenhitze auf, und auch die Erde ist infolge der sengenden Glut brennend heiß, sodass ihr weder auf den Erdboden noch auf einen Stein wegen seiner Hitze treten könnt.

Kapitel 5

Beobachtet, wie sich die Bäume mit Blättergrün bedecken und jede Frucht von ihnen zur Ehre und Ruhm Gottes dient.

Achtet auf alle seine Werke, so werdet ihr erkennen, dass der lebendige Gott sie so gemacht hat und bis in alle Ewigkeit lebt.

Alle seine Werke, die er gemacht hat, geschehen von Jahr zu Jahr immerdar so, und alle Werke, die ihm den Dienst verrichten, ändern sich auch nicht in ihrem Tun, sondern so wie Gott befiehlt, geschieht alles. Seht, wie das Meer und die Flüsse in gleicher Weise den Dienst verrichten und ihr Tun seine Worte nicht ändert. Ihr aber habt nicht ausgeharrt und das Gesetz des Herrn nicht erfüllt, sondern ihr seid abgefallen und habt durch hochmütige und trotzige Worte aus eurem unreinen Mund seine Majestät geschmäht! Weil ihr mit euren Lügen gelästert habt, so werdet ihr Hartherzigen keinen Frieden haben! Darum werdet ihr eure Tage verfluchen und eurer Lebensjahre verlustig gehen und die Jahre eurer Verdammnis sollen durch einen ewigen Fluch vermehrt werden, und ihr werdet keine Gnade finden! In jenen Tagen werdet ihr euren Namen zur Nennung bei einem ewigen Fluch für alle Gerechten hergeben. Die Gerechten werden bei euch, all ihr Verfluchten, fluchen und bei euch, all ihr Sünder und Gottlosen, schwören. Den Auserwählten aber wird Licht, Freude und Friede zuteil werden, und sie werden das Land erben! Euch aber, ihr Gottlosen, wird Fluch treffen. Danach wird den Auserwählten Weisheit verliehen werden. Alle diese werden leben und nicht mehr sündigen, weder aus Versehen noch aus Übermut und in dem erleuchteten Menschen wird Licht und in dem verständigen Verstand sein. Sie werden sich nicht verschulden, noch sich versündigen alle ihre Lebenstage und auch nicht durch die Zornglut Gottes sterben, sondern sie werden die Zahl ihrer

Lebenstage vollenden. Ihr Leben wird in Frieden gedeihen, und die Jahre ihrer Wonne werden in ewigem Jubel und Frieden während all ihrer Lebenstage viele sein.

Das angelologische Buch. Der Fall der Engel, ihre vorläufige und endgültige Abstrafung

Kapitel 6

Nachdem die Menschenkinder sich gemehrt hatten, wurden ihnen in jenen Tagen schöne und liebliche Wörter geboren. Als aber die Engel, die Himmelssöhne, sie sahen, gelüstete es sie nach ihnen, und sie sprachen untereinander: Wohlan, wir wollen uns Weiber unter den Menschentöchtern auswählen und Kinder zeugen. Semjasa aber, ihr Oberster, sprach zu ihnen: Ich fürchte, ihr werdet wohl diese Tat nicht ausführen wollen, sodass ich allein eine so große Sünde zu büßen haben werde. Da antworteten ihm alle und sprachen: Wir wollen alle einen Eid schwören und durch Verwünschungen uns untereinander verpflichten, diesen Plan nicht aufzugeben, sondern dies beabsichtigte Werk auszuführen. Da schwuren alle zusammen und verpflichteten sich untereinander durch Verwünschungen dazu. Es waren ihrer im Ganzen 200, die in den Tagen Jarebs auf den Gipfel des Berges Hermon herabstiegen. Sie nannten aber den Berg Hermon, weil sie auf ihm geschworen und durch Verwünschungen sich untereinander verpflichtet hatten. Dies sind die Namen ihrer Anführer: Semjasa, ihr Oberster, Urarkib, Arameel, Akibeel, Tamiel, Ramuel, Danel, Ezeqeel, Saraqujal, Asael, Armers, Batraal, Anani,

Zaqebe, Samsaveel, Sartael, Tumael, Turel, Jomjael, Arasjal. Dies sind ihre Dekarchen.

Kapitel 7

Diese und alle übrigen mit ihnen nahmen sich Weiber, jeder von ihnen wählte sich eine aus, und sie begannen zu ihnen hinein zu geben und sich an ihnen zu verunreinigen, sie lehrten sie Zaubermittel, Beschwörungsformeln und das Schneiden von Wurzeln und offenbarten ihnen die heilkräftigen Pflanzen. Sie wurden aber schwanger und gebaren 3000 Ellen lange Riesen, die den Erwerb der Menschen aufzehrten. Als aber die Menschen ihnen nichts mehr gewähren konnten, wandten sich die Riesen gegen sie und fraßen sie auf, und die Menschen begannen sich an den Vögeln, Tieren, Reptilien und Fischen zu versündigen, das Fleisch voneinander aufzufressen und tranken das Blut. Da klagte die Erde über die Ungerechten.

Kapitel 8

Asasel lehrte die Menschen Schlachtmesser, Waffen, Schilde und Brustpanzerung verfertigen und zeigte ihnen die Metalle samt ihrer Bearbeitung und die Armspangen und Schmucksachen, den Gebrauch der Augenschminke und das verschönern der Augenlider, die kostbarsten und erlesensten Steine und allerlei Färbemittel. So herrschte viel Gottlosigkeit, und sie trieben Unzucht, gerieten auf Abwege und alle ihre Pfade wurden verderbt. Semjasa lehrte die Beschwörungen und das Schneiden der Wurzeln, Armaros die Lösung der Beschwörungen. Baraael das Sternschauen, Kokabeel die Astrologie, Ezeqeel die Wolkenkunde, Arakiel die

Zeichen der Erde, Samsaveel die Zeichen der Sonne, Seriel die Zeichen des Mondes. Als nun die Menschen umkamen, schrien sie, und ihre Stimme drang zum Himmel.

Kapitel 9

Da blickten Michael, Uriel, Raphael und Gabriel vom Himmel und sahen das viele Blut, das auf Erden vergossen wurde und all das Unrecht, das auf Erden geschah. Sie sprachen untereinander: Von der Stimme ihres der Menschen Geschrei hallt die menschenleere Erde bis zu den Pforten des Himmels wider. Die Seelen der Menschen klagen, indem sie sprechen: Bringt unsere Streitsache vor den Höchsten! Da sprachen die Erzengel zum Herrn: Du bist der Herr der Herren, der Gott der Götter und der König der Könige. Der Thron deiner Herrlichkeit besteht durch alle Geschlechter der Welt; sein Name ist heilig und in aller Welt gepriesen. Denn du hast alles gemacht und die Herrschaft über alles ist bei dir. Alles ist vor dir aufgedeckt und offenbar. Du siehst alles, und nichts kann sich vor dir verbergen. Du hast gesehen, was Asasel getan hat, wie er allerlei Ungerechtigkeit auf Erden gelehrt und die himmlischen Geheimnisse der Urzeit offenbart hat, die die Menschen kennenzulernen sich haben angelegen sein lassen. Die Beschwörungen hat Semjasa gelehrt, dem du die Vollmacht gegeben hast, die Herrschaft über keine Genossen zu üben. Sie sind zu den Menschentöchtern auf der Erde gegangen, haben bei ihnen geschlafen und mit den Weibern sich verunreinigt und haben ihnen alle Sünden offenbart. Die Weiber aber gebaren Riesen, und dadurch wurde die ganze Erde von Blut und Ungerechtigkeit voll. Nun, siehe, schreien die Seelen Geister der Verstorbenen und klagen bis zu den Pforten des Himmels. Ihr Geseufze ist emporgestiegen und kann angesichts der auf Erden vererbten Gottlosigkeit nicht aufhören. Du aber weißt alles, bevor es geschieht. Du siehst dies und lässt sie gewähren und sagst uns nicht, was wir deswegen mit ihnen tun sollen.

Kapitel 10

Darauf sprach der Höchste, und der große Heilige ergriff das Wort und sandte Uriel zu dem Sohne Lamechs und sprach zu ihm: Sage ihm in meinem Namen: verbirg dich und offenbare ihm das bevorstehende Ende, denn die ganze Erde wird untergehen und eine Wasserflut ist im Begriff, über die ganze Erde zu kommen und alles auf ihr Befindliche wird untergehen. Belehre ihn, damit er entrinne und keine Nachkommenschaft für alle Geschlechter der Welt erhalten bleibe. Zu Raphael sprach der Herr: Fessle den Asasel an Händen und Füßen und wirf ihn in die Finsternis. Mache in der Wüste in Dudael ein Loch und wirf ihn hinein. Lege unter ihn scharfe und spitze Steine und bedecke ihn mit Finsternis. Er soll für ewig dort wohnen und bedecke sein Angesicht mit Finsternis, damit er kein Licht schaue. Aber am Tage des großen Gerichts soll er in den Feuerpfuhl geworfen werden. Heile die Erde, welche die Engel verderbt haben und tue die Heilung des Schlages kund, damit sie hinsichtlich des Schlages geheilt werden und nicht alle Menschenkinder durch das ganze Geheimnis umkommen, das die Wächter verbreitet und ihren Söhnen gelehrt haben. Die ganze Erde wurde durch die Werke der Lehre Asasels verderbt und ihm schreibe alle Sünden zu. Zu Gabriel sprach der Herr: Ziehe los gegen die Bastarde, die Verworfenen und die Hurenkinder, tilge die Söhne der Wächter von den Menschen hinweg und lasse sie gegeneinander los, dass sie sich untereinander im Kampfe vernichten. Denn langes Leben soll ihnen nicht zuteil werden. Jede Bitte soll ihren Vätern für ihre Kinder nicht gewährt werden, obwohl sie hoffen, ein ewiges Leben zu leben und dass ein jeder von ihnen 500 Jahre lebe. Zu Michael sprach der Herr: Geh, binde Semjasa und seine übrigen Genossen, die sich mit den Weibern vermischt haben, um sich bei ihnen durch ihre Unreinheit zu beflecken. Wenn sich ihre Söhne untereinander erschlagen, und wenn die Väter den Untergang ihrer geliebten Söhne gesehen haben werden, so binde sie für 70 Geschlechter unter die Hügel der Erde bis zum Tag ihres Gerichts und ihrer Vollendung, bis das ewige Endgericht vollzogen wird. In jenen Tagen wird man sie in den Abgrund des Feuers abführen, und sie werden in der Qual und im Gefängnis immerdar eingeschlossen werden. Wer immer verurteilt und von jetzt an mit ihnen zusammen vernichtet wird, wird bis zum Ende aller Geschlechter gebunden gehalten werden. Vernichte alle Geister der Verworfenen, und die Söhne der Wächter, weil sie die Menschen misshandelt haben. Tilge alle Gewalttaten von der Erde hinweg, jedes schlechte Werk soll ein Ende nehmen und erscheinen soll die Pflanze der Gerechtigkeit und der Wahrheit und die Arbeit wird zum Segen gereichen. Gerechtigkeit und Wahrheit werden in Freuden für immer gepflanzt werden. Nun werden alle Gerechten entfliehen und sie werden leben, bis sie 1000 Kinder zeugen und alle Tage ihrer Jugend und ihres Alters werden sie in Frieden vollenden. In jenen Tagen wird die ganze

Erde in Gerechtigkeit bestellt, ganz mit Bäumen bepflanzt und voll von Segen sein. Allerlei liebliche Bäume werden auf ihr gepflanzt werden. Weinstöcke wird man auf ihr pflanzen, und die auf ihr gepflanzten Weinstöcke werden Wein in Überfluss tragen, und von allem Samen, der auf ihr gesät wird, wird ein Maß tausend tragen und ein Maß Oliven wird zehn Kufen Öl geben. Und du reinige die Erde von aller Gewalttat, von aller Ungerechtigkeit, von aller Sünde, von aller Gottlosigkeit und von aller Unreinheit, die auf der Erde verübt wird. Vertilge sie von der Erde. Alle Menschenkinder sollen gerecht sein, alle Völker sollen mich verehren, mich preisen und sie alle werden mich anbeten. Die Erde wird rein sein von aller Verderbnis, von aller Sünde, von aller Plage und von aller Qual, und ich werde nicht abermals eine Flut über sie senden von Geschlecht zu Geschlecht und bis in Ewigkeit.

Kapitel 11

In jenen Tagen werde ich die himmlischen Vorratskammern des Segens öffnen, um sie auf die Erde, auf das Werk und die Arbeit der Menschenkinder herabkommen zu lassen. Und dann werden Heil und Recht alle Tage der Welt und alle Geschlechter der Menschen hindurch sich paaren.

Henochs Traumgesicht über die erste und zweite Abstrafung der gefallenen Engel und ihrer Kinder

Kapitel 12

Vor diesen Begebenheiten war Henoch verborgen, und niemand von den Menschenkindern wusste, wo er verborgen war, wo er sich aufhielt, und was mit ihm geworden war. Alles, was er während seines Lebens unternahm, geschah mit den Wächtern und mit den Heiligen. Da erhob ich, Henoch, mich, indem ich den Herrn der Erhabenheit und den König der Welt pries. Siehe, da riefen die Wächter des großen Heiligen mich, Henoch, den Schreiber und sagten zu mir: Henoch, du Schreiber der Gerechtigkeit, gehe, verkünde den Wächtern des Himmels, die den hohen Himmel, die heilige ewige Stätte verlassen, mit den Weibern sich verderbt, wie die Menschenkindern tun, getan, sich Weiber genommen und sich in großes Verderben auf der Erde gestürzt haben: Sie werden keinen Frieden noch Vergebung finden. So oft sie sich über ihre Kinder freuen, werden sie die Ermordung ihrer geliebten Söhne sehen und über den Untergang ihrer Kinder seufzen; sie werden immerdar bitten, aber weder Barmherzigkeit noch Frieden erlangen.

Kapitel 13

Henoch aber ging hin und sagte zu Asasel: Du wirst keinen Frieden haben, ein großer Urteilsspruch ist über dich ergangen, dich zu binden. Du wirst keine Nachsicht und Fürbitte erlangen, wegen der Gewalttaten, die du gelehrt und wegen der Werke der Lästerung, Gewalttat und Sünde, die du den Menschen gezeigt hast. Dann ging ich hin und redete zu ihnen allen insgesamt und sie fürchteten sich alle und Furcht und Zittern ergriff sie. Da baten sie mich, eine Bittschrift für sie zu schreiben, damit ihnen Vergebung zuteil werde und ihre Bittschrift vor dem Herrn des Himmels vorzulesen. Denn sie konnten nicht mehr mit ihm reden, noch ihre Augen zum Himmel erheben aus Scham über ihre Sünden, derentwegen sie gestraft wurden. Darauf verfasste ich ihre Bitt- und Flehschrift wegen ihrer Geister und ihrer einzelnen Handlungen und weswegen sie baten, damit ihnen Vergebung und Nachsicht zuteil würde. Und ich ging hin und setzte mich an die Wasser von Dan im Lande Dan, das südlich von der Westseite des Hermon liegt und ich las ihre Bittschrift Gott vor, bis ich einschlief. Siehe, da überkamen mich Träume und Gesichte überfielen mich; ich sah Gesichte eines Strafgerichts, und eine Stimme drang zu mir und rief, dass ich es den Söhnen des Himmels anzeigen und sie schelten solle. Als ich erwacht war, kam ich zu ihnen, und sie saßen alle versammelt in Abel..., das zwischen dem Libanon und Senir liegt, trauernd, mit verhüllten Gesichtern. Da erzählte ich vor ihnen alle Gesichte, die ich im Schlafe gesehen hatte, und ich begann jene Worte der Gerechtigkeit zu reden und die himmlischen Wächter zu schelten.

Kapitel 14

Dies Buch ist das Wort der Gerechtigkeit und der Zurechtweisung der ewigen Wächter, wie der große Heilige in jenem Gesichte befohlen hatte. Ich sah in meinem Schlafe, was ich jetzt mit Fleischeszunge und mit dem Odem meines Mundes erzählen werde, den der Große den Menschen verliehen hat, dass sie damit reden und mit dem Herzen es verstehen sollen. Wie er die Menschen geschaffen und ihnen verliehen hat, die Worte der Erkenntnis zu verstehen, so hat er auch mich geschaffen und mir verliehen, die Wächter, die Söhne des Himmels zu rügen. Ich hatte eure Bitte aufgeschrieben, aber in meinem Gesichte wurde mir dies gezeigt, dass eure Bitte nimmermehr erfüllt werden wird, dass das Gericht über euch vollzogen ist, und euch nichts gewährt werden wird. Fortan werdet ihr nimmermehr in den Himmel hinaufsteigen, und es ist befohlen, euch mit Fesseln auf der Erde für alle Geschlechter der Welt zu binden. Zuvor aber sollt ihr die Vernichtung eurer geliebten Söhne ansehen. Es wird euch keiner von ihnen übrig bleiben, sondern sie werden vor euch durchs Schwert fallen. Eure Bitte für sie wird nicht gewährt werden, noch auch jener Bitte für euch trotz Weinen und Bitten sollt ihr auch nicht die Erfüllung eines Wortes aus der Schrift erlangen, die ich verfasst habe. Mir wurde im Gesichte folgende Erscheinung: Siehe, Wolken luden mich ein im Gesicht, und ein Nebel forderte mich auf; der Lauf der Sterne und Blitze trieb und drängte mich, und Winde gaben mir Flügel im Gesicht und hoben mich empor. Sie trugen mich hinein in den Himmel. Ich trat ein, bis ich mich einer Mauer näherte, die aus Kristallsteinen gebaut und von feurigen Zungen umgeben war; und sie begann mir Furcht einzujagen. Ich trat in die feurigen Zungen hinein und näherte mich einem großen, aus Kristallsteinen gebauten Hause. Die Wände jenes Hauses glichen einem mit Kristallsteinen getäfelten Fußboden und sein Grund war von Kristall. Seine Decke war wie die Bahn der Sterne und Blitze, dazwischen feurige Kerube, und ihr Himmel bestand aus Wasser. Ein Feuermeer umgab seine Wände, und seine Türen brannten von Feuer. Ich trat ein in jenes Haus, das heiß wie Feuer und kalt wie Schnee war. Da war keine Lebenslust vorhanden; Furcht umhüllte mich, und Zittern erfasste mich. Da ich erschüttert war und zitterte, fiel ich auf mein Angesicht und schaute Folgendes im Gesichte: Siehe, da war ein anderes Haus, größer als jenes; alle seine Türen standen vor mir offen, und es war aus feurigen Zungen gebaut. In jeder Hinsicht, durch Herrlichkeit, Pracht und Größe zeichnete es sich so aus, dass ich euch keine Beschreibung von seiner Herrlichkeit und Größe geben kann. Sein Boden war von Feuer, seinen oberen Teil bildeten Blitze und kreisende Sterne und seine Decke war loderndes Feuer. Ich schaute hin und gewahrte darin einen hohen Thron. Sein Aussehen war wie Reif. Um ihn herum war etwas, das der leuchtenden Sonne glich und das Aussehen, von Keruben hatte.

Unterhalb des Throns kamen Ströme lodernden Feuers hervor und ich konnte nicht hinsehen. Die große Majestät saß darauf; sein Gewand war glänzender als die Sonne und weißer als lauter Schnee. Keiner der Engel konnte in dieses Haus eintreten und sein Antlitz vor Herrlichkeit und Majestät schauen. Kein Fleisch konnte ihn sehen. Loderndes Feuer war um ihn herum.

Ein großes Feuer verbreitete sich vor ihm und keiner der Engel näherte sich ihm. Ringsherum standen Zehntausend mal Zehntausende vor ihm und alles, was ihm beliebt, das tut er. Und die Heiligsten der Heiligen, die in seiner Nähe stehen, entfernten sich nicht bei Nacht oder bei Tage, noch gingen sie weg von ihm. Bis dahin war ich auf mein Angesicht gefallen und zitterte.

Da rief mich der Herr mit seinem Mund und sprach zu mir: Komm hierher, Henoch und höre mein Wort! Da kam einer von den Heiligen zu mir, weckte mich auf, ließ mich aufstehen und brachte mich bis zu dem Tor. Ich aber senkte mein Antlitz.

Kapitel 15

Da setzte er sich und sprach zu mir und ich hörte seine Stimme: Fürchte dich nicht, Henoch, du gerechter Mann und Schreiber der Gerechtigkeit. Tritt herzu und höre meine Rede. Geh hin und sprich zu den Wächtern des Himmels, die dich gesandt hatten, um für sie zu bitten. Ihr solltet eigentlich für die Menschen bitten und nicht die Menschen für euch. Warum habt ihr den hohen, heiligen und ewigen Himmel verlassen, bei den Weibern geschlafen, euch mit den Menschentöchtern verunreinigt, euch Weiber genommen und wie die Erdenkinder getan und Riesensöhne gezeugt? Obwohl ihr heilig und ewig lebende Geister wart, habt ihr durch das Blut der Weiber euch befleckt, mit dem Blute des Fleisches Kinder gezeugt, nach dem Blute der Menschen begehrt und Fleisch und Blut hervorgebracht, wie jene tun, die sterblich und vergänglich sind. Deshalb habe ich ihnen Weiber gegeben, damit sie sie besamen und mit ihnen Kinder zeugen, sodass ihnen also nichts auf Erden fehlt. Ihr aber seid zuvor ewig lebende Geister gewesen, die alle Geschlechter der Welt hindurch unsterblich sein sollten. Darum habe ich für euch keine Weiber geschaffen, denn die Geister des Himmels hatten im Himmel ihre Wohnung. Aber die Riesen nun, die von den Geistern und Fleisch gezeugt worden sind, wird man böse Geister auf Erden nennen und auf der Erde werden sie ihre Wohnung haben. Böse Geister gingen aus ihrem Leibe hervor, weil sie von Menschen geschaffen wurden und von den heiligen Wächtern ihr Ursprung und erste Grundlage herrührt. Böse Geister werden sie auf Erden sein und böse Geister genannt werden. Die Geister des Himmels hatten im Himmel ihre Wohnung, und die Geister der Erde, die wo auf der Erde geboren wurden, hatten auf der Erde ihre Wohnung. Die Geister der Riesen werden böse handeln. Gewalttaten begehen, Verderben stiften, angreifen, kämpfen, Zertrümmerung auf Erden anrichten und Kummer bereiten. Sie werden nicht essen, sondern hungern und dürsten und Anstoß erregen. Und diese Geister werden sich gegen die Söhne der Menschen und gegen die Weiber erheben, weil sie von ihnen ausgegangen sind.

Kapitel 16

Seit den Tagen der Niedermetzelung, des Verderbens und des Todes der Riesen, als die Geister aus der Seele ihres Fleisches herausgingen, um Verderben anzurichten, ohne dass ein Gericht sie trifft. In solcher Weise werden sie Verderben anrichten bis zum Tage des großen Endgerichts, an dem der große Weltlauf sich vollendet. Und nun sprich zu den früher im Himmel befindlichen Wächtern, die dich gesandt haben, um für sie zu bitten: Ihr seid im Himmel gewesen, und obwohl euch alle Geheimnisse noch nicht offenbart waren, wusstet ihr ein nichtswürdiges Geheimnis und habt dies in eurer Herzenshärtigkeit den Weibern erzählt. Durch dieses Geheimnis richten die Weiber und Männer viel Übel auf Erden an. Sage ihnen also: Ihr werdet keinen Frieden haben!

Henochs Reisen durch Erde und Unterwelt. Der Erste Reisebericht

Kapitel 17

Sie nahmen mich fort und versetzten mich an einen Ort, wo die dort befindlichen Dinge wie flammendes Feuer sind, und wenn sie wollen, erscheinen sie wie Menschen. Sie führten mich an den Ort des Sturmwinds und auf einen Berg, dessen äußerste Spitze in den Himmel reicht. Ich sah die Orte der Lichter, die Vorratskammern der Blitze und des Donners und in der äußersten Tiefe einen feurigen Bogen, Pfeile samt ihrem Köcher, ein feuriges Schwert und sämtliche Blitze. Sie versetzten mich an die lebendigen Wasser und an das Feuer des Westens, das die untergehende Sonne empfängt. Ich kam bis zu einem Feuerstrome, dessen Feuer wie Wasser fließt, und der sich in ein großes Meer im Westen ergießt. Ich sah die großen Ströme und gelangte bis zu dem großen Fluss und bis zu der großen Finsternis und ging dahin, wohin dies Fleisch wandert. Ich sah die Berge der schwarzen Winterwolken und den Ort, wohin sich alle Wasser der Tiefe ergießen. Ich sah die Mündung aller Ströme der Erde und die Mündung der Tiefe.

Kapitel 18

Ich sah die Behälter aller Winde und ich sah, wie er mit ihnen die ganze Schöpfung ausgeschmückt hat und ich sah die Grundfesten der Erde. Ich sah den Eckstein der Erde und ich sah die vier Winde, die die Erde und die Feste des Himmels tragen. Ich sah, wie die Winde die Höhe des Himmels ausspannen und ihre Stellung zwischen Himmel und Erde haben: das sind die Säulen des Himmels. Ich sah die Winde der Himmel, die die Sonnenscheibe und alle Sterne bewegen und herumschwingen. Ich sah die Winde, die über der Erde die Wolken tragen, ich sah die Wege der Engel und ich sah am Ende der Erde die Himmelsfeste oberhalb der Erde. Ich ging weiter und sah einen Ort brennen Tag und

Nacht, da, wo die sieben Berge aus Edelsteinen sind, drei in der Richtung nach Osten und drei in der Richtung nach Süden. Von denen in der Richtung nach Osten ist einer aus farbigem Stein, einer aus Perlstein und einer aus Topas; die in der Richtung nach Süden sind aus rotem Stein. Der mittlere, der bis zum Himmel reicht, ist wie der Thron Gottes aus Rubinstein, und die Spitze des Throns ist aus Saphir. Ich sah ein loderndes Feuer. Hinter diesen Bergen ist ein Ort, jenseits des großen Landes. Dort sind die Himmel vollendet.

Der vorläufige und endgültige Strafort der gefallenen Engel

Ich sah einen tiefen Abgrund mit Säulen himmlischen Feuers, und ich sah unter ihnen Feuersäulen herabfallen. Sie waren weder nach Tiefe noch nach Höhe zu messen. Hinter diesem Abgrund sah ich einen Ort, wo weder die Himmelsfeste darüber, noch die festgefügte Erde darunter, noch Wasser unter ihm war, noch gab es dort Vögel. Sondern ein Ort war es, wüste und grausig. Ich sah dort sieben Sterne wie große brennende Berge. Als ich mich danach erkundigte, sagte der Engel: Dies ist der Ort, wo Himmel und Erde zu Ende sind; ein Gefängnis ist dies für die Sterne und für das Heer des Himmels. Die Sterne, die über dem Feuer dahinrollen, das sind die, welche beim Beginn ihres Aufgangs den Befehl Gottes übertreten hatten. Denn sie kamen nicht zu ihrer Zeit hervor. Da wurde er zornig über sie und band sie 10 000 Jahre bis zu der Zeit, da ihre Sünde vollendet ist.

Kapitel 19

Da sagte zu mir Uriel: Hier werden die Engel stehen, die sich mit den Weibern vermischt hatten und ihre Geister verunreinigten, vielerlei Gestalten annehmend, die Menschen und verführten sie, den Dämonen wie Göttern zu opfern. Sie werden hier stehen bis zum Tage des großen Gerichts, an dem sie bis zu ihrer völligen Vernichtung gerichtet werden. Aber die Weiber der abgefallenen Engel werden zu Sirenen werden.

Ich, Henoch, habe allein das Geschaute, den Anblick der Enden von allen Dingen, gesehen, und kein Mensch hat sie so gesehen, wie ich sie gesehen habe.

Der zweite Reisebericht. Namen und Geschäfte der sechs Erzengel

Kapitel 20

Dies sind die Namen der heiligen Engel, welche wachen. Uriel ist einer der heiligen Engel, nämlich der über das Engel-Heer und den Tartarus gesetzte Engel. Raphael heißt ein zweiter der heiligen Engel, der über die Geister der Menschen gesetzt ist.

Raguel heißt ein dritter der heiligen Engel, der Rache übt an der Welt der Lichter. Michael heißt ein vierter der heiligen Engel, der nämlich über den besten Teil der Menschen gesetzt ist, über das Volk Israel. Sariel heißt ein fünfter der heiligen Engel, der über die Geister, die gegen den Geist sündigen, gesetzt ist. Gabriel heißt ein sechster der heiligen Engel, der über das Paradies, die Schlangen und die Kerube gesetzt ist.

Der vorläufige und endgültige Strafort der gefallenen Engel

Kapitel 21

Ich wanderte ringsherum, bis ich an einen Ort kam, wo kein Ding war. Dort sah ich etwas Fürchterliches: Ich sah keinen Himmel oben und kein fest gegründetes Land unten, sondern einen öden und grausigen Ort. Dort sah ich sieben Sterne des Himmels gefesselt und in ihn hineingestoßen, wie große Berge und brennend im Feuer. Darauf sprach ich: Um welcher Sünde willen sind sie gebunden und weshalb sind sie hierher verstoßen? Da sagte zu mir Uriel, einer von den heiligen Engeln, der bei mir war und ihr Führer ist und sprach: Henoch, weshalb fragst du und weshalb bekümmerst du dich eifrig, die Wahrheit zu erfahren? Dies sind diejenigen Sterne des Himmels, die den Befehl Gottes übertreten hatten und sie sind hier gebunden, bis 10 000 Jahre, die Zeit ihrer Sünde vollendet sind. Von da ging ich weiter an einen anderen Ort, der noch grausiger als jener war. Ich sah dort etwas Schreckliches: Ein großes Feuer war dort, das loderte und flammte. Der Ort hatte Einschnitte bis zum Abgrund und war ganz voll von großen herabfallenden Feuersäulen. Seine Ausdehnung und Breite konnte ich nicht erblicken, noch war ich imstande, sie zu ermitteln. Da sagte ich, wie schrecklich ist dieser Ort und wie fürchterlich, ihn anzuschauen! Da antwortete mir Uriel, einer von den heiligen Engeln, der mit mir war, und sagte zu mir: Henoch, warum fürchtest du dich und erschrickst du so? Ich antwortete, wegen dieses schrecklichen Orts und wegen dieses grässlichen Anblicks.

1 Qumran ist ein Höhlenort am nordwestlichen Ende des Toten Meeres. Dort wurden 1980 Schriftrollen mit Texten des Alten Testaments gefunden, darunter auch apokryphe Texte.

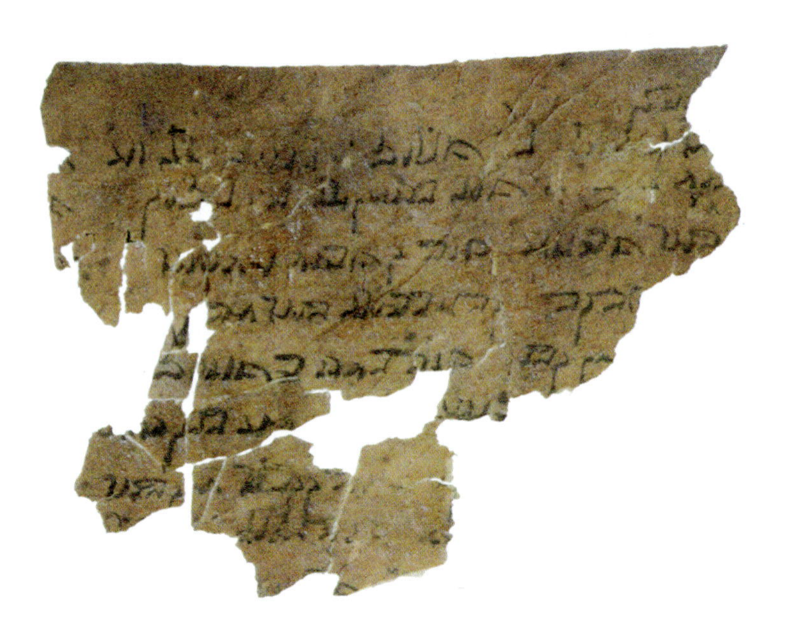

2a Dieses Fragment aus einer der Schriftrollen von Qumran zeigt einen Ausschnitt aus dem Kommentar zu den Visionen des Propheten Jesaja. Der Text stammt aus der Zeit der Essener, ca. 130 v. Chr. bis 69 n. Chr.

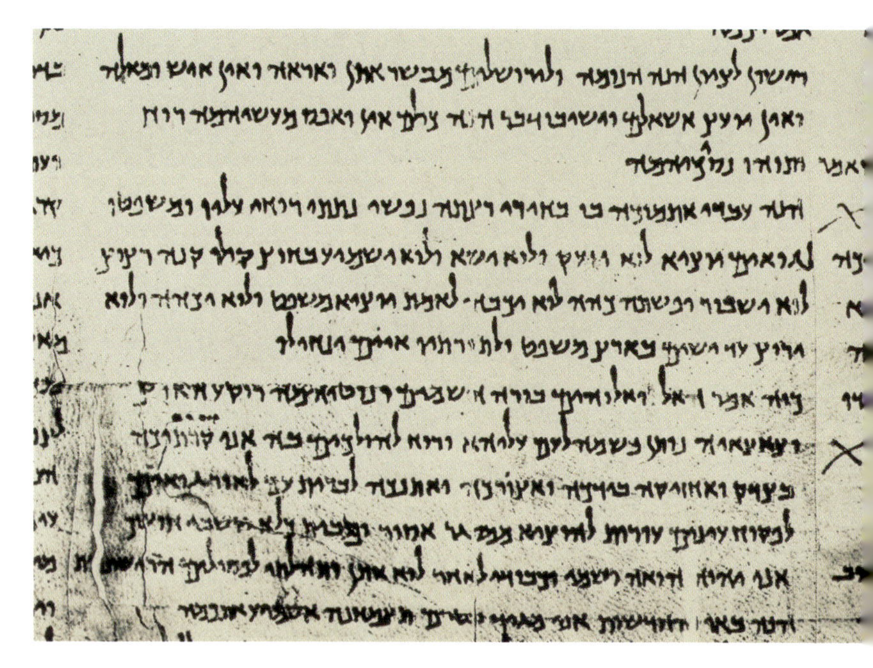

2b Auf den Schriftrollen, die in den Höhlen von Qumran gefunden wurden, ist auch das alttestamentliche Buch des Propheten Jesaja zu finden. Diese Fassung des Textes stammt aus dem 1. Jahrhundert v. Chr.

Die Geschichte der ersten beiden Menschen Adam und Eva im Paradies
ıat sowohl Textautoren als auch Maler zu allen Zeiten beschäftigt: Das
Gemälde »Der Sündenfall« von Lucas Cranach dem Älteren hängt im kunst-
ıistorischen Museum in Wien.

4 Die Paradies-Darstellung von Hieronymus Bosch (Wien, Akademie der Bildenden Künste) zeigt die Erschaffung der ersten beiden Menschen, den Sündenfall und die Vertreibung aus dem Paradies.

Auf Hugo van der Goes' Bild »Der Sündenfall« (um 1470, Kunsthistorisches Museum Wien) ist eine besonders eindrückliche und ungewöhnliche Darstellung der Schlange zu sehen, die Eva zum Essen des Apfels verführt.

6 Eine französische Buchmalerei um 1500 zeigt Hiob, der von zwei Teufeln gepeinigt wird. In der linken oberen Ecke ist Gottvater dargestellt, der dem Treiben zusieht. (Privatbesitz)

Im gleichen Hiob-Zyklus um 1500 wird die Vertreibung der Herden Hiobs ezeigt. Hier wird besonders deutlich, wie sehr die Hiob-Geschichte in der ezeption auch auf die jeweilige Gegenwart bezogen wurde. (Privatbesitz)

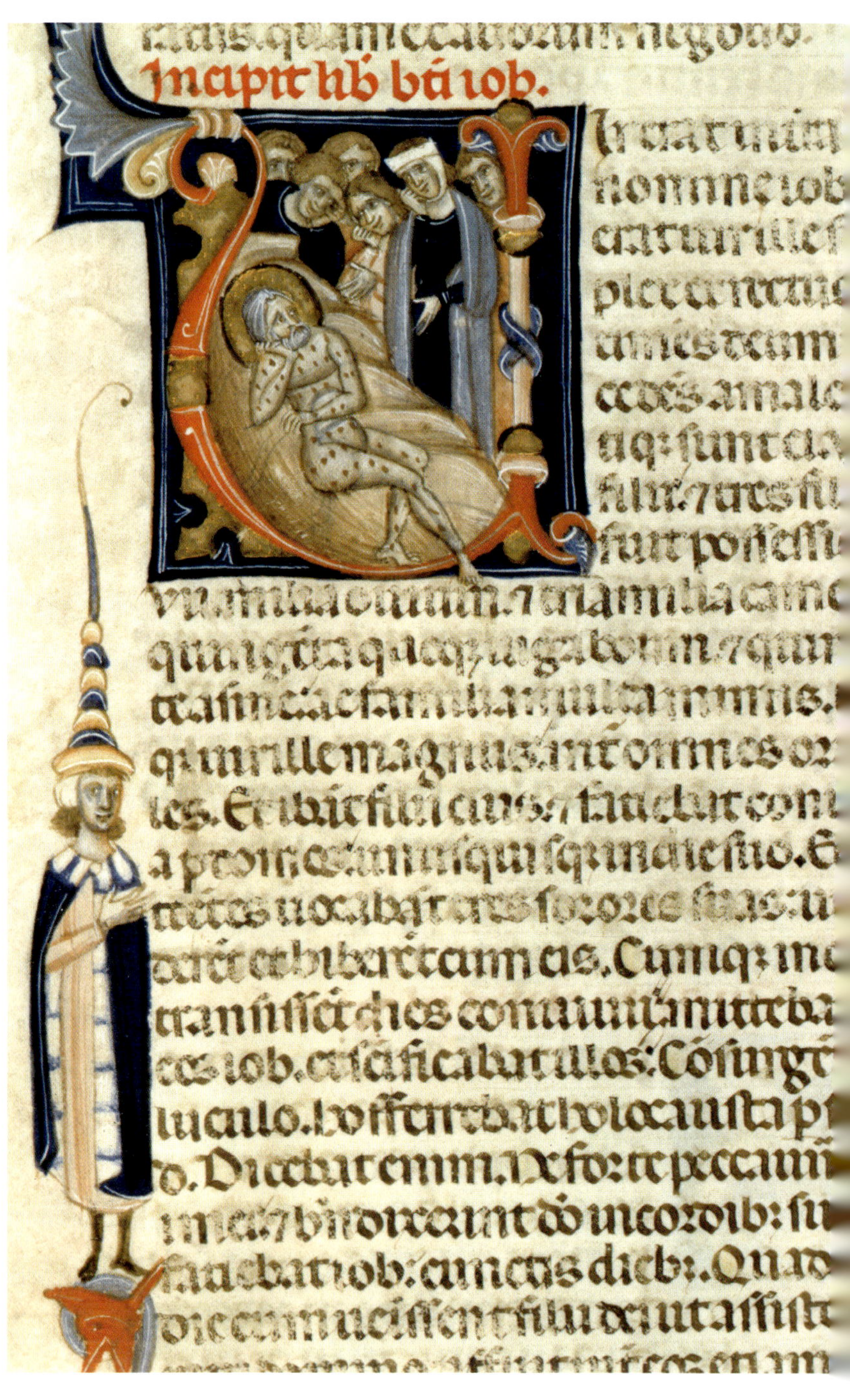

8 Eine französische Buchmalerei aus dem 13. Jahrhundert zeigt den von Geschwüren bedeckten Hiob, der auf dem Misthaufen liegt und mit seinen Freunden spricht. (Paris, Bibliothèque Nationale)

Da sprach er zu mir: Dieser Ort ist das Gefängnis der Engel, und hier werden sie bis in Ewigkeit gefangen gehalten.

Die vierteilige Unterwelt im Westen

Kapitel 22

Von hier ging ich weiter an einen anderen Ort, und er zeigte mir im Westen ein großes und hohes Gebirge und starre Felsen. Vier geräumige Plätze befanden sich in dem Gebirge, in die Tiefe und Breite sich erstreckend und sehr glatt. Drei von ihnen waren dunkel und einer hell und eine Wasserquelle befand sich in seiner Mitte. Da sagte ich: Wie glatt sind diese Hohlräume. Wie tief und dunkel für den Anblick! Da antwortete mir Raphael, einer von den heiligen Engeln, der bei mir war, und sagte zu mir: Diese hohlen Räume sind dazu bestimmt, dass sich zu ihnen die Geister der Seelen der Verstorbenen versammeln. Dafür sind sie geschaffen, damit sich hier alle Seelen der Menschenkinder versammeln. Diese Plätze hat man zu Aufenthaltsorten für sie gemacht bis zum Tag ihres Gerichts, bis zu einer gewissen Frist und festgesetzten Zeit, zu der das große Gericht über sie stattfinden wird. Ich sah den Geist eines verstorbenen Menschenkindes klagen, und keine Stimme drang bis zum Himmel und klagte. Da fragte ich den Engel Raphael, der bei mir war, und sagte zu ihm: Wem gehört dieser klagende Geist an? Wessen ist die Stimme da, die bis zum Himmel dringt und klagt? Da antwortete er mir und sagte: Dieser Geist ist der, der von Abel ausging, den sein Bruder Kain erschlug und er klagt über ihn, bis seine Nachkommenschaft von der Oberfläche der Erde hinweggetilgt ist und seine Nachkommen unter den Nachkommen der Menschen verschwunden sind. Da fragte ich den Engel wegen der Hohlräume und sagte: Weshalb ist einer vom andern getrennt? Er antwortete mir und sagte: Diese drei Räume sind gemacht, um die Geister der Toten zu trennen und so ist eine besondere Abteilung gemacht für die Geister der Gerechten, da wo eine helle Wasserquelle ist. Ebenso ist ein besonderer Raum für die Sünder geschaffen, wenn sie sterben und in der Erde begraben werden und ein Gericht bei ihren Lebzeiten über sie eingetroffen ist. Hier werden ihre Geister für diese große Pein abgesondert bis zum großen Tage des Gerichts, der Strafen und der Pein für die bis in Ewigkeit Verdammten und der Vergeltung für ihre Geister. Dort bindet er sie bis in Ewigkeit. Ebenso gibt es eine besondere Abteilung für die Geister der Klagenden, die über ihren Untergang Kunde geben, da sie in den Tagen der Sünder umgebracht wurden. Diese Abteilung ist so geschaffen für die Geister der Menschen, die nicht gerecht, sondern Sünder oder ganz und gar gottlos und Genossen der Bösen waren. Ihre Geister, werden am Tage des Gerichts nicht bestraft werden, aber sie werden auch nicht von hier mit auferweckt werden. Da pries ich den Herrn der Herrlichkeit und sagte: Gepriesen bist du, o Herr, du gerechter Herrscher der Welt!

Fortsetzung der Reise nach Westen

Kapitel 23

Von dort ging ich weiter an einen anderen Ort in der Richtung nach Westen bis zu den Enden der Erde. Ich sah ein loderndes Feuer, das rastlos hin und her lief und von seinem

Laufe weder bei Tage noch bei Nacht abließ, sondern sich gleich blieb. Da fragte ich, indem ich sagte: Was ist dies da, das keine Ruhe hat? Darauf antwortete mir Raguel, einer von den heiligen Engeln, der bei mir war, und sagte zu mir: Dieses rotierende Ölfeuer, das du in der Richtung nach Westen gesehen hast, ist das Feuer, das alle Lichter des Himmels in Bewegung setzt.

Kapitel 24

Von dort ging ich weiter an einen anderen Ort der Erde, und er zeigte mir ein Gebirge von Feuer, das Tag und Nacht brennt. Ich ging jenseits desselben und sah sieben herrliche Berge, einen jeden vom anderen verschieden. Ferner sah ich herrliche und schöne Steine, und jeder war herrlich und prächtig an Aussehen und von schönem Äußeren: Drei von den Bergen lagen gegen Osten, einer über dem anderen befestigt, drei gegen Süden, einer über dem anderen, und dazwischen tiefe, gewundene Schluchten, von denen keine an die andere grenzte.

Der siebente Berg lag zwischen diesen und einem Thronsitz ähnlich überragte er alle an Höhe und es bedeckten ihn rings wohlriechende Bäume. Unter ihnen befand sich ein Baum, wie ich noch niemals einen gerochen hatte. Weder einer von ihnen, noch andere Bäume waren ihm gleich.

Er verbreitete mehr Duft als die Wohlgerüche, seine Blätter und Blüten und sein Holz welken nimmermehr, seine Früchte aber sind wie die Trauben der Palme. Da sprach ich: Wie schön ist dieser Baum und wie wohlriechend und lieblich seine Blätter und wie sehr ergötzlich seine Blüten, was für ein Anblick!

Darauf antwortete mir Michael, einer von den heiligen und geehrten Engeln, der bei mir war und ihr Führer war

Kapitel 25

und sagte zu mir: Henoch, was fragst du mich und wunderst dich über den Geruch dieses Baums und suchst die Wahrheit zu erfahren?

Da antwortete ich, Henoch, ihm, indem ich sagte: Über alles möchte ich etwas erfahren, ganz besonders aber über diesen Baum. Er antwortete mir, indem er sprach: Dieser hohe Berg, den du gesehen hast, dessen Gipfel dem Throne Gottes gleicht, ist sein Thron, wo der große heilige, der Herr der Herrlichkeit, der König der Welt, sitzen wird, wenn er herabkommt, um die Erde mit Gutem heimzusuchen. Diesen wohlriechenden Baum hat kein Fleisch die Macht anzurühren, bis zu dem großen Gericht, an welchem er an allen Rache nimmt und die Vollendung für immer stattfindet. Dann wird er den Gerechten und Demütigen übergeben werden. Seine Frucht wird den Auserwählten zum Leben dienen und der wird zur Speise an den heiligen Ort bei dem Hause Gottes, des Königs der Ewigkeit, verpflanzt werden. Dann werden sie sich überaus freuen und fröhlich sein und in das Heiligtum eingehen, indem sein Duft ihre Gebeine erfüllt. Sie werden ein längeres Leben auf Erden führen, als das welches deine Väter gelebt hatten und in ihren Tagen wird weder Trübsal, noch Leid der Mühe und Tage sie berühren. Da pries ich den Herrn der Herrlichkeit, den König der Ewigkeit, dass er solches für die gerechten Menschen zubereitet, solches geschaffen und verheißen hat, es ihnen zu geben.

Die Reise nach der Mitte der Erde

Kapitel 26

Von hier ging ich nach der Mitte der Erde und sah einen gesegneten Ort, wo sich Bäume befanden mit Zweigen, die aus einem abgehauenen Baume hervortrieben und sprossten. Dort schaute ich einen heiligen Berg und unterhalb des Bergs ein Wasser, das östlich davon in der Richtung nach Süden floss. Gegen Osten sah ich einen anderen Berg, höher als diesen und zwischen beiden eine tiefe, aber nicht breite Schlucht, auch durch sie strömte ein Wasser unterhalb des Bergs. Westlich von diesem war ein anderer Berg, niedriger als jener und nicht hoch. Zwischen ihnen war eine tiefe und trockene Schlucht und eine andere tiefe und trockene Schlucht befand sich am Ende von den drei Bergen. Alle Schluchten sind tief und aus starrem Felsgestein, kein Baum ist in ihnen gepflanzt. Ich wunderte mich über die Felsen, staunte über die Schlucht und verwunderte mich sehr.

Kapitel 27

Da sagte ich: Wozu ist dieses gesegnete Land, das ganz voll von Bäumen ist, und wozu ist diese verfluchte Schlucht dazwischen? Da antwortete mir Uriel, einer von den heiligen Engeln, der bei mir war, und sagte zu mir: Diese verfluchte Schlucht ist für die bis in Ewigkeit Verfluchten bestimmt. Hier werden alle die versammelt, welche mit ihrem Mund unziemliche Reden gegen Gott führen und über seine Herrlichkeit frech sprechen. Hier werden sie gesammelt und hier ist ihr Aufenthaltsort. In der letzten Zeit werden sie zum Schauspiel eines gerechten Gerichts vor den Gerechten dienen bis in alle Ewigkeit. Hier werden die, welche Erbarmung fanden, den Herrn der Herrlichkeit, den König der Ewigkeit, preisen. In den Tagen des Gerichts über die Gottlosen werden sie den Gerechten preisen wegen der Barmherzigkeit, die er ihnen erwiesen hat. Da pries ich den Herrn der Herrlichkeit und verkündete seinen Ruhm und stimmte einen geziemenden Lobgesang an.

Die Reise nach Osten

Kapitel 28

Von hier ging ich in der Richtung nach Osten mitten in das Gebirge der Wüste und ich sah eine Steppe und vereinsamte Gegend, voll von Bäumen. Aus ihren Samenfrüchten rieselte Wasser von oben herab. Es erschien wie ein reichlich fließender Wasserstrom, der wie nach Norden so nach Westen von allen Seiten her Wasser und Tau heraufführte.

Kapitel 29

Von dort ging ich an einen anderen Ort in der Wüste und machte mich auf in der Richtung nach Osten von jenem Gebirge. Ich sah Duftbäume duftend von Weihrauch und Myrrhe, und die Bäume ähnelten Mandelbäumen.

Kapitel 30

Danach ging ich weiter nach Osten und sah einen anderen großen Platz und eine Wasserschlucht. Auf ihm befand sich auch ein Baum, der das Aussehen von Würzbäumen hatte ähnlich dem Mastix. An den Seiten der Täler sah ich den wohlriechenden Zimtbaum, dann ging ich weiter nach Osten.

Kapitel 31

und sah andere Berge und auf ihnen Haine von Bäumen, aus denen Nektar floss, den man auch Balsam und Galbanum nennt. Hinter jenen Bergen sah ich einen anderen Berg im Osten der Enden der Erde und auf ihm befanden sich Aloebäume. Alle Bäume waren voll von Galbanum ähnlichen Mandeln. Wenn man jene Frucht verreibt, übertrifft sie an Duft alle Gerüche.

Kapitel 32

Nach diesen Wohlgerüchen sah ich, als ich nach Norden über die Berge hinblickte, sieben Berge voll von köstlicher Narde, Mastix, Zimt und Pfeffer. Von da ging ich über die Gipfel aller jener Berge hin fern nach dem Osten der Erde und zog weiter über das Erythräische Meer und ich entfernte mich weit von diesem und zog über den Zotiel. Da kam ich in den Garten der Gerechtigkeit und schaute fern von jenen Bäumen viele und große Bäume, die dort wuchsen, wohlduftend, groß, sehr schön und herrlich und ich sah den Baum der Weisheit, von dessen Frucht die Heiligen essen und großer Weisheit kundig werden. Jener Baum gleicht dem Wuchse nach einer Fichte, sein Laub ähnelt dem des Johannisbrotbaums. Öl, seine Frucht ist wie die Weintraube, sehr gut. Der Duft jenes Baumes verbreitet sich und dringt weithin. Da sagte ich: Wie schön ist dieser Baum, und wie ergötzlich sein Anblick! Da antwortete mir der heilige Engel Raphael, der bei mir war, und sagte zu mir: Dies ist der Baum der Weisheit, von dem dein greiser Vater und deine betagte Mutter, die vor dir waren, gegessen haben. Da erkannten sie die Weisheit und ihre Augen wurden aufgetan und sie erkannten, dass sie nackt waren und wurden aus dem Garten fortgetrieben.

Kapitel 33

Von da ging ich weiter bis an die Enden der Erde und sah dort große Tiere, eines vom anderen verschieden. Auch Vögel sah ich, verschieden nach Aussehen, Schönheit und Stimme, einer vom anderen verschieden. Östlich von diesen Tieren sah ich die Enden der Erde, worauf der Himmel ruht, und die Tore des Himmels waren offen. Ich sah, wie die Sterne des Himmels hervorkommen, zählte die Tore, aus denen sie hervorkommen und schrieb alle ihre Ausgänge auf und war von jedem einzelnen Stern besonders, nach ihrer Zahl, ihren Namen, Verbindungen, Stellungen, Zeiten und Monaten, so wie der Engel Uriel, der bei mir war, es mir zeigte. Er zeigte mir alles und schrieb es auf, auch ihre Namen schrieb er für mich auf, ebenso ihre Gesetze und Verrichtungen.

Die Reise nach Norden

Kapitel 34

Von da ging ich in der Richtung nach Norden an den Enden der Erde hin und dort sah ich ein großes und herrliches Wunder an den Enden der ganzen Erde. Hier sah ich drei offene Himmelstore am Himmel, durch jedes derselben kommen Nordwinde hervor. Wenn sie wehen, gibt es Kälte, Hagel, Reif, Schnee, Tau und Regen. Aus dem einen Tore wehen sie zum Guten, wenn sie aber durch die zwei anderen Tore wehen, geschieht es mit Heftigkeit und es kommt dann Not über die Erde, wenn sie heftig wehen.

Kapitel 35

Von da ging ich in der Richtung nach Westen an den Enden der Erde hin und ich sah dort drei offene Tore, so wie ich sie im Osten sah, die gleichen Tore und Ausgänge sah ich.

Die Reise nach Süden

Kapitel 36

Von da ging ich in der Richtung nach Süden an den Enden der Erde hin und ich sah dort drei offene Himmelstore. Daraus kommt der Südwind hervor, so wie Tau und Regen und Wind. Von da ging ich weiter in der Richtung nach Osten an den Enden der Erde hin und ich sah dort die drei östlichen Himmelstore geöffnet und über ihnen befanden sich kleine Tore. Durch jedes jener kleinen Tore gehen die Sterne des Himmels hindurch und wandeln gegen Westen auf dem Wege, der ihnen gezeigt ist. Als ich es sah, pries ich ihn und zu jeder Zeit preise ich den Herrn der Herrlichkeit, der die großen und herrlichen Wunderwerke geschaffen hat, um die Größe seines Werkes seinen Engeln und den Seelen der Menschen zu zeigen, damit sie sein Werk und seine ganze Schöpfung preisen, damit sie das Werk seiner Macht sehen und das große Werk seiner Hände preisen und ihn rühmen bis in Ewigkeit.

Das Buch der Regel der Einung

Die vorliegenden Zeugnisse der Essener-Gemeinschaft aus Qumran, dokumentieren die Sehnsucht nach dem baldigen Kommen des Messias. Sie nehmen einiges vorweg, was der Neue Bund mit Christus sein sollte. So sind diese ein einzigartiges Beispiel für die Zeitenwende und Vorbereitung auf den Messias.

1. Ziel und Vorschriften der Gemeinschaft

Sein Leben in der Ordnung der Einung mit Gott zu suchen, das Gute zu tun und das Rechte vor Ihm, wie Er es befohlen hat durch Moses und alle seine Knechte, die Propheten. Alles zu lieben, was Er erwählt, und alles zu hassen, was Er verworfen hat. Sich fernzuhalten von allem Bösen und gute Werke zu vollbringen. Treue, Gerechtigkeit und Recht zu üben im Lande und Gutes zu tun. Alle Willigen herbeizubringen, die Gesetze Gottes im Gnadenbund zu erfüllen, in Einung zu leben in Gottes Gemeinde und vor Ihm vollkommen zu wandeln nach allem Offenbarten. Alle Männer des Lichtes zu lieben, jeden nach seinem Los, in Gottes Gemeinde und alle Männer des Unrechts und der Finsternis zu hassen, jeden nach seiner Verschuldung, in Gottes Rache. Und alle Willigen für Seine Wahrheit sollen ihre Kenntnis, Kraft und Vermögen in die Einung Gottes einbringen, kein einziges von allen Worten Gottes überschreiten und nicht abweichen von den Gesetzen seiner Wahrheit, um nach rechts oder links zu gehen.

2. Aufnahmezeremonien

Und alle, die in die Ordnung der Einung eintreten, sollen vor Gott einen Schwur ablegen, zu handeln gemäß allem, was Er befohlen hat, und nicht von Ihm zu weichen. Es sollen die Priester und Leviten den Gott der Heilstaten preisen und alle Werke Seiner Treue. Und alle, die in den Bund eintreten, sprechen nach ihnen: »Amen, Amen!« Und die Priester zählen die Beweise der Gerechtigkeit Gottes durch Seine Machttaten auf und verkünden alle Gnadenerweise der Barmherzigkeit an Israel. Und die Leviten zählen die Vergehen der Israeliten auf: ihre Freveltaten und Sünden unter der Herrschaft Belials. Und alle, die in den Bund eintreten, bekennen nach ihnen: »Wir haben uns vergangen, wir haben gesündigt, wir haben gefrevelt, wir und unsere Väter vor uns, indem wir wandelten ohne Wahrheit und Gerechtigkeit. Sein Gericht an uns und unseren Vätern schenke das Erbarmen Seiner Gnade von Ewigkeit zu Ewigkeit.« Und die Priester segnen alle Männer, die vollkommen wandeln auf all Seinen Wegen und sprechen: »Er segne dich mit allem Guten und bewahre dich vor allem Bösen. Er erleuchte dein Herz mit dem Verstande des Lebens und begnade dich mit dem ewigen Wissen, und Er erhebe sein gnädiges Antlitz auf dich zu ewigem Frieden.«

Und die Leviten verfluchen alle Männer des Loses Belials und sprechen: »Verflucht seiest du! Gott gebe dir Furcht durch alle, die Rache ausüben, und verordne dir die Vernichtung durch alle, die Vergeltung üben. Verflucht seiest du ohne Erbarmen gemäß der Finsternis deiner Werke, und verdammt seiest du in der Dunkelheit ewigen Feuers. Gott sei dir nicht gnädig, wenn du Ihn anrufst, und Er vergebe dir nicht deine Vergehen. Er erhebe Seines Zornes Antlitz zur Rache an dir, und kein Friede sei dir im Munde aller Fürsprecher!«

Und alle, die in den Bund eintreten, sprechen nach denen, die segnen und verfluchen: »Amen, Amen!«

Und die Priester und Leviten fahren fort: »Verflucht sei, der mit den Götzen seines Herzens den Bundesschluss begeht, der in diesen Bund eintritt und den Anstoß zu seinem Vergehen vor sich hinstellt, um abtrünnig zu werden dadurch. Und wenn er, die Worte dieses Bundes hörend, sich in seinem Herzen glücklich preist: Es wird mir schon gut gehen, wenn ich auch in der Verstocktheit meines Herzens wandle, so werde sein Geist dahingerafft, das Trockene samt dem Bewässerten, ohne Vergebung. Gottes Zorn und der Eifer Seiner Gerichte sollen wider ihn zu ewiger Vernichtung entbrennen. Es haften an ihm alle Flüche dieses Bundes, und Gott sondere ihn zum Unheil aus, und er werde ausgerottet aus der Mitte aller Männer des Lichts in seinem Abfall von Gott und zu den ewig Verfluchten verdammt!«

Und alle, die in den Bund eintreten, heben an und sagen nach ihnen: »Amen, Amen.«

So sollen sie es Jahr für Jahr, die ganze Zeit der Herrschaft

Belials halten. Die Priester sollen gemäß ihrer Rangordnung zuerst den Bundesschluss begehen, danach die Leviten und das ganze Volk gemäß seiner Rangordnung, auf dass jeder einzelne Israelit seinen Posten kenne in der Einung Gottes für die ewige Gemeinde. Keiner sei niedriger als sein Rang oder erhebe sich darüber. Denn alle sollen sich in wahrhafter Einung, gütiger Demut, liebevoller Verbundenheit und rechtem Denken gegenüber seinem Nächsten verhalten in der Gemeinde der Heiligkeit und als Söhne der ewigen Gemeinschaft.

Und jeder, der es ablehnt, in den Bund zu kommen, komme nicht in die Einung Seiner Wahrheit, denn seine Seele verabscheut die verpflichtende Erkenntnis der gerechten Satzungen. Seine Kenntnis, Kraft und Vermögen dürfen nicht in die Gemeinschaft der Einung kommen, und er darf nicht zu den Vollkommenen gerechnet werden. Durch Sühneriten wird er nicht von seiner Schuld befreit und durch Wasser nicht gereinigt werden. Er bleibt unrein, solange er die Satzungen Gottes verachtet. Denn erst durch den Geist des wahrhaften Ratschlusses Gottes würden alle seine Sünden vergeben.

Durch seine Unterwerfung unter alle Gesetze Gottes würde sein Fleisch gereinigt, sodass er sich mit Reinigungswasser besprengen könnte. Er setze deshalb seine Schritte fest, um vollkommen zu wandeln auf allen Wegen Gottes, sowie Er es befohlen hat zu den Zeiten Seiner Bezeugungen, nicht nach rechts oder links zu weichen und kein einziges von all seinen Worten zu überschreiten. Dann wird er Wohlgefallen finden vor Gott, und es wird ihm zum Bunde der ewigen Einung gereichen.

3. Kampf zwischen Licht und Finsternis, Gut und Böse

Dem Lehrer aller Männer des Lichts sei gesagt: Vom Gott der Erkenntnisse stammt alles Sein und Geschehen, und bevor sie ins Dasein getreten, setzte Er ihren ganzen Plan fest. Wenn sie zu ihrer Bestimmung kommen entsprechend dem Plan Seiner Herrlichkeit, erfüllen sie ihre Aufgabe, und daran gibt es nichts zu ändern! Er schuf den Menschen zur Beherrschung der Welt und gab ihm zwei Geister, um in ihnen zu wandeln bis zur festgesetzten Zeit Seiner Heimsuchung. Das sind die Geister der Wahrheit und des Unrechts. An der Stätte des Lichts ist der Ursprung der Wahrheit und die Quelle der Finsternis ist der Ursprung des Unrechts. In der Hand des Fürsten des Lichts liegt die Herrschaft über alle Männer des Rechts, auf den Wegen des Lichts wandeln sie. In der Hand des Engels der Finsternis liegt alle Herrschaft über die Männer des Unrechts, auf den Wegen der Finsternis wandeln sie. Durch den Engel der Finsternis geschehen die Verirrungen aller Männer des Rechts. Alle Geister seines Loses suchen die Männer des Lichtes zu Fall zu bringen, doch der Gott Israels und der Engel seiner Wahrheit hilft allen Männern des Lichts. Er schuf die Geister des Lichts und der Finsternis und gründete auf ihnen jegliches Werk.

Den Mann des Unrechts und der Finsternis verabscheut Gott für immer, während Er den Mann des Lichts liebt und an allen seinen Werken Gefallen findet. Und dies sind die Aufgaben der Männer des Lichts in der Welt: zu erleuchten das Herz des Menschen und zu ebnen die Wege wahrhaften

Rechtes. Sein Herz zu erschrecken durch die Gerichtstaten Gottes. Demütige Gesinnung und Langmütigkeit, Erbarmen und Güte, Verstand und Einsicht sowie kraftvolle Weisheit, die auf alle Taten Gottes vertraut und sich auf die Fülle seiner Gnade stützt. Einsicht in jedes Tun und Eifer für die gerechten Gesetze. Heiligmäßiges Denken und Reinheit, die alle unreinen Götzen verabscheut. Behutsamer Umgang mit den Geheimnissen der Erkenntnis. Dies sind die Ratschläge des Geistes für die Männer der Wahrheit in der Welt. Ihre Befolgung führt zu Heilung, Freude und Frieden in langer Lebenszeit sowie zur Krone der Herrlichkeit mit dem Kleide der Pracht im ewigen Licht.

Den Mann des Unrechts kennzeichnen: Unersättlichkeit, lässige Haltung beim Dienste des Rechts, Frevel, Lüge, Stolz, Heuchelei, Jähzorn, Torheit, vermessener Eifer, abscheuliche Taten im Geiste der Unzucht und Unreinheit, Lästerzunge, Blindheit und Taubheit, Halsstarrigkeit und Verstocktheit des Herzens. Aus seinem Verhalten ergeben sich für den Mann des Unrechts folgende Konsequenzen: Plagen aller Art, dauernder Schrecken und ewige Schmach mit der Schande der Vernichtung in finsterem Feuer, andauernde schmerzliche Trauer und bitteres Unglück.

Gott sorgte für ewige Feindschaft zwischen den Männern des Lichts und den Männern des Unrechts. Der Wahrheit ein Gräuel ist unrechtes Handeln, und ein Gräuel sind dem Unrecht alle Wege der Wahrheit. Streit ist vorhersehbar, denn sie wandeln nicht auf gemeinschaftlichen Wegen. Und Gott bestimmte in den Geheimnissen seines Verstandes und seiner herrlichen Weisheit eine Zeit für den Bestand des Unrechts.

4. Zusammenleben

Dies ist die Ordnung für die Männer der Einung, die sich willig erweisen, umzukehren von allem Bösen und festzuhalten an allem, was Er nach Seinem Willen befohlen hat: sich abzusondern von der Gemeinde der Männer des Unrechts und zur Einung in Bezug auf Gesetz und Besitz zu werden; sich verantwortlich zeigen gegenüber den Zadokiten, den Priestern, den Bewahrern des Bundes und gegenüber der Menge der Männer der Einung, die festhalten am Bunde. Von ihnen ergeht die Ordnung des Loses aus hinsichtlich jeglicher Sache, für Gesetz, für Besitz und Recht, um Treue zu pflegen, Einung und Demut, Gerechtigkeit, Recht und liebevolle Verbundenheit und behutsamen Umgang auf allen ihren Wegen. Keiner aber wandle in Irrsal. Er gründe vielmehr ein edles Fundament für Israel, zur Einung des ewigen Bundes, auf dass alle Übertreter des Gesetzes verurteilt werden.

5. Eid

Und dies ist die Ordnung der Einung: Jeder, der vor den Augen aller Willigen in Gottes Bund eintritt, soll sich eidlich verpflichten, umzukehren zum Gesetz des Mose, gemäß allem, was Er befohlen und offenbart hat: den Zadokiten, Priestern, Bewahrern des Bundes und Erforschern Seines Willens sowie der Menge der Männer ihres Bundes. Er soll sich durch den Bundesschluss verpflichten, sich abzusondern von allen Männern des Unrechts, die auf dem Wege der Bosheit wandeln, sodass gnadenlose, vernichtende Urteile an jenen vollstreckt werden: Ihnen bleibt die reinigende Kraft des Wassers verwehrt. Hinsichtlich ihrer Arbeit und ihres Besitzes stehen sie völlig alleine da, denn so steht es geschrieben: »Von jeder betrügerischen Sache halte dich fern (Ex 23,7).« Keiner von den Männern der Einung soll Männern des Unrechts Fragen zu Gesetz und Recht beantworten, keiner etwas aus ihrem Besitz essen und trinken, noch nehme er irgendetwas aus ihren Händen, was nicht durch Kauf erworben ist, wie es geschrieben steht: »Lasset doch fahren den Menschen, in dessen Nase nur ein Hauch ist! Denn wofür ist er zu achten? Denn alle, die nicht zu Seinem Bund gerechnet werden, sind abzusondern, sie und alles, was ihnen angehört. Nicht stütze sich der heilige Mann auf irgendein nichtiges Werk! Denn nichtig sind alle, die Seinen Bund nicht anerkennen. Alle Verächter seines Wortes wird Er vertilgen aus der Welt, all ihre Taten gelten als Unflat vor Ihm, und Unreinheit haftet an all ihrem Reichtum.«

6. Überprüfung, Zurechtweisung, Vorrang der Priester

Und bei allen, die in den Bund eintreten, um nach all diesen Vorschriften zu handeln und sich der Einung zur Bildung der heiligen Gemeinde anzuschließen, solle man ihren Geist in der Einung untereinander nach Maßgabe ihres Verständnisses und ihrer Taten im Gesetz erforschen: nach der Weisung der Aaroniden, die willens sind, in der Einung Seinen Bund aufzurichten und zu achten, dass all Seine Gesetze, die Er befohlen hat, erfüllt werden, und nach der Weisung der Menge Israels, die willens ist, umzukehren in der Einung zu Seinem Bund. Man solle jeden in die Rangordnung eintragen entsprechend seinem Verständnis und seinen Werken, sodass jeder seinem Nächsten gehorche, der Geringere dem Höheren. Man solle ihren Geist und ihre Werke Jahr für Jahr überprüfen, um einen jeden entsprechend seinem Verständnis und der Vollkommenheit seines Wandels aufrücken zu lassen oder ihn gemäß seiner Unvollkommenheit zurückzusetzen.

So weise einer den anderen in liebevoller Verbundenheit zurecht und lade nicht seinethalben Schuld auf sich.

Es solle keiner gegen seinen Nächsten vor der Vollversammlung eine Sache vorbringen, ohne vorherigen Verweis vor Zeugen.

Der Geringere solle dem Höheren, was Arbeit und Besitz betrifft, gehorchen. Gemeinsam sollen sie essen, Gott lobpreisen und beraten.

An jedem Ort mit zehn Männern von der Gemeinschaft der Einung soll sich ein Priester befinden, vor dem die Männer nach ihrer Rangstufe sitzen und ihn in jeglicher Sache um Rate fragen können.

Wenn sie den Tisch bereiten, um zu essen und Wein zu trinken, strecke der Priester zuerst die Hand aus, um das Mahl zu segnen! An jedem Ort mit zehn Männern von der Gemeinschaft der Einung dürfen aber auch nicht Männer fehlen, die im Gesetz studiert haben, und zwar Tag und Nacht, ständig einander abwechselnd. Die Vollmitglieder sollen gemeinsam ein Drittel aller Nächte des Jahres wachen, um aus dem Buche zu lesen, Recht zu erforschen und Gott zu lobpreisen.

7. Sitzungen

Dies ist die Ordnung für die Sitzung der Vollmitglieder:. Die Priester sitzen an erster, die Ältesten an zweiter Stelle und die Übrigen jeder nach seinem Rang. Es können sämtliche Fragen, die Angelegenheit der Vollversammlung sind, gestellt werden, sodass jeder sein Wissen der Gemeinschaft der Einung zugute kommen lässt. Keiner falle dem anderen ins Wort. Auch halte er die Rangfolge ein und spreche erst, wenn die Reihe an ihm ist. Bei der Sitzung der Vollmitglieder bringe keiner irgendetwas vor, was nicht Sache der Vollversammlung ist. Jeder, der etwas der Vollversammlung zu sagen hat, stehe auf und spreche: »Ich habe der Vollversammlung etwas zu sagen.« Auf Geheiß möge er dann sprechen.

8. Vorbereitungsstufen

Jeder, der gewillt ist, sich der Gemeinschaft der Einung anzuschließen, wird vom Leiter der Vollversammlung auf sein Verständnis und seine Werke im Gesetz hin untersucht. Dieser unterweist ihn in allen Vorschriften der Einung. Danach muss er vor die Vollversammlung treten, um über alle seine Angelegenheiten befragt zu werden. Die Vollversammlung lässt sich ein volles Jahr für die Untersuchung seines Geistes und seiner Taten im Gesetz Zeit. Danach findet eine weitere Befragung durch die Vollmitglieder statt. Wenn die Entscheidung zu seinen Gunsten ausfällt, der Gemeinschaft der Einung näherzukommen nach der Weisung der Priester und der Menge der Männer ihres Bundes, dann werden ihm Besitz und Erwerbstätigkeit erlaubt, deren Erlöse ihm vom Aufseher über die Wirtschaft der Vollmitglieder auf einem Konto gutgeschrieben werden. Bis zur Vollmitgliedschaft muss er ein zweites Jahr inmitten der Männer der Einung verbringen. Danach findet eine erneute Überprüfung durch die Vollversammlung statt. Wenn die Entscheidung positiv ausfällt, wird man ihn in die Ordnung seiner Rangstufe unter seinen Brüdern einschreiben, für Gesetz, Recht, Reinheit und die Beteiligung seines Vermögens, und sein Rat und sein Rechtsentscheid werden der Einung zugute kommen.

9. Strafen

Dies sind die Satzungen, nach denen die Vollmitglieder in gemeinschaftlicher Untersuchung der Sachverhalte über die Strafen entscheiden sollen. Wer flucht, wird für immer aus der Gemeinschaft der Einung ausgeschlossen. Wer in einer Vermögenssache den wahren Sachverhalt verschleiert, wird für ein Jahr aus den Reihen der Vollmitglieder ausgeschlossen und mit einem Viertel weniger Nahrung bestraft. Wer seinem Nächsten unbotmäßig gegenübertritt, ihn schmäht und verleumdet, oder gegen einen der im Buche verzeichneten Priester im Zorn spricht, wird für ein Jahr aus den Reihen der Vollmitglieder ausgeschlossen. Wer seinem Nächsten zu Unrecht zürnt oder an jemandem auf eigene Faust Rache nimmt oder etwas leugnet oder wer betrügt, büßt sechs Monate. Wer töricht spricht oder mit seinem Nächsten fahrlässig umgeht, büßt drei Monate und wer das Vermögen der Einung schuldhaft schmälert, erstatte den betreffenden Betrag persönlich zurück. Falls er dazu nicht imstande ist, büßt er sechzig Tage. Wer seinem Nächsten ins

Wort fällt, büßt 10 Tage. Wer während der Sitzungen der Vollversammlung schläft, spuckt oder hinausgeht, büßt ebenso dreißig Tage wie jener, der in Torheit schallend lacht. Wer sich vor seinem Nächsten grundlos nackt herum zeigt, büßt sechs Monate. Jemand, dessen Geist abweicht von der Grundlage der Einung, sodass er abfällt von der Wahrheit und in der Verstocktheit seines Herzens wandelt, büßt, wenn er sich zur Umkehr entschließt, zwei Jahre.

10. Die Mitgliedschaft

Im Folgenden wird das von der Gemeinschaft angestrebte Ziel kurz und bündig wiederholt: die Aufnahmebedingungen und die Ordnung der Mitglieder. Dabei stößt man auf einen merkwürdigen Text:

Wenn diese in der Gemeinschaft der Einung zwei Jahre lang in vollkommenem Wandel feststehen, sondern sie sich als ein Heiliges inmitten der Gemeinschaft der Männer der Einung ab. Keine Sache, die vor Israel verborgen war und von jemandem gefunden wird, der forscht, verberge er vor diesen aus Angst vor einem abtrünnigen Geist.

Schließlich wird erneut und in zahlreichen Einzelheiten die Bestrafung der Ungetreuen vorgesehen. Darauf folgt der positive, der geistliche Teil. Die strenge Ordnung soll ihre Früchte tragen in Weisheit und Gerechtigkeit.

11. Unterscheidung der Geister

Dies sind die Vorschriften für den Verständigen, nach denen zu verfahren ist mit allem, was lebt, gemäß der Ordnung der jeweiligen Zeit und nach dem Gewicht des einzelnen Mannes. Den Willen Gottes zu tun gemäß allem Offenbarten für die jeweilige Zeit; alle die Erkenntnis zu lernen, die entsprechend den Zeiten sich findet. Das Gesetz der Zeit zu unterscheiden und die Männer der Gerechtigkeit zu wägen nach ihren »Geistern«. Sie fest zu den Erwählten der Zeit zu halten, entsprechend Seinem Willen, wie Er es befohlen. Über jeden nach seinem »Geist« die Entscheidung zu fällen und jeden nach der Reinheit seiner Hände nahe zu bringen, gemäß seinem Verständnis ihn nahen zu lassen und so seine Liebe wie seinen Hass. Nicht zu disputieren und zu streiten mit den Männern des Verderbens. Zu verbergen den Rat des Gesetzes inmitten der Männer des Unrechts, aber aufzuweisen die wahre Erkenntnis und das richtige Recht gegenüber denen, die den Weg erwählen, jedem nach seinem Geist, gemäß der Ordnung der Zeit, ihnen Anteil zu geben am Wissen und so zu unterweisen in den wunderbaren, wahren Geheimnissen inmitten der Männer der Einung, dass jeder vollkommen wandle gegenüber seinem Nächsten in allem, was ihnen offenbar ist. Dies ist die Zeit der Wegbereitung durch die Wüste. Sie zu lehren alles, was es gibt, das getan werden muss in dieser Zeit, sich abzusondern von jedem Menschen und seinen Wandel nicht ändern durch jegliches Unrecht.

12. Gottes Wille und das Gebet am Morgen, Abend und an Festtagen

Dies sind die Bestimmungen des Weges für den Verständigen in diesen Zeiten, für seine Liebe und seinen ewigen Hass gegen alle Männer des Verderbens. Der Verständige sei mit Eifer bedacht auf das Gesetz und auf den Tag der Rache, um Gottes Willen zu tun, wie Er es befohlen. Mit allem, was ihm geschieht, sei er zufrieden, aber außer Gottes Willen gefalle ihm nichts. An allen Seinen Worten finde er Gefallen und begehe nur, was Er befohlen. Nach dem Gericht Gottes schaue er ständig aus. In allem, was geschieht, preise er Ihn, mit den Zeiten, die er festgelegt hat: am Beginn der Herrschaft des Lichts und dann der Finsternis, wenn Er deren Verwahrungsort öffnet und sie über die Erde legt, und bei ihrem Rückzug. Beim Eintritt der Festzeiten nach den Tagen des Monats, am Beginn der Monde nach ihren Zeiten und der heiligen Tage in ihrer Ordnung. Am Anfang der Jahre und der Wende, da sie das Gesetz ihrer Ordnung erfüllen: die Zeit von der Saat bis zum Grünen und Ernten, die festen Zeiten der Jahreswochen bis zum Jubeljahr hin. Solange ich bin, sei das eingravierte Gesetz auf meiner Zunge als Frucht des Gebetes und als Teil meiner Lippen!

13. Gott lobpreisen allezeit

Zu Gottes Ehre will ich lobsingen. Meiner Harfe Saiten und meiner Flöte Töne stimmen seiner heiligen Ordnung zu. Mit dem heutigen Tage will auch ich in Gottes Bund treten und Seine Gesetze einhalten. In ihrem Bestand setze ich meine Grenze, um nicht wieder abzufallen. Sein Gericht will ich gerecht heißen gemäß meinem Frevel, der mir vor Augen stehen soll wie eingraviertes Gesetz. Zu Gott will ich sagen: »meine Gerechtigkeit« und zum Höchsten »Begründung meiner Tugend«, Quell der Erkenntnis und Stätte der

Heiligkeit, Höhe der Majestät und Macht über alles, zu ewiger Verherrlichung. Ich will danach leben, was Er mich lehren wird, will zufrieden sein, wie er mich auch richtet. Zu allen Zeiten will ich Ihm zujubeln und Ihn preisen. Bevor ich meine Hände erhebe, um mich gütlich zu tun am herrlichen Ertrage der Welt, will ich Ihn preisen, das Wunderbare bekennend, stets will ich Seine Macht bedenken und mich auf Seine Gnade stützen.

Ich weiß, dass in Seiner Hand das Gericht über alle Lebewesen liegt. Auch in Bedrängnis will ich Ihn loben. Böses will ich nicht mit Bösem vergelten, sondern mit Gutem den Menschen begegnen. Frevel und Gewalt will ich abschwören. Den Streit mit den Männern des Unrechts will ich nicht vor dem Tag der Rache führen. Meinen Zorn will ich nicht abwenden von den Männern der Bosheit und nicht zufrieden sein, bis Er über sie zu Gericht sitzt. Gnade werde ich bei denen walten lassen, die umkehren, nicht jedoch mit jenen, die vom Wege abweichen, die Zerknirschten will ich erst trösten, wenn ihr Wandel vollzogen ist.

Belial will ich nicht in meinem Herzen bewahren. Leere, törichte, verleumderische, verlogene Worte sollen nicht über meine Lippen kommen! Ich will zur Lobpreisung von Gottes gerechten Taten und zur Kündung von Missetaten der Menschen mit Lobgesang meinen Mund auftun. Mit starkem Willen will ich die Demütigen, Unschlüssigen und Murrenden zur Einsicht und Vernunft bringen. Denn meine Rechtfertigung liegt bei Gott und in Seiner Hand mein vollkommener Wandel, durch Seine Gerechtigkeit wird mein Frevel getilgt! Aus der Quelle Seiner Erkenntnis eröffnete er mir Sein Licht, auf Seine Wunder blickte mein Auge und mein Verstandeslicht auf das Geheimnis des ewigen Seins. Gottes Wahrheit ist die Stütze auf festem Fels, und seine Macht ist der Stab meiner Rechten!

14. Gott der Allwissende – der Mensch: Staub

Gepriesen seiest du, mein Gott, der du der Erkenntnis öffnest das Herz deines Knechtes! Bereite in Gerechtigkeit all seine Werke und erfülle dem Sohn deiner Wahrheit, wie du es willst für die Erwählten der Menschheit: zu stehen vor dir für immer! Denn ohne dich wird kein Wandel vollkommen, und ohne deinen Willen geschieht gar nichts. Du hast alle Erkenntnis gelehrt, und alles Gewordene wurde durch deinen Willen. Welcher Mensch vermag deinen heiligen Plan, deine Geheimnisse, deine Wundertaten und deine Herrlichkeit zu erfassen? Was gilt er denn schon unter deinen Wunderwerken, der aus einem Weib geborene, aus Lehm gebildete und wieder zu Staub werdende Mensch!

Die Apokryphen zum Neuen Testament

Evangelien, Briefe, Apostelgeschichten und Apokalypsen

Alle biblischen Formen und Gattungen des neuen Testamentes finden sich in den Apokryphen: Evangelien, Apostelgeschichten, apostolische Briefe und Apokalypsen. Die kanonischen Schriften hatten genügend Lücken gelassen, und die Neugier der Gläubigen war und ist groß. So ist die Vielfalt und die Qualität der neutestamentlichen Apokryphen groß beziehungsweise unterschiedlich.

Willkommen und weitverbreitet waren die Legenden um die Kindheit Jesu, das Leben der Jungfrau Maria, die Berichte von noch mehr Wundern und echten Jesusworten. Was geschah mit Christus nach seinem leiblichen Tod? Was gibt es zu seiner Auferstehung zu erzählen und wo haben die Apostel gelebt und was haben sie gepredigt? Hat Jesus vielleicht geheime Offenbarungen hinterlassen?

Vieles was dazu geschrieben und überliefert wurde entspringt einer blühenden Fantasie. Es ist aber auch Ausdruck einer Begeisterung und eines glühenden Glaubenseifers.

Diese apokryphen Berichte erzählen vor allem, was nicht in der Bibel steht. Trotzdem sind diese Erbauungsschriften keine Ergänzung der Offenbarung und von dieser zu unterscheiden. Für die christliche Kunst und Wissenschaft hatten sie besonders im Mittelalter einen großen Einfluss, der dazu beigetragen hat, die Einstellung und Frömmigkeit der Gläubigen zu formen. Als ein gutes Beispiel sei hier die Marienfrömmigkeit genannt.

Über die Jungfrau und Gottesmutter Maria

Im Gegensatz zur großen Wirkung in der katholischen Kirche wird die Gestalt der Jungfrau Maria in den kanonischen Schriften sehr wenig beachtet. So war es ganz natürlich, dass sich in den Gemeinden, die sich ein Andenken an die Gottesmutter bewahrt hatten, Wünsche für eine schriftliche Aufzeichnung eines Marienlebens regten. Zu Beginn des 2. Jahrhunderts formten sich Berichte, die die Form eines eigenen Evangeliums annahmen. Es entstand ein Protevangelium, das heißt ein Evangelium das den kanonischen Evangelien vorausging und dem Apostel Jakobus zugeschrieben wurde: das Protevangelium des Jakobus. Tatsächlicher Autor ist wahrscheinlich ein Judenchrist, der sich als Jakobus bezeichnete und ausführlich über das Leben der Maria berichtete.

Eine Ergänzung zum Matthäusevangelium ist das Evangelium des Pseudo-Matthäus. Der Text zeigt starke Ähnlichkeiten zum Protevangelium des Jakobus.

Diese Berichte über das Leben der Maria lieferten für die Volksfrömmigkeit und das künstlerische Schaffen zahllose Motive und vermittelten den Bezug der Gestalt und der Bedeutung Marias zu den Weissagungen des Alten Testamentes.

Legenden von der Kindheit Jesu

Von der Geburt Jesu bis zu seinem Auftreten im Tempel und weiter bis zu seinem öffentlichen Wirken in Galiläa schweigen die kanonischen Evangelien. Dazu haben sich viele fromme Legenden gebildet. Das Arabische Kindheitsevangelium aus dem 6. Jahrhundert und die Kindheitserzählungen eines sogenannten Thomas vom Ende des 5. Jahrhunderts füllen diese Lücke mit fabelhaften Wundergeschichten.

Auch das erwähnte Protevangelium des Jakobus liefert hier einige Details. Die Krippe, Ochs und Esel sowie die Höhle finden sich hier.

Das öffentliche Leben Jesu

Der Apostel Paulus nennt in der Apostelgeschichte und den Briefen Worte Jesu, die sich in keinem kanonischen Evangelium finden. Gibt es also noch mehr Herrenworte Jesu? Die Apokryphen zum Leben und Wirken Jesu sind eine interessante Quelle, um mehr über den historischen Jesus zu erfahren. Die Funde in Nag Hammadi sind dazu eine reiche Quelle, da dort zeitnah zum Leben Jesu verfasste Schriften gefunden wurden. Berühmt und viel diskutiert wurden das Thomasevangelium, das Evangelium des Judas oder Werke wie die Pistis Sophia. Diese Schriften sind mit gnostischem Gedankengut vermischt und teilweise von hohem literarischem Reiz.

Von Jesu Abstieg zur Hölle schildert uns das Nikodemusevangelium in den schillernden Farben einer Apokalypse.

Die Apostelgeschichten

Es war den neuen Christen schnell deutlich, dass die Botschaft und der neue Bund mit Gott nicht mehr nur auf die Juden beschränkt bleiben, sondern die Einladung für die ganze Menschheit gilt. Er sandte an Pfingsten die Apostel hinaus in die Welt.

Die Berichte über die Missionsreisen sowie Briefe sind außerhalb der kanonischen Berichte in großer Zahl überliefert. Beispielhaft seien hier die Thomasakten erwähnt, die von der sagenhaften Reise des Apostels nach Indien erzählen und mit dem Perlenlied ein literarisches Kleinod enthalten.

Die Apokalypsen

Die Briefe des Paulus und die kanonische Offenbarung des Johannes hatten das Interesse der ersten Christen auf das letzte Schicksal des Menschen und das Geheimnis des Jenseits gerichtet.

Die apokryphen Apokalypsen greifen dabei meist auf Textvorlagen aus dem Umfeld des Alten Testamentes zurück und bearbeiten und korrigieren die Inhalte in einem christlichen Sinn.

Zum Alten Testament sind das Buch Henoch oder das 4. Buch Esra hinzuzurechnen. Neutestamentlich sind die Offenbarung des Petrus, die Textfragmente des Paulus, die Mahnschriften im Hirt des Hermas und gnostisch zu deuten ist die Offenbarung des Adam. Alle beschäftigen sich mit einem Weiterleben im Jenseits.

Pseudo-Matthäusevangelium

Im Mittelalter war dieses Evangelium von der Kindheit Jesu eine viel gelesene Vorlage, da der Text auch in die Legenda aurea aufgenommen wurde. Die Inhalte orientieren sich stark am Protevangelium des Jakobus und am Kindheitsevangelium des Thomas. Berühmt ist die Schrift für die Erwähnung von Ochs und Esel an der Krippe des neugeborenen Jesuskindes. Die Bearbeitung stammt vermutlich aus dem 8. Jahrhundert.

Ochs und Esel an der Krippe

Am dritten Tage nach der Geburt unseres Herrn Jesus Christus trat die selige Maria aus der Höhle, ging in einen Stall hinein und legte ihren Knaben in eine Krippe, und Ochs und Esel beteten ihn an. Da erfüllte sich, was durch den Propheten Jesaja verkündet worden war: »Der Ochse kennt seinen Besitzer und der Esel die Krippe seines Herrn.« So beteten sogar die Tiere, Ochs und Esel, ihn ständig an, während sie ihn zwischen sich hatten. Da erfüllte sich, was durch den Propheten Habakuk verkündet worden war: »Zwischen zwei Tieren wirst du erkannt.« Joseph blieb hier mit Maria drei Tage.

Legenden über das Jesuskind in Ägypten

Da sie zu einer Höhle kamen und in ihr rasten wollten, stieg die selige Maria von ihrem Lasttier, setzte sich nieder und hielt das Jesuskind in ihrem Schoß. Begleitet wurde Joseph von drei Knaben und Maria von einigen Mädchen. Und siehe, plötzlich kamen aus der Höhle viele Drachen hervor. Die Knaben schrien vor Entsetzen laut auf. Da stieg Jesus vom Schoße seiner Mutter herab und stellte sich vor die Drachen hin. Darauf beteten jene Jesus an und wichen zurück. Da erfüllte sich, was durch den Propheten David verkündet worden war: »Lobet den Herrn, ihr Drachen von der Erde, Drachen und alle Abgründe!« Das Jesuskind aber gebot den Drachen, keinem Menschen Schaden zuzufügen. Maria und Joseph aber hatten große Angst, das Kind könnte von den Drachen verletzt werden. Da sagte Jesus zu ihnen: »Habt keine Angst und achtet nicht darauf, dass ich ein Kind bin; denn ich bin immer vollkommen gewesen und bin es auch jetzt; alle wilden Tiere müssen vor mir zahm werden.«

Auch Löwen und Leoparden beteten das Jesuskind ehrfurchtsvoll an und begleiteten die Reisegruppe in die Wüste. Sie wiesen mit gesenkten Köpfen und wedelnden Schweifen dienstfertig den Weg, was Maria jedoch nicht geheuer war. Das Jesuskind beruhigte sie jedoch mit fröhlicher Miene: »Fürchte dich nicht, Mutter; denn sie kommen nicht, um dir ein Leid zu tun, sondern um uns zu gehorchen.« Die Löwen gingen einträchtig neben Schafen und Böcken einher, die aus Judäa mitgebracht worden waren, auch fügten sie weder den Ochsen und Eseln, die als Pack- und Zugtiere das Notwendige transportierten, noch den Wölfen ein

Leid zu. Da erfüllte sich, was durch den Propheten gesagt worden war: »Die Wölfe weiden mit den Lämmern; Löwe und Ochse fressen Stroh zusammen.«

Am dritten Tag ihrer Reise wurde die selige Maria von der allzu großen Sonnenhitze in der Wüste müde, sah einen Palmbaum und sagte zu Joseph: »Ich möchte im Schatten dieses Baumes ein wenig ausruhen.« Joseph führte sie eilends zur Palme und ließ sie vom Lasttier herabsteigen. Als die selige Maria sich niedergelassen hatte, schaute sie zur Palmkrone hinauf und sah, dass sie voller Früchte hing. Da sagte sie zu Joseph: »Ich wünschte, man könnte von diesen Früchten der Palme holen.« Joseph aber sprach zu ihr: »Es wundert mich, dass du dies sagst; denn du siehst doch, wie hoch diese Palme ist, und es wundert mich, dass du auch nur daran denkst, von den Palmfrüchten zu essen. Ich für mein Teil denke eher an den Mangel an Wasser, das uns in den Schläuchen bereits ausgeht, und wir haben nichts, womit wir uns und die Lasttiere erfrischen können.« Da sprach das Jesuskind zur Palme: »Neige, Baum, deine Äste, und mit deiner Frucht erfrische meine Mutter.« Und alsbald senkte die Palme ihre Spitze bis zur Erde. Sie sammelten ihre Früchte und labten sich an ihnen. Dann befahl ihr das Jesuskind: »Richte dich auf, Palme, werde stark und geselle dich zu meinen Bäumen, die im Paradies meines Vaters sind. Und erschließe unter deinen Wurzeln eine Wasserader, die in der Erde verborgen ist, und die Wasser mögen fließen, damit wir aus ihr unseren Durst stillen.« Da richtete sich die Palme sofort auf, und eine ganz klare, frische Wasserquelle begann an ihrer Wurzel zu sprudeln. Sie löschten ihren Durst, tränkten das Vieh und dankten Gott.

Am nächsten Tage sprach das Jesuskind vor dem Aufbruch zur Palme: »Dieses Vorrecht gebe ich dir, Palme, dass einer von deinen Zweigen von meinen Engeln fortgetragen und im Paradies meines Vaters eingepflanzt werde. Diesen Segen will ich auf dich übertragen, auf dass zu allen Siegern in einem Wettstreit gesagt werde, sie hätten die Siegespalme erlangt.« Da erschien ein Engel des Herrn, nahm einen der Palmzweige und flog damit zum Himmel. Ob dieses Ereignisses fielen sie auf ihr Angesicht und waren wie tot. Da fragte sie das Jesuskind: »Warum erfasst Furcht eure Herzen? Wisst ihr nicht, dass diese Palme, die ich ins Paradies habe tragen lassen, für alle Heiligen am Orte der Seligkeit bereitstehen wird, wie sie für uns am Orte der Einsamkeit bereitgestanden hat?« Daraufhin wurden alle mit Freude erfüllt und erhoben sich.

Als sie weiterzogen, sagte Joseph zu Jesus: »Herr, von dieser Hitze werden wir ausgedörrt; wenn es dir recht ist, wollen wir am Meere entlangziehen, um in den Küstenstädten ausruhen zu können.« Da sprach Jesus zu ihm: »Fürchte dich nicht, Joseph; ich werde euch den Weg abkürzen, sodass wir statt dreißig Tage nur einen Tag brauchen werden, um unser Ziel zu erreichen.« Während sie so redeten, erblickten sie schon die Berge Ägyptens und begannen, seine Städte zu sehen.

Freudig und jubelnd kamen sie im Gebiet von Hermopolis an und zogen in eine ägyptische Stadt namens Sotinen ein. Da sie dort niemanden kannten, den sie um Gastfreundschaft hätten bitten können, traten sie in einen Tempel ein, der »Kapitol Ägyptens« genannt wurde. Dort waren 365 Götzenbilder aufgestellt, denen auf Geheiß der Priester von den Ägyptern an bestimmten Tagen des Jahres Opfer dargebracht wurden.

Als die selige Maria mit dem Kind in den Tempel eintrat, fielen sämtliche Götzenbilder auf den Boden und zerbrachen. Da erfüllte sich, was durch den Propheten Jesaja gesagt worden war: »Siehe, der Herr wird auf einer schnellen Wolke kommen und in Ägypten einziehen, und alle Bilder, die von den Händen der Ägypter gefertigt sind, werden vor seinem Angesicht entfernt werden.«

Als dies Affrodosius, dem Vorsteher jener Stadt, gemeldet worden war, kam er mit seinem ganzen Heer zum Tempel. Die Hohepriester des Tempels befürchteten das Schlimmste, doch als Affrodosius den Tempel betreten hatte und alle Götzenbilder auf dem Boden liegen sah, ging er zur seligen Maria mit ihrem Kinde hin, betete dieses an und sprach zu seinem ganzen Heere und zu allen seinen Freunden: »Wenn dieser nicht der Gott unserer Götter wäre, so wären unsere Götter gewiss nicht vor ihm auf den Boden gefallen. Somit bekennen sie sich vielmehr stillschweigend zu ihm als ihrem Herrn. Wenn wir aber nicht in weiser Voraussicht alle das tun, was wir unsere Götter tun sehen, werden wir möglicherweise Gefahr laufen, ihn zu erzürnen und dem allgemeinen Verderben zu verfallen, wie es dem Pharao, dem König der Ägypter, geschehen ist, der mit seinem ganzen Heer im Meer ertrunken ist, weil er so großen Wundern nicht geglaubt hatte.« Da wurde das ganze Volk dieser Stadt zu Gott, dem Herrn, durch Jesus Christus bekehrt.

Nach kurzer Zeit sprach der Engel zu Joseph: »Kehre in das Land Judäa zurück; diejenigen, die nach dem Leben des Knaben trachteten, sind gestorben.«

Arabisches Kindheitsevangelium

Diese Legenden über die Kindheit Jesu berichten über die Geburt Jesu, enthalten Geschichten über die Flucht nach Ägypten und die Wundertaten des Knaben Jesu. Das Evangelium enthält Text aus mehreren Zeitepochen. Die letzte Zusammenfassung wird auf das 5. Jahrhundert geschätzt. Durch die Übersetzung ins Arabische finden sich auch Teile des Evangeliums im Koran wieder.

Die Legenden über das Jesuskind in Ägypten

Maria nahm duftendes Wasser, um den Herrn Jesus zu waschen, und bewahrte jenes Wasser auf, goss einen Teil davon über ein Mädchen, das dort wohnte und dessen Körper von Aussatz weiß war und wusch das kranke Mädchen damit. Gleich darauf war das Mädchen vom Aussatz gereinigt. Die Bewohner jener Stadt aber sagten: »Es besteht kein Zweifel: Joseph und Maria und dieser Knabe sind Götter und keine Menschen.« Als sie sich anschickten, sich von ihnen zu entfernen, da trat jenes Mädchen, das an Aussatz gelitten hatte, zu ihnen und fragte, ob sie mitkommen dürfe.

Von dort zogen Joseph und die erhabene Maria weiter und kamen in eine einsame Gegend, und da sie hörten, sie werde von räuberischen Überfällen heimgesucht, beschlossen sie, dieses Gebiet bei Nacht zu durchziehen. Doch siehe, unterwegs erblickten sie zwei Räuber, die an der Straße lagen, und mit ihnen eine Menge von Räubern, die zu ihnen gehörten und schliefen. Jene zwei Räuber, in deren Hände sie fielen, waren Titus und Dumachus. Da sagte Titus zu Dumachus: »Ich bitte dich, lasse diese in Freiheit und von unseren Genossen unbemerkt weiterziehen.« Dumachus aber weigerte sich. Da sprach Titus weiter: »Nimm von mir vierzig Drachmen und behalte sie als Pfand.« Gleichzeitig reichte er ihm den Gürtel, den er um sich hatte, damit er den Mund hielte.

Als die erhabene Herrin Maria sah, dass dieser Räuber sich für sie einsetzte, sprach sie zu ihm: »Gott, der Herr, wird dich mit seiner Rechten stützen und dir deine Sünden vergeben.«

Da sprach der Herr Jesus zu seiner Maria: »In dreißig Jahren, Mutter, werden mich die Juden in Jerusalem kreuzigen, und jene zwei Räuber werden mit mir ans Kreuz geschlagen werden, Titus zu meiner Rechten, Dumachus zu meiner Linken und nach jenem Tag wird Titus mir ins Paradies vorangehen.«

Da sprach Maria: »Davor bewahre dich Gott, mein Sohn.« Von dort gingen sie weiter zur Stadt der Götzen; als sie sich ihr näherten, wurden sie in Sandhügel verwandelt.

Von da begaben sie sich zu jener Sykomore, die heute Matarea heißt, und der Herr Jesus ließ in Matarea eine Quelle sprudeln, in der die erhabene Maria sein Hemd wusch. Aus dem Schweiß des Herrn Jesus, den sie dort auswrang, ist in jener Gegend Balsam entstanden.

Die verwandelten Kinder

Eines Tages ging der Herr Jesus hinaus auf die Straße und sah Kinder, die sich zum Spielen versammelt hatten. Er ging ihnen nach; die Kinder aber versteckten sich vor ihm. Als der Herr Jesus nun zur Türe eines Hauses kam und Frauen dort herumstehen sah, fragte er sie, wo jene Kinder hingegangen seien. Sie antworteten, niemand sei dort; da sprach der Herr Jesus: »Die, welche ihr im Ofen seht, wer sind sie?« »Das sind dreijährige Zicklein«, antworteten jene. Da sprach der Herr Jesus: »Kommt heraus, ihr Zicklein, zu eurem Hirten.« Da liefen die Kinder in Gestalt von Geißlein heraus und begannen, um ihn herumzuhüpfen. Daraufhin wurden jene Frauen von Staunen und Furcht ergriffen, und eilends fielen sie vor dem Herrn Jesus nieder, flehten ihn an und sprachen: »O unser Herr Jesus, Sohn der Maria, du bist wahrhaftig jener gute Hirte Israels, erbarme dich deiner Mägde, die vor dir stehen und die nie gezweifelt haben: Denn zum Heilen bist du gekommen, unser Herr, nicht zum Verderben.« Der Herr Jesus antwortete: »Die Kinder Israels sind wie die Äthiopier unter den Völkern.« Da sagten die Frauen: »Du, Herr, weißt alles, und nichts bleibt vor dir verborgen; jetzt aber bitten wir dich und erflehen von dir, dass du diese Kinder, deine Knechte, in ihren ursprünglichen Zustand zurückverwandelst.« Da sprach der Herr Jesus: »Kommt, Kinder, wir wollen fortgehen und spielen!« Und augenblicklich wurden im Beisein der Frauen die Zicklein in Kinder verwandelt.

Kindheitserzählung des Thomas

Die nicht mehr einwandfrei zu rekonstruierende Urschrift entstand vermutlich Ende des 2. Jahrhunderts. Die Schrift liegt in mehreren Übersetzungen und redaktionellen Bearbeitungen vor. Der Autor, der sich selber als »Thomas der Israelit« bezeichnet, kann nicht näher identifiziert werden. Berichtet wird in loser Aneinanderreihung von den Wundertaten aber auch von kleinen Bosheiten des kindlichen Jesus.

Vorwort

So will ich, Thomas der Israelit, euch von den wunderbaren Jugendtaten unseres Herrn Jesus Christus berichten, die er nach seiner Geburt in unserem Lande vollbracht hat. So nahm alles seinen Anfang.

Die Sperlinge aus Lehm

Als Jesus fünf Jahre geworden war, spielte er an der Furt eines Baches und leitete die dahinfließenden schmutzigen Wasser seitwärts in Gruben zusammen, um sie allein durch sein Wort zu klären. Und er machte aus Erde und Wasser einen schlammigen Lehmteig und formte daraus zwölf Sperlinge. Es war Sabbat, aber noch viele andere Kinder spielten mit ihm zusammen. Als ein Jude sah, was Jesus da am Sabbat tat, ging er sofort zu seinem Vater Joseph: »Siehe, dein Sohn steht da am Bach und hat Lehm genommen und zwölf Vöglein draus geformt und mit dieser Arbeit den Sabbat entweiht.« Joseph stellte Jesus zu Rede: »Warum tust du am Sabbat unerlaubte Dinge?« Jesus aber klatschte in seine Hände und rief den Sperlingen zu: »Auf! Davon!« Diese schlugen mit den Flügeln und flogen schreiend in die Lüfte. Daraufhin erschraken die Juden, gingen hin und erzählten ihren Oberen, was sie Jesus hatten tun sehen.

Die Bestrafung des Störenfrieds

Der Sohn des Schriftgelehrten Hannas stand dort zusammen mit Joseph. Der nahm einen Weidenzweig und ließ, indem er mit dem Zweig einen Abflusskanal bohrte, die Wasser wieder auslaufen, die Jesus in Gruben gesammelt hatte. Daraufhin wurde Jesus böse und sagte zu ihm: »Du gottloser und unvernünftiger Schlingel! Was haben dir denn die Gruben und die Wasser zuleide getan, dass du sie trocken legst? Siehe, jetzt sollst auch du wie ein Baum ohne Wasser austrocknen und sollst weder Blätter noch Wurzeln noch Früchte tragen!« Und sogleich verdorrte der Knabe vollkommen. Jesus aber ging heim in das Haus Josephs. Die Eltern des Verdorrten aber brachten ihn voller Wehklagen über sein früh zerstörtes Leben zu Joseph und schuldigten ihn an: »Einen solchen Sohn hast du, der Derartiges tut!«

Ein Zusammenstoß und seine Folgen

Danach ging Jesus wieder einmal durch das Dorf, und ein Kind stieß ihn im Vorbeilaufen an die Schulter. Jesus sagte verärgert zu ihm: »Du sollst deinen Weg nicht weitergehen!« Alsbald fiel es hin und verstarb.

Einige Zuschauer fragten: »Woher stammt nur dieser Knabe? Jedes Wort, das er spricht, wird zur Tat.« Und die Eltern des toten Kindes suchten Joseph auf und beklagten sich mit den Worten: »Mit einem solchen Knaben können wir im Dorf nicht zusammenwohnen. Oder bringe ihm bei, dass er segnen und nicht zürnen soll! Er lässt unsere Kinder ja sterben!«

Und Joseph rief den Knaben zu sich und wies ihn zurecht: »Warum tust du eigentlich derartige Dinge? Die Leute hier entwickeln einen Hass auf uns und jagen uns noch davon.«

Jesus aber sagte: »Ich weiß genau, dass dir diese Worte eingeflüstert worden sind. Deshalb will ich mit Rücksicht auf dich dazu schweigen. Die sich bei dir über mich beklagt haben, werden aber ihre Strafe davontragen und erblinden.« Daraufhin erschraken alle im Dorf und sprachen: »Jedes Wort, das er gesprochen hat, ob gut oder böse, wurde zur Tat.«

Als Joseph sah, was Jesus getan hatte, zog er ihn fest an den Ohren. Der Knabe aber wurde unwillig und sagte zu ihm: »Es muss für dich genug sein, es ist dein Los, das nicht zu ändern ist, zu suchen und trotzdem nicht zu finden, ohne Verständnis zu bleiben. Ganz besonders unklug hast du da gehandelt! Weißt du nicht, dass ich dein bin und zu dir gehöre? So bereite mir keinen Kummer!«

Beim Schulmeister Zachäus

Ein Lehrer namens Zachäus stand in der Nähe und hörte Jesus diese Worte zu seinem Vater sagen. Er wunderte sich über die Maßen, dass ein kleines Kind so sprach. Wenige Tage später näherte er sich Joseph und sagte zu ihm: »Du hast da ein gescheites Kind; es hat Verstand. Wohlan, übergib es mir, damit es die Buchstaben lernt! Ich will es samt den Buchstaben alle Wissenschaft lehren und es überdies lehren, dass man die alten Leute zu grüßen und sie zu ehren hat wie Großväter und Väter und dass man den Gleichaltrigen mit Liebe begegnen soll.« Zachäus sagte Jesus daraufhin ganz deutlich sämtliche Buchstaben auf, doch das Kind sagte zu ihm: »Wo du nicht einmal das A seinem Wesen nach kennst, wie willst du da andere das B lehren? Du Heuchler! Lehre zuerst, wenn du es weißt, das A, und dann wollen wir dir auch glauben, wenn es um das B geht.« Darauf fing er an, Zachäus wegen des ersten Buchstabens auszufragen, aber der war nicht imstande, ihm eine Antwort zu geben. Während viele zuhörten, sagte das Kind zu ihm: »Vernimm, Lehrer, den Aufbau des ersten Schriftzeichens, und achte hier darauf, wie es zwei gerade Linien hat und einen Mittelstrich, der diese Linien schneidet, wie diese Linien zusammenlaufen und die Spitze bilden, wie es drei Zeichen sind, gleicher Art und gleichen Maßes, Ausgang und Grundlage bildend. Da hast du die Linien des A.« Als der Lehrer Zachäus den Knaben die allegorischen Bedeutungen des ersten Buchstabens darlegen hörte, da war er ratlos, was er dazu sagen sollte, und wandte sich an die Anwesenden: »O weh! Da bin ich in Verlegenheit gebracht worden, ich Unglückseliger, der ich mir selbst Schande zugefügt habe, indem ich dies Kind an mich heranzog! Nimm es drum wieder fort, ich bitte dich, Bruder Joseph! Ich ertrage den Ernst seines Blickes nicht, und was er sagt, halte ich nicht ein einziges Mal mehr aus. Dieses Kind entstammt nicht der Erde. Das kann ja sogar Feuer bändigen. Am Ende ist es sogar schon vor Erschaffung der Welt erzeugt worden. Welcher Mutterleib es getragen, welcher Mutterschoß es genährt hat, ich weiß es nicht. Ach, Freund, es setzt mir zu sehr zu, ich kann seinem Verstand nicht folgen. Ich habe mich selbst betrogen, ich dreimal Unglücklicher! Ich hatte mich darum bemüht, einen Schüler zu bekommen, und es hat sich gezeigt, dass ich einen Lehrer bekommen habe. Ich halte mir, Freunde, die Schande vor, dass ich als alter Mann mich von einem Kinde habe besiegen lassen müssen. Ich habe nur noch ganz matt zu werden und zu sterben um dieses Knaben willen; denn ich kann in dieser Stunde ihm nicht ins Gesicht sehen. Und wenn alle Leute sagen, ich sei von einem kleinen Kind besiegt worden, was habe ich da zu entgegnen und was soll ich, damit man meine Niederlage einigermaßen versteht, erzählen von dem, was er mir über die Linien des ersten Buchstabens gesagt hat? Ich verstehe es ja selbst nicht, Freunde; denn ich begreife weder Anfang noch Ende davon. Daher also bitte ich dich, Bruder Joseph, nimm ihn wieder mit in dein Haus! Er ist unbedingt etwas Großes, entweder ein Gott oder ein Engel oder was weiß ich, was ich sagen soll.« Als nun die Juden dem Zachäus beruhigend zuredeten, lachte der Knabe laut und sagte: »Jetzt soll nun Frucht tragen, was unfruchtbar ist, und jene sehen, die blinden Herzens sind. Ich bin erschienen, von oben her, um die, die es verdienen, zu verfluchen und die anderen nach oben zu rufen, wie es mir der aufgetragen hat, der mich gesandt hat um euretwillen.« Als Jesus zu reden aufgehört hatte, wurden sogleich alle gesund, die unter seinen Fluch gefallen waren, und keiner wagte von da ab seinen Zorn zu erregen, weil er befürchtete, von Jesus verflucht und zum Krüppel gemacht zu werden.

Der Sturz vom Dach

Einige Tage später spielte Jesus mit einigen Knaben auf dem Söller eines Dachs, als einer von ihnen, Zenon, vom Dach herunterfiel und verstarb. Daraufhin flohen die Knaben in Panik und ließen Jesus allein zurück. Da kamen die Eltern des Toten und beschuldigten ihn, er habe ihn hinuntergeworfen, was Jesus bestritt. Die Eltern aber wollten tätlich gegen ihn werden. Da sprang Jesus vom Dach, stellte sich neben den Leichnam des Knaben und rief mit lauter Stimme: »Zenon, stehe auf und sage, ob ich dich hinuntergeworfen habe!« Der Knabe stand auf und sagte: »Nein, Herr, du hast mich nicht hinuntergeworfen, vielmehr auferweckt.« Und als die Umstehenden das sahen, waren sie zutiefst erstaunt. Die Eltern des Knaben aber priesen Gott für das Zeichen, das geschehen war, und huldigten Jesus.

Der junge Holzhacker

Wenige Tage danach spaltete ein junger Mann Holz. Da fiel die Axt auf seinen Fuß und begann heftig zu bluten. Durch den Menschenauflauf angelockt, bahnte sich Jesus gewaltsam einen Weg durch die Menge, fasste den verletzten Fuß des Jünglings an und heilte ihn. Er befahl dem Jüngling: »Steh jetzt auf! Spalte weiter das Holz und denke an mich!« Als die Menge sah, was geschehen war, huldigte sie dem Knaben und sagte: »Ganz gewiss wohnt Gottes Geist in diesem Knaben.«

Der zerbrochene Krug

Als Jesus sechs Jahre alt war, schickte ihn seine Mutter mit einem Krug zum Brunnen, um Wasser zu holen. In der Menge aber stieß er mit jemandem zusammen, wodurch der Wasserkrug zerbrach. Jesus aber faltete das Gewand, das er umgelegt hatte, auseinander, füllte es mit Wasser und brachte es seiner Mutter. Als seine Mutter aber dieses Zeichen sah, das geschehen war, küsste sie ihn und bewahrte seine Wundertaten in ihrem Herzen.

Die wunderbare Ernte

Zur Zeit der Aussaat begleitete der achtjährige Jesus seinen Vater aufs Feld, um dort Weizen auszusäen. Der Knabe drückte jedoch nur ein einziges Weizenkorn in die Erde. Der Ernteertrag belief sich auf unglaubliche einhundert Malter, und Jesus rief alle Armen des Dorfes zur Tenne, um sie mit Weizen zu beschenken, während Joseph den Rest bekam.

In der Werkstatt des Vaters

Joseph war Zimmermann und er machte in jener Zeit in der Regel nur Pflüge und Joche. Da wurde von einem reichen

Mann ein Bett in Auftrag gegeben. Weil aber ein Seitenbrett kürzer war als das andere und weder Meister noch Gehilfe wussten, was sie machen sollten, sagte der kleine Jesus zu seinem Vater Joseph: »Lege die beiden Hölzer auf den Boden!« Und Joseph tat, wie der Knabe ihm gesagt hatte. Dieser nahm das kürzere Holz, streckte es und machte es dadurch dem anderen Brett gleich. Joseph war erstaunt, umarmte und küsste den Knaben und sagte: »Glücklich zu preisen bin ich, dass Gott mir dieses Kind geschenkt hat!«

Der zornige Lehrer

Als Joseph sah, dass Jesus alt und reif genug war, die Buchstaben zu erlernen, brachte er ihn zu einem anderen Lehrer. Dieser sagte zu Joseph: »Zuerst will ich Jesus die griechischen Buchstaben unterrichten, später die hebräischen.« Der Lehrer wusste nämlich schon vom Hörensagen von der Klugheit des Knaben und hatte Angst vor ihm. Trotzdem schrieb er das Alphabet hin und befragte Jesus, der ihm zunächst keine Antwort gab, dann aber zu ihm sagte: »Wenn du wirklich ein Lehrer bist und die Buchstaben gut kennst, dann nenne mir die Bedeutung des A, und ich will dir dann die des B sagen.« Da wurde der Lehrer böse und gab ihm einen Klaps auf den Kopf. Den Knaben schmerzte das, er verfluchte den Lehrer, der sogleich in Ohnmacht fiel und mit dem Gesicht auf den Boden aufschlug. Der Knabe aber kehrte heim ins Haus Josephs.

Joseph wurde bekümmert und befahl Jesu Mutter: »Dass du ihn nicht vor die Türe lässt! Denn die, die seinen Zorn erregen, sind des Todes!«

Der freundliche Lehrer

Nach einiger Zeit aber schlug ein anderer Lehrer, ein enger Freund Josephs, diesem vor: »Bringe mir den Knaben in die Schule! Vielleicht bin ich imstande, ihn mit Freundlichkeit die Buchstaben zu lehren.« Und Joseph sagte: »Wenn du dazu den Mut aufbringst!« Sein Freund begegnete Jesus mit Angst und großer Sorge, der Knabe jedoch ging gern mit. Als er ohne jede Schüchternheit ins Lehrhaus eintrat, fand er ein Buch auf dem Lesepult liegen, nahm es, las aber nichts daraus vor, sondern redete voll des Heiligen Geistes und lehrte die Umstehenden das Gesetz. Weitere Menschen strömten zusammen, hörten ihm zu und wunderten sich über seine wohlgesetzten Worte, die sie von einem Kind nicht erwartet hätten. Als aber Joseph das zu hören bekam, befiel ihn Angst, er lief zum Lehrhaus, wo ihn der Lehrer mit den Worten empfing: »Damit du es weißt: Ich habe zwar den Knaben als Schüler übernommen; aber er ist voller Weisheit und bedarf meines Unterrichtes gar nicht. Und so kann ich dich nur bitten, dass du ihn wieder in dein Haus mitnimmst!« Als der Knabe dies hörte, lachte er ihm sogleich zu und sagte: »Weil du recht geredet und recht bezeugt hast, soll deinetwegen auch jener, der so schwer getroffen worden ist, geheilt werden.« Und augenblicklich war jener Lehrer geheilt. Joseph aber nahm den Knaben mit sich nach Hause.

Heilung vom Natterbiss

Joseph schickte seinen Sohn Jakobus in Begleitung des kleinen Jesus fort, um Reisigholz auf dem Feld oder im Wald zu sammeln. Als Jakobus das Reisig zusammensammelte, biss ihn eine Natter in die Hand, worauf er zu Boden fiel und vor Schmerzen stöhnte. Da blies Jesus auf die Bisswunde, worauf Jakobus augenblicklich gesund wurde und das Tier verendete.

Auferweckung eines toten Kindes

In der Nachbarschaft Josephs starb nach längerer Krankheit ein kleines Kind und wurde von seiner Mutter bitterlich beweint. Jesus aber hörte ihr Wehklagen. Er lief eilends herbei, berührte die Brust des toten Kindes und sprach: »Ich sage dir, Kleines, stirb nicht, sondern lebe und sei mit deiner Mutter vereint!« Sogleich blickte das Kind auf und lachte. Jesus sagte aber zu der Frau: »Nimm es, gib ihm Milch und denke an mich!« Die Menge, die dabeistand und das Wunder sah, sprach: »Ganz gewiss ist dieser Knabe entweder ein Gott oder ein Engel Gottes. Denn jedes Wort, das er spricht, wird zur Tat.« Jesus aber ging mit ein paar Kindern zum Spielen.

Auferweckung eines toten Bauarbeiters

Als nach einiger Zeit ein Haus gebaut wurde und sich hier viele Menschen versammelten, wurde Jesus auf das Getümmel aufmerksam und er sah einen Menschen tot daliegen. Er fasste ihn bei der Hand und sprach: »Ich sage dir, Mensch, stehe auf, tue deine Arbeit!« Und sogleich stand dieser auf und huldigte ihm. Die verwunderte Menge aber sagte: »Dieses Kind ist ein Himmelswesen, denn es hat die Gabe, viele Seelen vor dem Tod zu retten sein ganzes Leben hindurch.«

Der zwölfjährige Jesus im Tempel

Als Jesus zwölf Jahre alt war, zogen Maria und Joseph, wie es Sitte war, zusammen mit einer Reisegesellschaft nach Jerusalem zum Passahfest. Am ersten Tag der Heimreise bemerkten seine Eltern erst am Abend, dass der kleine Jesus verschwunden war. Alle machten sich auf die Suche nach ihm, und als sie ihn nicht fanden, kehrten sie wieder nach Jerusalem zurück, um ihn zu suchen. Am dritten Tage fanden sie ihn im Tempel, wo er mitten unter den Lehrern saß, ihnen zuhörte und Fragen stellte. Alle wunderten sich, wie er trotz seiner Jugend die Ältesten und Lehrer des Volkes zum Schweigen brachte, indem er die Hauptstücke des Gesetzes und die Gleichnisreden der Propheten auslegte.

Da trat aber seine Mutter Maria hinzu und fragte Jesus: »Warum hast du uns das angetan, Kind? Siehe, mit Schmerzen haben wir dich gesucht.«

Und Jesus antwortete: »Warum sucht ihr mich? Wisst ihr nicht, dass ich in dem, was meines Vaters ist, sein muss?«

Die Schriftgelehrten und Pharisäer fragten Maria: »Bist du die Mutter dieses Knaben?« Als sie es bestätigte, sagten sie zu ihr: »Gepriesen bist du unter den Weibern, denn gesegnet hat Gott die Frucht deines Leibes! Denn solche Erhabenheit und solche Tugend und Weisheit haben wir niemals weder gesehen noch gehört.« Daraufhin erhob sich Jesus und folgte seiner Mutter, denn er war ein gehorsames Kind. Und seine Mutter verwahrte alle diese Begebenheiten in ihrem Herzen. Jesus aber nahm zu an Weisheit, Alter und Gnade. Ihm sei Ehre in alle Ewigkeit. Amen!

Nikodemusevangelium oder Pilatusakten

Das Evangelium besteht aus zwei selbstständigen Teilen: dem Bericht über das österliche Geschehen, den sogenannten Pilatusakten und die Höllenfahrt Jesu.

Die Pilatusakten sind vielfältig bearbeitet und ergänzt worden. Das Original ist aus dem 4. Jahrhundert. Die populäre Legende vom Schweißtuch der Veronika basiert auf diesem Evangelium. Der Text der Pilatusakten hat viele Bearbeitungen und Ergänzungen bis ins Spätmittelalter hinein erfahren. So berichtet eine mittelenglische Version, wie Josef von Arimathäa den Heiligen Gral nach der Kreuzigung nach England gebracht und dort versteckt haben soll. Diese Legende wurde vielfach aufgegriffen und literarisch verarbeitet.

Die Höllenfahrt Jesu ist eine im 6. Jahrhundert entstandene Ergänzung. Dies ist theologisch bedeutsam, da Jesus so die Macht der Hölle gebrochen hat.

Prolog: Ich, Ananias, Leibgardist mit Offiziersrang, bibelkundig, erkannte aus der Heiligen Schrift, an die ich gläubigen Herzens herantrat, dass Jesus Christus unser Herr ist, und wurde auch der heiligen Taufe für würdig befunden.

Da ich nun auch nach den seinerzeit aufgesetzten Prozessakten unseres Herrn Jesus Christus forschte und nach dem, was die Juden unter Pontius Pilatus schriftlich niederlegten, so fand ich diese Akte in hebräischer Sprache und übersetzte sie nach Gottes Willen ins Griechische zur Kenntnisnahme für alle, die den Namen unseres Herrn Jesus Christus anrufen, im 18. Jahre der Regierung unseres Kaisers Flavius Theodosius und im 5. Jahre des Nobilissimats des Flavius Valentinianus, in der 9. Indiktion.

Alle, die ihr das lest und abschreibet, gedenket meiner und betet für mich, damit Gott mir gnädig sei und mir das, was ich gegen ihn gesündigt habe, gütig verzeihe. Friede allen, die es lesen und hören, und ihren Hausgenossen. Amen.

Im 19. Regierungsjahr des römischen Kaisers Tiberius, als Herodes König von Galiläa war, im 19. Jahre seiner Herrschaft, am 8. Tage vor den Kalendern des April oder am 25. März, unter dem Konsulate des Rufus und Rubellio, im 4. Jahre der 202. Olympiade, unter dem jüdischen Hohepriester Joseph Kaiaphas.

Was Nikodemus nach der Passion des Herrn am Kreuze über das Vorgehen der Hohepriester und der übrigen Juden festgestellt und überliefert hat – es hat aber derselbe Nikodemus seine Feststellungen in hebräischer Sprache zusammengestellt. Sie lauten ungefähr folgendermaßen:

Anklage gegen Jesus

Nachdem sie einen entsprechenden Beschluss gefasst hatten, gingen die Hohepriester und die Schriftgelehrten, Hannas und Kaiaphas und Semes und Dathaes und Gamaliel,

Judas, Levi und Naphthali, Alexander und Jairus, und die übrigen Juden zu Pilatus und erhoben Anklage gegen Jesus wegen vieler Punkte.

Sie sagten: »Von diesem wissen wir, dass er ein Sohn Josephs des Zimmermanns ist, von Maria geboren. Und er selber sagt, er sei Gottes Sohn und König. Unter anderem entweiht er den Sabbat, und unser väterliches Gesetz will er damit auflösen.« Da sagte Pilatus: »Was ist's denn, was er tut und womit er das Gesetz auflösen will?« Da sagten die Juden: »Wir haben ein Gesetz, am Sabbat niemanden zu heilen. Dieser aber hat Gelähmte und Verkrümmte und Verdorrte und Blinde und Gichtbrüchige und Dämonenbesessene am Sabbat geheilt, mit üblen Praktiken.« Da sagte Pilatus zu ihnen: »Was für üble Praktiken?« Da sagten sie zu ihm: »Er ist ein Zauberer, und mit Beelzebub, dem Anführer der Dämonen, treibt er die Dämonen aus, und deswegen sind sie ihm alle untertan.« Da sagte Pilatus zu ihnen: »Das heißt aber nicht, mit einem unreinen Geist die Dämonen austreiben, sondern mit dem Gott Asklepius.« Da sagten die Juden zu Pilatus: »Wir stellen an deine Hoheit den Antrag, dass er vor deinem Tribunal erscheine und verhört werde.« Und Pilatus entgegnete: »Sagt mir doch: Wie kann ich, der ich nur Statthalter bin, einen König ausfragen?« Da sagten sie zu ihm: »Wir behaupten ja gar nicht, dass er ein König sei, sondern er selbst sagt das von sich.« Pilatus aber rief den Läufer heran und sagte zu ihm: »Auf rücksichtsvolle Weise soll Jesus vorgeführt werden!« Der Läufer aber ging hinaus, und als er ihn erkannt hatte, erwies er ihm die Ehre und nahm das Tuch, das er in seiner Hand trug, breitete es vor ihm aus und sagte: »Herr, schreite hier darüber und tritt ein! Denn der Statthalter lässt dich bitten.« Als aber die Juden sahen, was der Läufer tat, wandten sie sich schreiend an Pilatus und sagten: »Warum hast du ihm nicht durch einen Herold den Befehl gegeben, hereinzukommen, sondern durch einen Läufer? Der Läufer hat ihm, als er ihn zu Gesicht bekam, die Reverenz erwiesen und sein Tuch auf die Erde gebreitet und ihn wie einen König darüber schreiten lassen.« Pilatus aber beschied den Läufer zu sich und sagte zu ihm: »Warum hast du das getan?« Der Läufer antwortete: »Herr Statthalter, als du mich seinerzeit nach Jerusalem zu Alexander gesandt hast, habe ich ihn, Jesus, auf einem Esel sitzen sehen, und die Kinder der Hebräer hielten Zweige in ihren Händen und riefen, andere aber breiteten ihre Kleider aus und sagten: Hilf doch, du in der Höhe! Gelobt sei, der da kommt im Namen des Herrn!«

Da schrien die Juden und sagten zu dem Läufer: »Die Kinder der Hebräer haben auf Hebräisch gerufen. Woher hast du den griechischen Wortlaut?« Da antwortete ihnen der Läufer: »Ich habe einen von den Juden gefragt und gesagt: Was rufen sie da auf Hebräisch?, und der hat's mir übersetzt.« Da sagte Pilatus zu ihnen: »Wie haben sie denn auf Hebräisch gerufen?« Da antworteten die Juden: »Hosanna membrone baruchamma adonai.« Da sagte Pilatus zu ihnen: »Und was heißt Hosanna und das andere übersetzt?« Da entgegneten ihm die Juden: »Hilf doch, du in der Höhe! Gelobt sei, der da kommt im Namen des Herrn!« Da sagte Pilatus zu ihnen: »Wenn ihr selbst die Aussagen, die von den Kindern gemacht worden sind, bestätigt, inwiefern hat dann der Läufer einen Fehler gemacht?« Sie aber schwiegen. Da sagte der Statthalter zum Läufer: »Geh hinaus und führe ihn herein, in welcher Form du willst!« Der Läufer aber ging hinaus und sagte zu Jesus: »Herr, tritt ein! Der Statthalter lässt dich bitten.«

Als aber Jesus eintrat – die Standartenträger hielten die Standarten –, verneigten sich die Bilder an den Standarten und erwiesen Jesus die Reverenz. Als die Juden aber das Verhalten der Standarten sahen, wandten sie sich heftig schreiend gegen die Standartenträger. Pilatus aber sagte zu den Juden: »Seid ihr nicht verwundert, wie die Bilder sich verneigt und Jesus die Reverenz erwiesen haben?« Da sagten die Juden zu Pilatus: »Wir haben vielmehr gesehen, wie die Standartenträger sie geneigt und Jesus die Reverenz erwiesen haben!« Da rief der Statthalter die Standartenträger heran und sagte zu ihnen: »Warum habt ihr das so gemacht?« Sie gaben Pilatus zur Antwort: »Wir sind Griechen und den Göttern ergeben. Wie kämen wir dazu, ihm die Reverenz zu erweisen? Während wir die Bilder hielten, haben sie sich vielmehr selbst verneigt und ihm die Reverenz erwiesen.«

Da sagte Pilatus zu den Synagogenvorstehern und den Ältesten des Volkes: »Wählt ihr starke und kräftige Männer aus! Die sollen die Standarten halten, und wir wollen sehen, ob sie sich auch bei ihnen verneigen.« Es nahmen nun die Ältesten der Juden zwölf kräftige und starke Männer. Je sechs ließen sie die Standarten halten; so mussten sie vor dem Tribunal des Statthalters Aufstellung nehmen. Und Pilatus befahl dem Läufer: »Führe ihn hinaus vor das Prätorium und bringe ihn wieder herein, in welcher Form du willst!« Und Jesus ging mit dem Läufer hinaus vor das Prätorium. Und Pilatus rief die, die zuerst die Bilder gehalten hatten, heran und sagte zu ihnen: »Ich schwöre hiermit beim Heil des Kaisers: Wenn sich die Standarten nicht verneigen, wenn Jesus eintritt, lasse ich euch den Kopf abschlagen.« Und der Statthalter ließ Jesus zum zweiten Male eintreten. Und der Läufer verfuhr wie beim ersten Mal und bat Jesus vielmals, er möge auf sein Tuch treten. Und er trat darauf und ging hinein. Als er aber eintrat, verneigten sich die Standarten wiederum und erwiesen Jesus die Reverenz.

Pilatus erkennt keine Schuld

Als aber Pilatus das sah, bekam er einen Schrecken und wollte am liebsten vom Gericht aufstehen. Währenddessen ließ seine Frau ihm ausrichten: »Habe du nichts zu schaffen mit diesem gerechten Menschen! Denn viel habe ich seinetwegen in der Nacht leiden müssen.« Pilatus aber rief alle Juden heran und sagte zu ihnen: »Ihr wisst, dass meine Frau gottesfürchtig ist und es in der Religion mehr mit euch Juden hält.« Da sagten sie zu ihm: »Jawohl, das wissen wir.« Da sagte Pilatus zu ihnen: »Siehe, meine Frau hat sagen lassen: Habe du nichts zu schaffen mit diesem gerechten Menschen! Denn viel habe ich seinetwegen in der Nacht leiden müssen.« Da gaben die Juden zur Antwort: »Haben wir dir nicht gesagt, dass er ein Zauberer ist? Er hat deiner Frau einen Traum geschickt.«

Pilatus aber rief Jesus heran und sagte zu ihm: »Was bringen diese da gegen dich vor? Hast du nichts zu sagen?« Jesus aber sprach: »Wenn sie nicht frei wären, hätten sie nichts gesagt. Denn ein jeder verfügt frei über seinen Mund, Gutes zu reden und Böses. Da werden sie selbst zusehen müssen.«

Da gaben die Ältesten der Juden Jesus zur Antwort: »Was heißt, wir werden selbst zusehen müssen? Erstens bist du aus unzüchtigem Verkehr geboren worden. Zweitens hat deine Geburt in Bethlehem zu einem Kindermord geführt. Drittens sind dein Vater und deine Mutter Maria nach Ägypten geflohen, weil sie im Volk keinen guten Leumund besessen haben.«

Da sagten einige der Anwesenden, fromme Leute aus dem Kreis der Juden: »Wir bestreiten, dass er aus unzüchtigem Verkehr stammt. Vielmehr wissen wir, dass Joseph mit Maria verheiratet war und dass er nicht aus unzüchtigem Verkehr stammt.« Da sagte Pilatus zu den Juden, die behaupteten, er stamme aus unzüchtigem Verkehr: »Diese eure Aussage ist nicht wahr. Denn es hat eine Trauung stattgefunden, wie eure eigenen Volksgenossen erklären.« Da sagten Hannas und Kaiaphas zu Pilatus: »Wir als Gesamtheit versichern es laut und finden keinen Glauben damit, dass er aus unzüchtigem Verkehr geboren worden ist. Diese da sind Proselyten und Jünger von ihm!« Und Pilatus wandte sich an Hannas und Kaiaphas und sagte zu ihnen: »Was heißt das: Proselyten?« Da antworteten sie ihm: »Als Kinder von Griechen sind sie geboren, und jetzt sind sie Juden geworden.« Da sagten die, die erklärt hatten, dass er nicht aus unzüchtigem Verkehr geboren sei, Lazarus, Asterius, Antonius, Jakobus, Amas, Zeras, Samuel, Isaak, Phinees, Krispus, Agrippa und Judas: »Wir sind nicht als Proselyten geboren, sondern sind Kinder von Juden und reden die Wahrheit. Denn bei der Trauung von Joseph und Maria sind wir zugegen gewesen.«

Pilatus aber wandte sich an diese zwölf Männer, die erklärt hatten, dass er nicht aus unzüchtigem Verkehr geboren sei, und sagte zu ihnen: »Ich lasse euch schwören beim Heil des Kaisers: Ist das wahr, was ihr erklärt habt, dass er nicht aus unzüchtigem Verkehr geboren ist?« Da entgegneten sie ihm: »Wir haben ein Gesetz, nicht zu schwören, weil das Sünde ist. So sollen sie denn, Hannas und Kaiaphas, beim Heil des Kaisers schwören, dass es nicht so ist, wie wir gesagt haben, und, wenn sie es tun, dann sind wir des Todes schuldig.« Da sagte Pilatus zu Hannas und Kaiaphas: »Habt ihr darauf nichts zu antworten?« Da sagten Hannas und Kaiaphas zu Pilatus: »Diese zwölf finden Glauben mit ihrer Aussage, dass er nicht aus unzüchtigem Verkehr geboren sei. Wir als Gesamtheit versichern es laut, dass er aus Unzucht geboren und ein Zauberer ist und sich selbst als Sohn Gottes und König bezeichnet, und wir finden keinen Glauben.«

Und Pilatus befahl, dass alle miteinander hinausgehen sollten mit Ausnahme der zwölf Männer, die erklärt hatten, dass er nicht aus unzüchtigem Verkehr geboren sei; auch Jesus ließ er abtreten. Und Pilatus sagte zu ihnen: »Aus welchen Gründen wollen sie ihn eigentlich zu Tode bringen?« Da sagten sie zu Pilatus: »Sie sind erbost, weil er am Sabbat heilt.« Da sagte Pilatus: »Wegen einer guten Tat also wollen sie ihn zu Tode bringen?« Sie bejahten.

Die Anklage

Zornerfüllt ging Pilatus hinaus vor das Prätorium und sagte zu den Juden: »Als Zeugen habe ich die Sonne, dass ich keinerlei Schuld an diesem Menschen finde.« Da gaben sie ihm zur Antwort: »Wenn dieser kein Übeltäter wäre, hätten wir ihn dir nicht übergeben.« Pilatus aber sagte: »So nehmt ihr ihn und richtet ihn nach eurem Gesetz!« Da sagten die Juden zu Pilatus: »Uns ist es nicht erlaubt, jemanden zu töten.« Da sagte Pilatus: »Euch hat Gott verboten, zu töten. Und mir etwa nicht?«

Und Pilatus ging wieder in das Prätorium hinein, rief Jesus zu sich und fragte ihn: »Bist du der König der Juden?« Jesus gab Pilatus zur Antwort: »Sagst du das von dir aus oder haben andere es dir von mir gesagt?« Pilatus gab Jesus zur Antwort: »Bin ich etwa ein Jude? Dein Volk und die Hohepriester haben dich mir übergeben. Was hast du getan?« Da antwortete Jesus: »Mein Reich ist nicht von dieser Welt. Denn wenn mein Reich von dieser Welt wäre, so würden meine Diener kämpfen, dass ich nicht den Juden ausgeliefert würde. Jetzt aber ist mein Reich nicht von hier.« Da sprach Pilatus zu ihm: »Mithin bist du ein König?« Jesus gab ihm zur Antwort: »Du sagst es: Ich bin ein König. Denn dazu bin ich geboren und gekommen, dass jeder, der aus der Wahrheit ist, meine Stimme höre.« Da fragte ihn Pilatus: »Was ist Wahrheit?« Jesus antwortete: »Wahrheit kommt vom Himmel.« Darauf Pilatus: »Auf Erden ist keine Wahrheit?« Jesus erwiderte: »Du siehst ja, wie die, welche die Wahrheit sagen, von denen gerichtet werden, die auf Erden die Macht haben.«

Und Pilatus verließ Jesus und ging hinaus vor das Prätorium zu den Juden und sagte zu ihnen: »Ich finde keinerlei Schuld an ihm.« Da sagten die Juden zu ihm: »Dieser hat erklärt: Ich kann diesen Tempel niederreißen und ihn in drei Tagen wiederaufbauen.« Da fragte Pilatus: »Welchen Tempel?« Die Juden erwiderten: »Den, den Salomo in 46 Jahren erbaut hat. Dieser aber erklärt, ihn in drei Tagen abzubrechen und wiederaufzubauen.« Da sagte Pilatus zu ihnen: »Ich bin unschuldig am Blute dieses gerechten Menschen. Da müsst ihr zusehen!« Da sagten die Juden: »Sein Blut komme über uns und über unsere Kinder!«

Pilatus aber wandte sich heimlich an die Ältesten, Priester und Leviten: »Macht es nicht so! Nichts von dem, wessen ihr ihn anklagt, verdient den Tod. Denn eure Anklage bezieht sich lediglich auf Heilen und Entweihen des Sabbats.« Sie stellten jedoch fest: »Wenn einer gegen den Kaiser lästert, verdient er dann den Tod oder nicht?« Da antwortete Pilatus: »Er verdient den Tod.« Da sagten die Juden zu Pilatus: »Wenn einer gegen den Kaiser lästert, verdient er, wie du selbst sagst, den Tod. Dieser aber hat gegen Gott gelästert!«

Der Statthalter befahl den Juden, vor das Prätorium zu gehen, und wandte sich an Jesus: »Was soll ich mit dir machen?« Jesus antwortete: »Wie es dir gegeben ist.« Da fragte Pilatus: »Wie ist es mir denn gegeben?« Jesus erwiderte: »Mose und die Propheten haben meinen Tod und meine Auferstehung im Voraus verkündigt.«

Die Juden lauschten heimlich und als sie das hörten, fragten sie Pilatus: »Was willst du dir noch weiter diese Lästerung anhören?« Da sagte Pilatus zu den Juden: »Wenn diese Aussage nach euren Begriffen lästerlich ist, dann nehmt ihr ihn wegen der Lästerung und führt ihn ab in eure Synagoge und richtet ihn nach eurem Gesetz!« Da sagten die Juden zu Pilatus: »Unser Gesetz bestimmt, wenn jemand gegen einen Menschen lästert, der verdient, dass er 40 Hiebe weniger einen empfängt; wer aber gegen Gott lästert, der verdient, dass er gesteinigt wird.« Da sagte Pilatus zu ihnen: »Nehmt ihr ihn und vergeltet ihm, auf welche Weise ihr wollt!« Da sagten die Juden zu Pilatus: »Wir wollen, dass er gekreuzigt wird!« Da entgegnete Pilatus: »Er verdient nicht, gekreuzigt zu werden.«

Der Statthalter aber blickte in die Runde der ringsum stehenden Juden, sah viele von ihnen weinen und sagte: »Nicht alle wollen, dass er sterbe.« Da sagten die Ältesten der Juden: »Gerade deswegen sind wir als Gesamtheit hierher gekommen, dass er sterbe.« Da fragte Pilatus die Juden: »Warum soll er sterben?« Da antworteten die Juden: »Weil er sich als Sohn Gottes und König bezeichnet hat.«

Die Rede des Nikodemus

Nikodemus aber, ein Jude, trat vor den Statthalter und bat: »Frommer, lass mich einige wenige Worte sprechen!« Pilatus gestattete es ihm und Nikodemus hob an: »Ich habe zu den Ältesten und den Priestern und Leviten und zur Gesamtheit der Juden in der Synagoge gesagt: Was sucht ihr an diesem Menschen? Dieser Mensch tut viele wunderbare Zeichen, die keiner sonst getan hat noch tun wird. Lasst ihn in Ruhe und plant nichts Böses gegen ihn! Wenn die Zeichen, die er tut, von Gott sind, werden sie Bestand haben; wenn sie aber von Menschen sind, werden sie sich von selbst auflösen. Denn auch Mose hat, als er von Gott nach Ägypten gesandt wurde, viele Zeichen getan, von denen Gott ihm gesagt hatte, er solle sie vor Pharao, dem König von Ägypten, tun. Und es waren dort Männer im Dienst Pharaos: Jannes und Jambres; auch sie taten nicht weniger Zeichen als Mose, und die Ägypter hielten beide für Götter. Und da die Zeichen, die sie taten, nicht von Gott waren, kamen sie selbst um wie auch die, die ihnen geglaubt hatten. Und jetzt lasst diesen Menschen in Ruhe! Denn er verdient den Tod nicht.«

Da sagten die Juden zu Nikodemus: »Du bist ein Jünger von ihm geworden und trittst für ihn ein!« Dem setzte Nikodemus entgegen: »Ist etwa auch der Statthalter sein Jünger geworden und tritt für ihn ein? Hat der Kaiser ihn nicht für diesen Streitfall eingesetzt?« Die Juden aber waren ergrimmt und knirschten mit den Zähnen gegen Nikodemus. Da sagte Pilatus zu ihnen: »Warum knirscht ihr mit den Zähnen gegen ihn, wo ihr doch nur die Wahrheit zu hören bekommen habt?« Da sagten die Juden zu Nikodemus: »So übernimm du Wahrheit und Anteil an ihm!« Da sagte Nikodemus: »Wahrlich, wahrlich: Ich will sie übernehmen, wie ihr gesagt habt.«

Zeugnisse für Jesus

Einer der Juden trat hervor und erbat vom Statthalter das Wort: »Ich bin 38 Jahre bettlägerig gewesen unter peinvollen Schmerzen. Und als Jesus kam, wurden viele, die von Dämonen besessen waren und mit mancherlei Krankheiten daniederlagen, von ihm geheilt. Und einige junge Leute erbarmten sich meiner und trugen mich samt dem Bett hin zu ihm. Und siehe, Jesus hatte Mitleid mit mir und sprach zu mir das Wort: Nimm dein Bett und wandle! Und ich nahm mein Bett und wandelte.« Da sagten die Juden zu Pilatus: »Frag ihn, was für ein Tag das war, an dem er geheilt wurde!« Da sagte der Geheilte: »An einem Sabbat.« Da triumphierten die Juden: »Haben wir's nicht etwa so gelehrt, dass er am Sabbat heilt und Dämonen austreibt?« Und ein anderer Jude trat vor und berichtete: »Ich war blind geboren, hörte eine Stimme und sah doch das Angesicht des Redenden nicht. Und als Jesus vorüberging, rief ich mit lauter Stimme: Erbarme dich meiner, Sohn Davids! Und er hat sich meiner erbarmt und mir seine Hände auf die Augen gelegt, und ich konnte alsbald wieder sehen.« Und ein anderer Jude trat vor und sagte: »Ich bin verkrümmt gewesen, und er hat mich mit einem Wort gerade gemacht.« Und ein anderer sagte: »Ich bin aussätzig gewesen, und er hat mich mit einem Wort geheilt.« Und eine Frau mit Namen Bernike rief aus großer Entfernung: »Ich litt am Blutfluss und habe die Quaste seines Gewandes angefasst, und mein Blutfluss, der zwölf Jahre angehalten hatte, kam zum Stillstand.« Da sagten die Juden: »Wir haben ein Gesetz, eine Frau nicht zum Zeugnis zuzulassen.« Und wieder andere riefen: »Dieser Mensch ist ein Prophet, und die Dämonen sind ihm untertan.« Da fragte Pilatus jene, die zu ihm gesagt hatten, dass die Dämonen ihm untertan seien: »Warum haben sich nicht auch eure Lehrer ihm unterstellt?« Da sagten sie zu Pilatus: »Wir wissen es nicht.« Andere aber sagten: »Den Lazarus, der gestorben war, hat er aus dem Grabe erweckt, in dem er schon den vierten Tag lag.« Der Statthalter aber bekam einen Schrecken und sagte zu allen Juden: »Warum wollt ihr unschuldig Blut vergießen?«

Die Verurteilung Jesu

Pilatus wandte sich an Nikodemus und die zwölf Männer, die ausgesagt hatten, dass er nicht aus unzüchtigem Verkehr geboren sei, und fragte: »Was soll ich tun? Es gibt ja einen Aufruhr unter dem Volk!« Da sagten sie zu ihm: »Wir wissen es nicht. Da sollen sie selbst zusehen!« Wiederum wandte sich Pilatus an alle Juden und sagte: »Ihr wisst, dass es bei euch Sitte ist, am Fest der ungesäuerten Brote einen Gefangenen freizulassen. Ich habe einen abgeurteilten Gefangenen im Gefängnis, einen Mörder mit Namen Barabbas, und diesen Jesus, der vor euch steht, an dem ich keinerlei Schuld finde. Welchen soll ich freilassen?« Sie aber schrien: »Barabbas!« Da fragte Pilatus: »Was nun soll ich mit Jesus machen, der, der Christus heißt?« Die Juden antworteten: »Er soll gekreuzigt werden!« Einige der Juden aber erwiderten: »Du bist des Kaisers Freund nicht, wenn du diesen freilassen solltest. Denn er hat sich als Sohn Gottes und König bezeichnet; du willst anscheinend diesen zum König und nicht den Kaiser.«

Zornig aber sagte Pilatus zu den Juden: »Immer ist euer Volk aufsässig, und euren Wohltätern begegnet ihr mit Widerspruch!« Da sagten die Juden: »Welchen Wohltätern?« Pilatus erwiderte: »Wie ich höre, hat euer Gott euch aus harter Knechtschaft aus Ägypten herausgeführt, euch durch das geteilte Meer gerettet, euch in der Wüste mit Manna ernährt und Wachteln zu essen gegeben und aus dem Felsen Wasser zu trinken gegeben, und er hat euch ein Gesetz verliehen. Und bei alledem habt ihr euren Gott erzürnt und habt euch ein gegossenes Kalb gewünscht. Erbittert habt ihr euren Gott, und er hat euch töten wollen, und Mose hat für euch gefleht, und ihr seid nicht getötet worden. Und jetzt bringt ihr gegen mich vor, dass ich den König hasse.« Er stand aber auf vom Tribunal und wollte hinausgehen. Und die Juden riefen: »Wir kennen als König allein den Kaiser und nicht diesen Jesus. Auch die Weisen haben ihm vom Morgenland her Geschenke dargebracht wie einem König! Und als Herodes von den Weisen hörte, dass ein König geboren sei, versuchte er ihn zu töten. Als aber sein Vater Joseph es erfuhr, nahm er ihn und seine Mutter, und sie flohen nach Ägypten. Und als Herodes es hörte, ließ er die Kinder der Hebräer, die in Bethlehem geboren waren, umbringen.«

Als aber Pilatus diese Worte hörte, erschrak er, hieß die Volksmassen schweigen und fragte: »Also das ist der, nach dem Herodes damals gesucht hat?« Da erwiderten die Juden: »Jawohl! Das ist er.« Und Pilatus nahm Wasser und wusch seine Hände angesichts der Sonne und sprach: »Ich bin unschuldig an dem Blut dieses Gerechten. Da seht ihr zu!« Wiederum schrien die Juden: »Sein Blut komme über uns und über unsere Kinder!«

Darauf befahl Pilatus, dass der Vorhang des Tribunals, wo er saß, vorgezogen wurde, und sagte zu Jesus: »Dein Volk hat dich als König überführt. Deswegen habe ich das Urteil zu verkünden, dass du zuerst nach der Satzung der frommen Kaiser gegeißelt und dann aufgehängt wirst am Kreuz in dem Garten, in dem du gefangen genommen worden bist. Und Dysmas und Gestas, die beiden Verbrecher, sollen mit dir zusammen gekreuzigt werden.«

Die Kreuzigung Jesu und die Grablegung

Daraufhin ging Jesus zum Prätorium hinaus und die beiden Verbrecher mit ihm. Als er an den Ort der Kreuzigung kam, zogen sie ihm die Kleider aus, gürteten ihn mit einem Leinentuch und legten ihm einen Kranz aus Dornen um das Haupt. In gleicher Weise hängten sie auch die beiden Verbrecher auf. Jesus aber sprach: »Vater, vergib ihnen! Denn sie wissen nicht, was sie tun.« Die Soldaten teilten sich seine Kleider und das Volk, die Hohepriester und die führenden Männer verhöhnten ihn: »Andere hat er gerettet. Soll er jetzt sich selbst retten! Wenn dieser Gottes Sohn ist, so soll er vom Kreuz herabsteigen!« Auch die Soldaten verspotteten ihn, indem sie ihm Essig mit Galle hinreichten und sagten: »Du bist der König der Juden. So rette dich selbst!«

Pilatus aber hatte befohlen, dass nach der Urteilsverkündigung als Aufschrift am Kreuz seine Schuld mit griechischen, römischen (lateinischen) und hebräischen Buchstaben angeschrieben werde gemäß der Aussage der Juden, er sei der König der Juden.

Einer aber von den Verbrechern, die mit Jesus gekreuzigt worden waren, sprach zu ihm: »Wenn du der Erlöser bist, so rette dich und uns!« Dysmas aber gab ihm scheltend zur Antwort: »Hast du nicht die geringste Furcht vor Gott, wo du doch dieselbe Strafe erhalten hast als er? Unsere Strafe ist jedoch gerecht, während dieser nichts Schlechtes getan hat.« Und er wandte sich zu Jesus: »Denk an mich, Herr, in deinem Reich!« Da sprach Jesus zu ihm: »Wahrlich, wahrlich, ich sage dir: Heute bist du mit mir zusammen im Paradies!«

Es war aber etwa die sechste Stunde. Die Sonne verfinsterte sich bis zur neunten Stunde und der Vorhang des Tempels riss mitten entzwei. Und Jesus rief mit lauter Stimme: »Vater, baddach ephkid ruel«, was übersetzt heißt: »In deine Hände befehle ich meinen Geist.« In diesem Moment gab er seinen Geist auf. Als der Hauptmann sah, was alles geschah, pries er Gott und sagte: »Dieser Mensch war ein

Gerechter!« Und als die Volksmassen, die sich zu diesem Schauspiel eingefunden hatten, sahen, was geschah, schlugen sie sich an die Brust und eilten heim.

Der Hauptmann aber brachte dem Statthalter Meldung von dem Geschehenen. Der Statthalter und seine Frau wurden daraufhin sehr betrübt, sie aßen und tranken nichts an jenem Tage. Pilatus aber beschied die Juden zu sich und sagte zu ihnen: »Habt ihr gesehen, was alles geschehen ist?« Sie aber sagten: »Das Nachlassen der Sonne trat wie gewöhnlich ein.«

Ein Mann aber mit Namen Joseph, ein Ratsherr aus der Stadt Arimathäa, der selbst auf das Reich Gottes wartete, wandte sich an Pilatus und erbat den Leichnam Jesu. Und er nahm ihn vom Kreuz ab, wickelte ihn in reines Linnen und setzte ihn in einem aus dem Felsen gehauenen Grab bei, wo bisher noch niemand lag.

Das Verschwinden des Leichnams

Als die Juden hörten, dass Joseph sich den Leichnam Jesu ausgebeten hatte, versuchten sie sich seiner zu ermächtigen – zusammen mit den zwölf, die gesagt hatten, Jesus sei nicht aus unzüchtigem Verkehr geboren, mit Nikodemus und sonst noch vielen anderen, die vor Pilatus vorgetreten waren und seine guten Werke bekundet hatten. Während aber alle anderen sich versteckt hielten, stellte sich Nikodemus, denn er war ein führender Mann unter den Juden, und fragte: »Wie seid ihr in die Synagoge hineingekommen?« Da stellten die Juden eine Gegenfrage: »Wie bist du in die Synagoge hineingekommen? Du bist ein Mitwisser von ihm, und du wirst das gleiche Los haben wie er im kommenden Äon.« Nikodemus sagte: »Amen! Amen!«

Ebenso fand sich aber auch Joseph ein und sagte zu ihnen: »Warum habt ihr euch gegen mich gewandt, weil ich mir den Leichnam Jesu ausgebeten habe? Seht, in mein eigenes neues Grab habe ich ihn gelegt, nachdem ich ihn in reine Linnen gewickelt hatte, und einen Stein an die Türe der Grabhöhle gewälzt. Ihr habt ihn nicht nur gekreuzigt, sondern auch noch mit einer Lanze durchbohrt!« Die Juden aber nahmen Joseph fest, befahlen, dass er bis zum ersten Tag der Woche in Gewahrsam gehalten werde, und sagten zu ihm: »Merke dir, dass die Stunde es nicht erheischt, etwas gegen dich zu unternehmen! Denn der Sabbat dämmert herauf. Merke dir aber: Du wirst später nach deinem Tod nicht eines Begräbnisses gewürdigt werden, sondern wir werden dein Fleisch den Vögeln des Himmels zu fressen geben.« Da sagte Joseph zu ihnen: »Das hat genauso der übermütige Goliath gesagt, der den lebendigen Gott und den heiligen David geschmäht hat! Denn Gott hat durch den Propheten gesprochen: Mir gehört die Rache, ich werde vergelten, spricht der Herr. Und jetzt hat der, der unbeschnitten war am Fleisch und beschnitten am Herzen, Wasser genommen und seine Hände angesichts der Sonne gewaschen und gesagt: Ich bin unschuldig an dem Blute dieses Gerechten. Da seht ihr zu! Und ihr habt Pilatus zur Antwort gegeben: Sein Blut komme über uns und über unsere Kinder! Und jetzt befürchte ich, dass der Zorn des Herrn euch ereilt und eure Kinder, wie ihr selbst gesagt habt.« Diese Worte verbitterten die Juden, und sie nahmen Joseph fest, schlossen ihn in ein fensterloses, schwer bewachtes Haus ein und versiegelten die Tür.

Am Sabbat aber fassten die Hohepriester, die Priester und die Leviten den Beschluss, sich alle am ersten Tag der Woche in der Frühe in der Synagoge einzufinden. Dabei beratschlagten sie, wie sie Joseph töten könnten. Als aber der Hohe Rat seine Sitzung hielt, befahlen sie, dass er schmachvoll vorgeführt werden sollte. Doch als sie die ordnungsmäßig versiegelte Kerkertüre mit dem bei Kaiaphas verwahrten Schlüssel öffneten, fanden sie Joseph nicht vor. Und das ganze Volk war außer sich und tief erschrocken, und keiner wagte mehr die zu belangen, die bei Pilatus für Jesus eingetreten waren.

Die Botschaft von Jesu Auferstehung

Während sie noch in der Synagoge zusammensaßen, kamen einige Wächter, die sich die Juden von Pilatus für Jesu Grab ausgebeten hatten, damit seine Jünger nicht den Leichnam stehlen konnten. Sie meldeten den Hohenpriestern, Priestern und Leviten, dass es ein großes Erdbeben gegeben habe, »und wir sahen einen Engel aus dem Himmel herabsteigen, und der wälzte den Stein von der Öffnung der Grabhöhle und setzte sich oben auf ihn; und er leuchtete wie Schnee und wie ein Blitz. Und wir erschraken gewaltig und lagen wie tot. Und wir hörten die Stimme des Engels, wie er den Frauen, die am Grabe verweilten, sagte: Ihr braucht euch nicht zu fürchten! Denn ich weiß, dass ihr Jesus, den Gekreuzigten, sucht. Kommt her, seht den Platz, wo der Herr gelegen hat! Und schnell geht hin und saget seinen Jüngern: Er ist auferweckt worden von den Toten und befindet sich in Galiläa.«

Da fragten die Juden: »Mit welchen Frauen hat er geredet?« Da sagten die Wächter: »Wir wissen nicht, welche es waren.« Da erkundigten sich die Juden: »Um welche Stunde war es?« Die Wächter antworteten: »Um Mitternacht. « Da fragten die Juden: »Und warum habt ihr die Frauen nicht festgenommen?« Da sagten die Wächter: »Wir waren wie tot vor Schrecken und hatten keine Hoffnung, das Licht des Tages noch einmal zu sehen. Wie hätten wir sie da festnehmen sollen?« Da sagten die Juden: »So wahr der Herr lebt, wir glauben euch nicht.« Da entgegneten die Wächter: »So viele Zeichen habt ihr an jenem Menschen gesehen und seid nicht zum Glauben gekommen. Wie solltet ihr da uns glauben? Ganz mit Recht habt ihr ja geschworen: So wahr der Herr lebt. Er, der Herr Jesus, lebt nämlich! Wir haben gehört, dass ihr den, der sich den Leichnam Jesu ausgebeten hatte, eingeschlossen und die Türe versiegelt habt, und als ihr sie geöffnet habt, habt ihr ihn nicht vorgefunden. Beschafft ihr also erst Joseph, und wir wollen dann Jesus beschaffen.« Da sagten die Juden: »Joseph ist weggegangen in seine Stadt, nach Arimathäa.« Da sagten die Wächter zu den Juden: »Und Jesus ist auferstanden, wie wir von dem Engel gehört haben, und befindet sich in Galiläa.« Als aber die Juden diese Worte hörten, erschraken sie gewaltig und sagten: »Dass das nur ja nicht ruchbar wird und alle sich Jesus zuneigen!« Und die Juden berieten sich und warfen eine beträchtliche Summe Geldes aus und gaben sie den Soldaten mit den Worten: »Sagt ihr: Während wir schliefen, sind seine Jünger bei Nacht gekommen und haben ihn gestohlen. Und wenn es dem Statthalter zu Ohren kommt, dann werden wir bei ihm ein gutes Wort für euch einlegen, sodass ihr euch keine Sorgen wegen einer Bestrafung zu machen braucht.« Die Soldaten nahmen das Geld und taten, wie sie gelehrt worden waren.

Die Himmelfahrt Jesu

Phinees aber, ein Priester, und Adas, ein Lehrer, und Haggai, ein Levit, kamen von Galiläa herab nach Jerusalem und erzählten den Hohenpriestern, Priestern und Leviten: »Wir haben Jesus sitzen sehen auf dem Berg, der Mamilch heißt, und er sagte zu seinen Jüngern: Zieht hin in alle Welt und predigt aller Kreatur! Wer daraufhin zum Glauben kommt und getauft wird, der wird gerettet werden; wer aber ungläubig bleibt, wird verurteilt werden. Diese Zeichen aber werden denen, die zum Glauben kommen, nachfolgen: In meinem Namen werden sie Dämonen austreiben, werden mit neuen Zungen reden, werden Schlangen ohne Gefahr aufheben, und wenn sie etwas Todbringendes trinken, wird es ihnen nicht schaden; den Schwachen werden sie die Hände auflegen, und sie werden gesund werden. Während Jesus noch zu seinen Jüngern sprach, sahen wir, dass er in den Himmel emporgehoben wurde.«

Da sagten die Ältesten, Priester und Leviten: »Gebt dem Gott Israels die Ehre und bekennt ihm, ob ihr das tatsächlich gehört und gesehen habt, was ihr da erzählt habt!« Da schworen diese: »So wahr der Gott unserer Väter Abraham, Isaak und Jakob lebt: Das haben wir gehört und haben gesehen, dass er in den Himmel emporgehoben wurde.« Da sagten die Ältesten, Priester und Leviten zu ihnen: »Seid ihr deswegen gekommen, um uns diese Botschaft zu bringen, oder seid ihr gekommen, um Gott ein Gelübde darzubringen?« Die aber sagten: »Um Gott ein Gelübde darzubringen.« Da sagten die Ältesten, Hohenpriester und Leviten zu ihnen: »Wenn ihr gekommen seid, um Gott ein Gelübde darzubringen, was soll dann dieses alberne Zeug, das ihr vor dem ganzen Volk ausgeschwatzt habt?« Da sagte Phinees, der Priester, und Adas, der Lehrer, und Haggai, der Levit, zu den Hohenpriestern, Priestern und Leviten: »Wenn die Dinge, die wir geredet und gesehen haben, Sünde sind, verfahrt mit uns, wie es in euren Augen gut erscheint!« Und sie gaben ihnen zu essen und zu trinken und schickten sie aus der Stadt fort, nachdem sie ihnen Geld und drei Männer als Geleit mitgegeben hatten, und sie ließen sie in Frieden wieder nach Galiläa gehen.

Als aber jene Männer nach Galiläa gezogen waren, traten die Hohenpriester und die Synagogenvorsteher und die Ältesten in der Synagoge zur Beratung zusammen, nachdem sie das Tor verschlossen hatten, und sie stimmten ein großes Klagegeschrei an und sagten: »Warum ist dieses Zeichen in Israel geschehen?« Hannas aber und Kaiaphas sagten: »Warum regt ihr euch auf? Warum jammert ihr? Oder wisst ihr nicht, dass seine Jünger den Grabeswächtern viel Geld gegeben und sie gelehrt haben, zu sagen: Ein Engel ist herabgestiegen und hat den Stein von der Türe des Grabes gewälzt?« Die Priester aber und die Ältesten sagten: »Mag sein, dass seine Jünger den Leichnam gestohlen haben! Aber wie ist die Seele in seinen Leichnam wieder hineingekommen, dass er sich jetzt in Galiläa aufhält?« Die aber vermochten darauf keine Antwort zu geben und sagten gerade nur: »Unbeschnittenen dürft ihr nicht glauben.«

Die Suche nach dem Leichnam

Nun erhob sich aber Nikodemus, trat vor den Hohen Rat und sagte: »Was ihr sagt, stimmt. Ihr, Volk Gottes, wisst von den Männern, die von Galiläa herabgekommen waren, ganz gut, dass sie gottesfürchtig sind und wohlhabende Männer, die die Habsucht hassen, Männer des Friedens, die keinen Streit suchen. Sie haben unter Eid erzählt: Wir haben Jesus auf dem Berge Mamilch mit seinen Jüngern gesehen, und er hat sie alles gelehrt, was ihr von ihnen gehört habt, und wir haben gesehen, dass er in den Himmel emporgehoben worden ist. Und keiner hat sie gefragt, auf welche Art er emporgehoben wurde. Wie uns das Buch der heiligen Schriften gelehrt hat, ist auch Elisa in den Himmel emporgehoben worden. Und Elisa rief damals mit lauter Stimme, und Elisa warf seinen Mantel über Elisa, und Elisa warf seinen Mantel auf den Jordan und ging trockenen Fußes hinüber und kam nach Jericho. Und es begegneten ihm die Jünger der Propheten und sagten: Elisa, wo ist dein Herr? Und er sprach: Er ist emporgehoben worden in den Himmel. Und sie sagten zu Elisa: Vielleicht hat ihn nur der Geist entführt und auf einen der Berge verschlagen? Aber wir wollen unsere Knechte mit uns nehmen und ihn suchen. Und sie redeten Elisa zu, und er ging daraufhin mit ihnen. Und sie suchten ihn drei Tage und fanden ihn nicht und erkannten daran, dass er tatsächlich in den Himmel emporgehoben worden war. Und jetzt hört auf mich! Wir wollen im ganzen Gebiet von Israel umhersenden und sehen, ob der Erlöser nicht vielleicht vom Geist emporgehoben und auf einen der Berge verschlagen worden ist.« Und allen gefiel dieses

Wort. Und sie schickten im ganzen Gebiet von Israel umher, und die Sendboten suchten Jesus und fanden ihn nicht. Sie fanden aber Joseph in Arimathäa, und keiner wagte es, sich seiner zu bemächtigen.

Und sie meldeten den Ältesten, Priestern und Leviten: »Wir sind im ganzen Gebiet von Israel umhergezogen und haben Jesus nicht gefunden. Aber Joseph haben wir in Arimathäa gefunden!« Als die Ältesten, Priester und Leviten aber diese Nachricht über Joseph hörten, freuten sie sich und gaben dem Gott Israels die Ehre. Und es berieten die Synagogenvorsteher, Priester und Leviten, auf welche Weise sie mit Joseph in Verbindung treten könnten, nahmen dann ein Blatt Papier und schrieben Joseph Folgendes:

»Friede sei mit dir! Wir wissen, dass wir gegen Gott und gegen dich gesündigt haben, und wir haben zum Gott Israels gebetet, er möge dich geneigt machen, zu deinen Vätern und zu deinen Kindern zu kommen, denn wir sind alle betrübt. Als wir nämlich die Türe öffneten, haben wir dich nicht vorgefunden. Und wir wissen, dass wir einen bösen Anschlag auf dich geplant hatten, aber der Herr hat sich deiner angenommen, und der Herr selbst hat unseren Anschlag gegen dich, teurer Vater Joseph, zum Scheitern gebracht.«

Und sie wählten aus ganz Israel sieben Männer aus, die Joseph wohlgesinnt waren und ihn gut kannten, und es sagten zu ihnen die Synagogenvorsteher, Priester und Leviten: »Seht zu! Wenn er unseren Brief empfangen hat und ihn liest, dann wisst ihr, dass er mit euch zu uns gehen wird; wenn er ihn aber nicht liest, dann wisst ihr, dass er erbost über uns ist, und in diesem Fall verabschiedet euch von ihm im Frieden und kehrt zu uns zurück!« Und die Männer kamen zu Joseph und bezeugten ihm ihre Ehrerbietung: »Friede sei mit dir!« Und er sagte: »Friede sei mit euch und mit dem ganzen Volke Israel!« Sie aber übergaben ihm die Briefrolle. Joseph las sie, rollte sie wieder zusammen und sprach: »Gepriesen sei Gott der Herr, der Israel erlöst hat, dass es nicht unschuldig Blut vergießen sollte, und gepriesen sei der Herr, der seinen Engel geschickt und mich geborgen hat unter seine Fittiche!« Und er setzte ihnen einen Tisch vor, und sie aßen und tranken und blieben dort zum Schlafen. Und in der Frühe machten sie sich auf und beteten. Und Joseph sattelte seinen Esel und zog mit den Männern dahin, und sie kamen in die heilige Stadt Jerusalem. Das ganze Volk lief Joseph entgegen und rief: »Friede sei deinem Einzug!« Und er sprach zum ganzen Volk: »Friede sei mit euch!«, und es küsste ihn das ganze Volk. Alle beteten zusammen und waren außer sich vor Freude darüber, dass sie ihn wieder sehen durften. Nikodemus nahm ihn in sein Haus auf und veranstaltete ein großes Gastmahl, zu dem er auch Hannas, Kaiaphas und die Ältesten, Priester und Leviten einlud. Es herrschte eine freudige Stimmung, und nachdem sie den Lobgesang gesungen hatten, gingen sie nach Hause; Joseph aber blieb im Hause des Nikodemus.

Der Bericht von der Auferstehung Jesu

Am anderen Tag aber, der ein Rüsttag war, machten sich in der Frühe die Synagogenvorsteher, Priester und Leviten zum Hause des Nikodemus auf. Dieser kam ihnen entgegen und sagte: »Friede sei mit euch!« Und sie erwiderten: »Friede sei mit dir und mit Joseph und mit deinem ganzen Hause und mit dem ganzen Hause Josephs!« Und er führte sie hinein in sein Haus. Dort nahm der ganze Hohe Rat Platz, Joseph saß zwischen Hannas und Kaiaphas, und keiner wagte zu ihm ein Wort zu reden. Und Joseph sprach: »Warum habt ihr mich vorgeladen?« Nikodemus fasste sich ein Herz und sprach zu Joseph: »Vater, du weißt, dass die verehrten Lehrer und die Priester und die Leviten von dir ein Wort zu vernehmen wünschen.« Und Joseph sagte: »So fragt!« Und Hannas und Kaiaphas nahmen das Gesetz und ließen Joseph schwören und sagten: »Gib dem Gott Israels die Ehre und bekenne ihn! Denn Achas hat, als ihm vom Propheten Josua ein Schwur abgenommen worden war, den Schwur nicht verletzt, sondern hat ihm alles mitgeteilt und ihm gar nichts verborgen. Auch du also verbirg vor uns nicht das Geringste!« Und Joseph sprach: »Ich will vor euch rein gar nichts verbergen.« Und sie sagten zu ihm: »Wir sind sehr betrübt gewesen, dass du den Leichnam Jesu dir ausgebeten, ihn in reines Linnen gewickelt und in ein Grab gelegt hast. Deswegen haben wir dich gefangen gesetzt. Und als wir am ersten Tag der Woche die Türe öffneten, fanden wir dich nicht vor und waren bis gestern sehr betrübt. Nun berichte uns, was dir widerfahren ist!«

Und Joseph sprach: »Am Rüsttag um die zehnte Stunde habt ihr mich eingeschlossen, und es änderte sich bei mir nichts den ganzen Sabbat hindurch. Aber um Mitternacht, als ich stand und betete, wurde das Haus, in dem ihr mich eingeschlossen hattet, an den vier Ecken hochgezogen und ich sah es wie einen Lichtblitz in meinen Augen, bekam Furcht und fiel zu Boden. Irgendjemand ergriff mich bei der Hand und schaffte mich fort von der Stelle, wo ich niedergefallen war, ein Wassergeriesel ergoss sich über meinen ganzen Körper und Salbenduft drang mir in die Nase. Und als der Unbekannte mein Gesicht abgetrocknet hatte, küsste er mich und sprach zu mir: Fürchte dich nicht, Joseph! Tu deine Augen auf und sieh, wer mit dir redet! Und ich blickte auf und sah Jesus. Und ich bekam vor Angst das Zittern und glaubte, es sei ein Gespenst, und sagte die Gebote auf. Und er sagte sie mit mir auf. Wie ihr ja gut wisst, ergreift ein Gespenst, wenn es einem begegnet und die Gebote aufsagen hört, die Flucht. Als ich daher sah, dass er sie mit mir aufsagte, sprach ich zu ihm: Rabbi Elia! Und er sprach zu mir: Ich bin nicht Elia. Und ich sagte zu ihm: Wer bist du dann, Herr? Und er sprach zu mir: Ich bin Jesus, dessen Leichnam du dir von Pilatus ausgebeten, in reines Linnen gewickelt, das Gesicht mit einem Schweißtuch bedeckt und in deiner neuen Grabhöhle beigesetzt hast, an deren Tür du einen großen Stein gewälzt hast. Und ich sagte zu dem, der mit mir redete: Zeige mir den Platz, wo ich dich hingelegt habe! Und er brachte mich zu dem Platz, wo ich ihn hingelegt hatte, und das Leintuch lag dort und das Schweißtuch für das Gesicht. Und ich erkannte daran, dass es Jesus war. Und er ergriff mich bei der Hand und versetzte mich bei verschlossenen Türen mitten in mein Haus, trug mich hin auf mein Bett und sprach zu mir: Friede sei mit dir! Und er küsste mich und fuhr fort: Vor 40 Tagen gehe nicht aus deinem Hause! Denn siehe, ich ziehe zu meinen Brüdern nach Galiläa.«

Als die Synagogenvorsteher, Priester und Leviten diese Worte von Joseph hörten, fielen sie wie tot zu Boden und fasteten bis zur neunten Stunde. Und Nikodemus nebst Joseph ermahnte Hannas und Kaiaphas, die Priester und Leviten mit den Worten: »Erhebt euch und stellt euch auf eure Füße, verköstigt euch mit Brot und stärkt eure Seelen! Denn morgen ist der Sabbat des Herrn.« Und sie erhoben sich, beteten zu Gott, aßen und tranken, und jeder zog in sein Haus.

Verschiedene Zeugnisse

Am Sabbat aber nahmen unsere Lehrer sowie die Priester und Leviten Platz und berieten untereinander: »Was hat uns für ein Zorngericht ereilt. Wir kennen ja Jesu Vater und Mutter.« Da sagte Levi, der Lehrer: »Von seinen Eltern weiß ich, dass sie Gott fürchten und die Gelübde nicht versäumen und die Zehnten dreimal im Jahr entrichten. Und als Jesus geboren wurde, brachten ihn seine Eltern an diesen Platz und Gott Opfer und Brandopfer dar. Und als ihn der große Lehrer Symeon in seine Arme nahm, sprach er: Nun lässest du deinen Knecht, Herr, nach deinem Wort in Frieden heimziehen. Denn meine Augen haben dein Heil gesehen, das du vor dem Angesicht aller Völker bereitet hast, ein Licht zur Offenbarung den Heiden und zur Verherrlichung deines Volkes Israel. Und Symeon segnete sie und sprach zu Maria, seiner Mutter: Ich bringe dir Kunde über dieses Kind. Und Maria sprach: Gute Kunde, mein Herr! Und Symeon sprach zu ihr: Gute! Siehe, dieser ist bestimmt zum Fallen und Aufstehen vieler in Israel und zu einem Zeichen, das Widerspruch finden wird – und dir selbst aber wird ein Schwert durch die Seele gehen, denn es sollen aus vielen Herzen die Gedanken enthüllt werden.« Da sagen sie zu

Levi, dem Lehrer: »Woher weißt du das denn?« Da sagt Levi zu ihnen: »Wisst ihr nicht, dass ich bei Symeon das Gesetz gelernt habe?« Da sagte der Hohe Rat zu ihm: »Wir möchten gern deinen Vater sehen.« Er ließ seinen Vater holen, der die Aussage seines Sohnes bestätigte: »Warum habt ihr meinem Sohn nicht geglaubt? Der verehrungswürdige und gerechte Symeon selbst hat ihn das Gesetz gelehrt.« Da fragte der Hohe Rat: »Rabbi Levi, ist das Wort wahr, das du gesagt hast?« Und dieser antwortete: »Es ist wahr!« Und es sprachen die Synagogenvorsteher, Priester und Leviten zueinander: »Auf, so wollen wir nach Galiläa schicken zu den drei Männern, die gekommen waren und erzählt hatten, wie er, Jesus, seine Jünger gelehrt habe und in den Himmel emporgehoben worden sei, und sie sollen uns sagen, wie sie ihn sahen.« Und dieser Vorschlag sagte allen zu. Sie schickten die drei Männer, die schon einmal mit ihnen nach Galiläa fortgezogen waren, mit folgendem Auftrag fort: »Sagt Rabbi Adas und Rabbi Phinees und Rabbi Haggai: Friede sei mit euch und allen, die bei euch sind! Weil es eine heftige Auseinandersetzung im Hohen Rat gegeben hat, haben wir zu euch gesandt, um euch an diesen heiligen Ort Jerusalem zu bitten.«

Auferstehung und Himmelfahrt

Und die Abgesandten zogen nach Galiläa und fanden die drei Rabbis, wie sie dasaßen und über das Gesetz nachsannen. Und sie erwiesen ihnen den Friedensgruß, und die drei Rabbis antworteten: »Friede über das ganze Israel!« Und sie sagten: »Friede sei mit euch!« Die Rabbis aber fragten sie:

»Warum seid ihr gekommen?« Und sie antworteten: »Der Hohe Rat lädt euch ein in die Heilige Stadt Jerusalem.« Als aber die Rabbis hörten, dass der Hohe Rat sie zu sehen wünschte, wandten sie sich im Gebet an Gott. Und sie legten sich mit den Männern, die sie hatten holen sollen, zu Tisch, aßen und tranken, erhoben sich dann und zogen im Frieden hin nach Jerusalem.

Und am folgenden Tage trat der Hohe Rat in der Synagoge zur Sitzung zusammen, und die Rabbis wurden gefragt: »Habt ihr tatsächlich Jesus auf dem Berge Mamilch sitzen sehen, wie er seine Jünger gelehrt hat, und habt ihr tatsächlich gesehen, dass er in den Himmel emporgehoben wurde?« Die Rabbis gaben ihnen zur Antwort: »Wie wir gesehen haben, dass er emporgehoben wurde, genauso haben wir's auch gesagt.«

Da sagte Hannas: »Trennt sie voneinander! Wir wollen sehen, ob ihre Aussage übereinstimmt.« Und sie riefen zuerst Adas und fragten ihn: »Wie hast du gesehen, dass Jesus emporgehoben wurde?« Adas erwiderte: »Während er noch dasaß auf dem Berge Mamilch und seine Jünger lehrte, überschattete eine Wolke ihn und seine Jünger und führte ihn empor in den Himmel, während seine Jünger mit dem Angesicht auf dem Boden lagen.« Anschließend riefen sie Phinees, den Priester, und fragten ihn: »Wie hast du gesehen, dass Jesus emporgehoben wurde?« Und er sagte wie Adas aus. Abschließend fragten sie Haggai, und seine Aussage stimmte mit denen von Adas und Phinees überein. Da sprach der Hohe Rat: »Das Gesetz Moses enthält die Bestimmung: Auf dem Mund von zwei oder drei Zeugen soll jede Sache stehen.«

) Corregio: Ruhe auf der Flucht (um 1516/17, Florenz, Galleria degli Jffizi). Viele Maler haben sich von den Kindheitsgeschichten Jesu inspirieren assen.

10 Eine byzantinische Buchmalerei aus der Grabeskirche in Jerusalem (12. Jahrhundert, heute in der British Library, London) zeigt die Darstellung Jesu im Tempel, eine weitere Kindheitsgeschichte. Rechts im Bild ist der alte Simeon zu sehen, der den kleinen Jesus auf die Arme nimmt.

11 Eine weitere viel verarbeitete Kindheitsgeschichte ist die vom zwölf-
ährigen Jesus im Tempel. Die Darstellung von Albrecht Dürer (1495,
Gemäldegalerie Alte Meister, Dresden) ist ein Teil einer Folge von sieben
Tafeln »Die sieben Schmerzen Mariä«.

12 In der sogenannten Dunklen Kirche von Göreme (Kappadokien, Türkei) findet sich ein besonders gut erhaltenes byzantinisches Fresko aus der zweiten Hälfte des 12. Jahrhunderts. Es zeigt die Gefangennahme Christi.

3 Eine englische Buchmalerei aus dem 12. Jahrhundert zeigt Jesu Gefan-
ennahme und Geißelung. Die Malerei auf Pergament stammt aus dem
salter des Heinrich von Blois und wird heute in der British Library in
ondon aufbewahrt.

14 Christus erscheint nach seiner Auferstehung Maria Magdalena im Garten. Das Bild »Noli me tangere« (Wage es nicht, mich anzufassen) von Coreggio (um 1523) hängt heute im Prado in Madrid.

5 Der griechisch-stämmige spanische Maler El Greco hat viele beeindrukende Darstellungen der Jünger und Apostel geschaffen. Sein Bild »Petrus und Paulus« (Eremitage, St. Petersburg) entstand in Toledo um 1590.

16 Um die Gestalt der Maria Magdalena und ihre besondere Beziehung zu Jesus von Nazaret ranken sich zahlreiche Legenden und Spekulationen. Die Darstellung von Piero di Cosimo entstand um 1500 (Rom, Galleria Nazionale, Palazzo Barberini).

Da sagte Buthem, der Lehrer: »Es steht im Gesetz geschrieben: Und es wandelte Henoch mit Gott, und auf einmal war er nicht mehr da, weil Gott ihn zu sich in den Himmel genommen hatte.« Der Lehrer Jairus sagte: »Wir haben auch vom Tod des heiligen Mose gehört und haben ihn nicht gesehen. Es steht ja im Gesetz des Herrn geschrieben: Und Mose starb nach dem Munde des Herrn, und es kannte niemand sein Grab bis auf diesen Tag.« Und Rabbi Levi sagte: »Was hat Rabbi Symeon gesagt, als er Jesus sah: Siehe, dieser ist bestimmt zum Fallen und Aufstehen vieler in Israel und zu einem Zeichen, das Widerspruch finden wird?« Und Rabbi Isaak sagte: »Es steht im Gesetz geschrieben: Siehe, ich sende meinen Engel vor deinem Angesicht her, der wird dir vorangehen, um dich zu behüten auf jedem guten Wege, weil mein Name auf dem Wege genannt ist.«

Darauf sprachen Hannas und Kaiaphas: »Mit Recht habt ihr gesagt, was im Gesetz des Mose geschrieben steht, dass niemand den Tod Henochs gesehen und niemand den Tod Moses erzählt hat. Jesus aber hat sich vor Pilatus verantworten müssen, und wir haben gesehen, dass er Streiche empfangen hat und in sein Gesicht gespien wurde. Die Soldaten haben ihm einen Kranz aus Dornen umgelegt, er ist gegeißelt worden und hat den Urteilsspruch von Pilatus empfangen. Er ist auf dem Schädelplatz gekreuzigt worden und zwei Räuber mit ihm. Essig mit Galle haben sie ihm zu trinken gegeben, und der Soldat Longinus hat mit einer Lanze seine Seite durchbohrt. Seinen Leichnam hat sich unser verehrter Vater Joseph ausgebeten, und, wie er sagt, er ist auferstanden, wie denn auch die drei Männer sagen: Wir haben gesehen, wie er in den Himmel emporgehoben wurde.

Rabbi Levi hat bezeugt, was von Rabbi Symeon gesagt worden ist: Siehe, dieser ist bestimmt zum Fallen und Aufstehen vieler in Israel und zu einem Zeichen, das Widerspruch finden wird.« Und es sprachen alle Lehrer zum ganzen Volk des Herrn: »Wenn das vom Herrn geschehen ist und wunderbar ist in unseren Augen, so sollt ihr, Haus Jakobs, erkennen, dass geschrieben steht: Verflucht ist jeder, der am Holze hängt. Und eine andere Schriftstelle lehrt: Götter, die den Himmel und die Erde nicht gemacht haben, werden umkommen.« Da sprachen die Priester und Leviten zueinander: »Wenn sein Andenken bis zu Som, der Jobel heißt, bestehen bleibt, so erkennt, dass er die Herrschaft besitzt bis in Ewigkeit und sich ein neues Volk erweckt!« Dann verkündeten die Synagogenvorsteher, Priester und Leviten dem Volk Israel Folgendes: »Verflucht der Mann, der künftig noch das Gebilde aus Menschenhand anbetet, und verflucht der Mann, der Geschöpfe statt des Schöpfers anbetet!« Und das Volk sprach: »Amen! Amen!« und brachte dem Herrn einen Lobgesang dar: »Gepriesen sei der Herr, der dem Volk Israel Ruhe gegeben hat entsprechend allem, was er geredet hat! Nicht ein einziges Wort ist hinfällig geworden von allen seinen guten Worten, die er zu Mose, seinem Knecht, geredet hat. Der Herr, unser Gott, sei mit uns, wie er mit unseren Vätern war! Er lasse uns nicht umkommen, sondern neige vielmehr unser Herz zu sich, auf dass wir auf allen seinen Wegen wandeln, seine Gebote und seine Rechte halten, die er unseren Vätern aufgetragen hat! Und der Herr wird König sein über die ganze Erde an jenem Tage, und es wird ein Herr sein und sein Name einer. Der Herr ist unser König, er wird uns retten. Niemand ist dir gleich, Herr! Groß bist du, Herr, und groß ist dein Name durch deine Macht. Heile uns, Herr, und wir werden heil sein; rette uns, Herr, und wir werden gerettet sein. Denn dein Teil und Erbe sind wir, und es wird der Herr sein Volk nicht lassen um seines großen Namens willen; denn begonnen hat der Herr, uns zu seinem Volk zu machen.«

Und als sie den Lobgesang dargebracht hatten, gingen sie alle heim, jedermann in sein Haus, und priesen Gott. Denn seine Herrlichkeit ist in Ewigkeit. Amen!

Der Abstieg in die Hölle

Da sagte Joseph: »Was wundert ihr euch eigentlich, dass Jesus auferweckt worden ist? Nicht das ist ein Wunder, vielmehr dass er nicht allein auferweckt worden ist, sondern viele andere Tote auferweckt hat, die sich in Jerusalem vielen gegenüber gezeigt haben. Und wenn ihr die anderen nicht kennt, dann doch den Symeon, der Jesus als Kind in die Arme genommen hat. Und seine beiden Söhne, die er, Jesus, hat auferstehen lassen, die kennt ihr doch. Denn wir haben sie erst vor kurzem begraben. Jetzt aber kann man sehen, dass ihre Gräber offen und leer sind, sie selbst aber leben und halten sich in Arimathäa auf.« Da schickten sie Männer aus, die ihre Grabstätten offen und leer vorfanden. Da schlug Joseph vor: »Wir wollen nach Arimathäa gehen und sie aufsuchen!«

Darauf machten sich die Hohepriester Hannas und Kaiaphas sowie Joseph, Nikodemus, Gamaliel und andere mit ihnen auf den Weg nach Arimathäa und fanden die vor, von denen Joseph gesprochen hatte. Sie hielten ein Gebet und begrüßten einander. Danach kamen sie mit ihnen nach Jerusalem. Sie brachten sie in die Synagoge, sicherten die Türen und legten in die Mitte das Alte Testament der Juden, und es sprachen zu ihnen die Hohepriester: »Schwört bitte auf den Gott Israels und Adonai, und daraufhin sollt ihr uns die Wahrheit sagen, wie ihr auferstanden seid und wer euch von den Toten hat auferstehen lassen!«

Als die Männer, die auferstanden waren, das hörten, machten sie auf ihre Gesichter das Zeichen des Kreuzes und sagten zu den Hohepriestern: »Gebt uns Papier, Tinte und Feder!« Dann setzten sie sich hin und schrieben Folgendes:

Die Predigt Johannes' des Täufers

Herr Jesus Christus, du, die Auferstehung und das Leben der Welt, gib uns Gnade, dass wir deine Auferstehung erzählen können und deine wunderbaren Taten, die du im Hades getan hast! Wir also waren im Hades zusammen mit allen denen, die von Urzeiten her entschlafen sind. In der Stunde der Mitternacht strahlte es in jener Finsternis auf wie Sonnenlicht und leuchtete, und wir wurden allesamt beschienen und sahen einer den anderen. Und sogleich tat sich unser Vater Abraham mit den Patriarchen und den Propheten zusammen, und von Freude erfüllt sagten sie zueinander: »Das ist das Licht vom verheißenen großen Leuchten!« Der Prophet Jesaja, der dort anwesend war, sagte: »Das ist das Licht vom Vater und vom Sohn und vom heiligen Geist! Über das habe ich, als ich noch lebte, prophezeit und gesagt: Land Sebulon und Land Naphthali, das Volk, das in Finsternis sitzt, siehe, ein großes Licht erstrahlt ihm.«

Danach kam ein anderer in die Mitte, ein Asket aus der Wüste, und es sagten zu ihm die Patriarchen: »Wer bist du?« Er aber sprach: »Ich bin Johannes, das Ende der Propheten, der ich den Weg des Sohnes Gottes gerade gemacht und dem Volk Buße zur Vergebung der Sünden verkündigt habe. Und der Sohn Gottes ist zu mir gekommen, und als ich ihn von weitem sah, sprach ich zum Volk: Siehe, das Lamm Gottes, das die Sünde der Welt wegnimmt! Und mit meiner Hand habe ich ihn im Jordanfluss getauft, habe auch den heiligen Geist wie eine Taube auf ihn kommen sehen und die Stimme Gottvaters gehört, der da sprach: Dieser ist mein geliebter Sohn, den ich auserkoren habe. Und deswegen hat er mich auch zu euch gesandt, damit ich euch verkündige, dass der eingeborene Sohn Gottes hierher kommt, auf dass jeder, der an ihn glaubt, gerettet, wer aber nicht an ihn glaubt, verurteilt werde. Deswegen sage ich euch allen: Jetzt ist für euch der Augenblick, Buße zu tun dafür, dass ihr in der oberen nichtigen Welt die Götzen angebetet habt, und für das, was ihr gesündigt habt. Zu einem anderen Zeitpunkt aber wird das nicht mehr möglich sein.«

Die Verheißung an Adam

Als Johannes nun die im Hades lehrte, sagte Adam, der Erstgeschaffene und Ahnherr, als er's hörte, zu seinem Sohne Seth: »Mein Sohn, sage bitte den Vorvätern des Menschengeschlechts und den Propheten, wohin ich dich gesandt habe, als ich mich seinerzeit hinlegte, um zu sterben!« Seth aber sagte: »Propheten und Patriarchen, hört! Als mein Vater Adam, der Erstgeschaffene, sich einst zum Sterben hinlegte, sandte er mich, um ein Bittgebet an Gott zu richten ganz nah am Tor des Paradieses, dass er mich durch einen Engel an den Baum der Barmherzigkeit geleiten lasse, ich dort Öl aufnehmen und meinen Vater damit salben möge und er von seiner Schwachheit wieder aufstehe. Und nach dem Gebet kam ein Engel des Herrn und sagte zu mir: Was wünschst du, Seth? Wünschst du Öl, das die Schwachen aufstehen lässt, oder wenigstens den Baum, der solches Öl ausfließen lässt, um der Schwachheit deines Vaters willen? Das ist jetzt noch nicht anzutreffen. Gehe drum hin und berichte deinem Vater Folgendes: Wenn von der Erschaffung der Welt an 5500 Jahre vollendet sind, dann kommt der eingeborene Sohn Gottes, Mensch geworden, auf die Erde herab. Der wird ihn mit diesem Öl salben, und er wird auferstehen, und mit Wasser und Heiligem Geist wird er ihn und seine Nachkommen waschen, und dann wird er von aller Krankheit geheilt sein. Jetzt aber ist das nicht möglich.« Als die Patriarchen und die Propheten das hörten, da freuten sie sich sehr.

Der Streit zwischen Satan und Hades

Während sie alle von Freude erfüllt waren, kam der Satan, der Erbe der Finsternis, und sagte zum Hades: »Du Allesfresser und Unersättlicher, höre meine Worte! Einer aus dem Geschlecht der Juden, Jesus geheißen, nennt sich selbst Gottes Sohn, ist aber nur ein Mensch: den haben dank unserer Mitwirkung die Juden gekreuzigt. Und jetzt, wo er gestorben ist, halte dich bereit, dass wir ihn hier in Verwahrung nehmen! Denn ich weiß, dass er nur ein Mensch ist, und habe ihn ja auch sagen hören: Tief betrübt ist meine Seele bis zum Tode. Er hat mir viel Böses zugefügt in der oberen Welt, als er mit den Sterblichen zusammen wandelte. Denn, wo er meine Knechte antraf, da hat er sie verfolgt, und wie viele Menschen ich auch verkrüppelt, blind, lahm, aussätzig und dergleichen mehr gemacht habe, er hat sie durch das Wort allein gesund gemacht, und viele hatte ich hergerichtet fürs Begräbnis, und die hat er durch das Wort allein wieder lebendig gemacht.«

Da sagte der Hades: »Und so stark ist dieser, dass er durch das Wort allein dergleichen tut? Und du kannst, wenn das von ihm gilt, ihm Widerstand leisten? Mir scheint, wenn das von ihm gilt, dann wird niemand ihm Widerstand leisten können. Wenn du aber sagst, du habest gehört, dass er sich vor dem Tode gefürchtet habe, so hat er das sicher nur gesagt, um dich zu narren, und im Scherz, in der Absicht, dich umso leichter mit starker Hand zu packen. Wehe, wehe dir in alle Ewigkeit!« Da sagte der Satan: »Du alles fressender und unersättlicher Hades! Hast du solche Angst bekommen, als du von unserem gemeinsamen Feind gehört hast? Ich habe keine Angst vor ihm gehabt, sondern habe die Juden dahin gebracht, dass sie ihn kreuzigten und sogar Essig mit Galle zu trinken gaben. Mache dich also bereit, ihn, wenn er kommt, kräftig festzuhalten!«

Da antwortete der Hades: »Erbe der Finsternis, Sohn des Verderbens, Teufel! Du hast mir da gesagt, dass er viele, die du fürs Begräbnis hergerichtet hattest, durch das Wort allein lebendig gemacht hat. Wenn er aber andere davor gerettet hat, wie und mit welcher Kraft sollte er da von uns festgehalten werden? Vor kurzem hatte ich einen Toten mit Namen Lazarus verschlungen, und bald danach hat einer von den Lebenden durch das Wort allein ihn gewaltsam aus meinem Inneren heraufgezogen. Ich glaube, dass das der gewesen ist, von dem du sprichst. Wenn wir den hier aufnehmen, so fürchte ich, dass wir auch wegen der Übrigen in Gefahr geraten. Denn sieh, bei allen, die ich von Urzeiten her verschlungen habe, beobachte ich, dass sie auf einmal unruhig sind, und ich habe Schmerzen im Bauch. Mir scheint, der Lazarus, der mir da seinerzeit entrissen worden ist, ist kein gutes Omen! Denn nicht wie ein Toter, sondern wie ein Adler ist er mir davongegangen. So rasch hat die Erde ihn herausgeschleudert. Deswegen beschwöre ich dich bei deinem und meinem Wohlergehen, bringe den, von dem du sprichst, nicht hierher! Denn ich glaube, dass er hier nur deswegen erscheint, um alle Toten auferstehen zu lassen. Ich warne dich – bei der Finsternis, die uns eigen ist: Wenn du ihn hierher bringst, wird mir kein einziger von den Toten übrig bleiben!«

Christus, der König der Herrlichkeit

Während der Satan und der Hades so zueinander redeten, erging eine gewaltige Stimme wie Donner, die sprach: »Hebt hoch eure Tore, ihr Herrscher, und erhebt euch, ewige Tore! Es wird einziehen der König der Herrlichkeit.« Als der Hades das hörte, sagt er zum Satan: »Gehe nach draußen, wenn du kannst, und leiste ihm Widerstand!« So ging der Satan denn nach draußen. Darauf sagte der Hades zu seinen Dämonen: »Sichert gut und stark die ehernen Tore und die eisernen Riegel, haltet meine Sperren und gebt, in Kolonnen aufgestellt, auf alles acht! Denn wenn er erst hereinkommt, dann – wehe! – wird er sich unserer bemächtigen.«

Als die Vorväter das hörten, begannen sie ihn zu schmähen und sagten: »Du Allesfresser und Unersättlicher! Mache auf, dass der König der Herrlichkeit einziehe!« David, der Prophet, sagte: »Weißt du nicht, du Verblendeter, dass ich, als ich noch in der Welt lebte, diese Stimme: Hebt hoch eure Tore, ihr Herrscher prophezeit habe?« Jesaja sprach: »Ich habe dies vorausgesehen und, vom Heiligen Geist geleitet, geschrieben: Es werden auferstehen die Toten und erweckt werden die in den Gräbern, und es werden sich freuen die auf Erden und: Wo ist, Tod, dein Stachel? Wo ist, Hades, dein Sieg?«

Da erging wieder die Stimme, die sprach: »Hebt hoch eure Tore!« Als der Hades zum zweiten Mal die Stimme hörte, fragte er scheinheilig: »Wer ist dieser König der Herrlichkeit?« Da sagten die Engel des Gebieters: »Der Herr voller Kraft und Macht, der Herr, mächtig im Streit!« Und mit diesem Wort wurden die ehernen Tore zerbrochen und die eisernen Ringe zerschmettert, und die Toten allesamt, die gefesselt waren, wurden befreit und wir mit ihnen. Dann zog der König der Herrlichkeit ein, dem Aussehen nach wie ein Mensch, und alle Finsternis des Hades erstrahlte im Licht.

Der Sieg über den Satan

Sogleich rief der Hades: »Wir sind besiegt. Weh uns! Doch wer bist du, der du solche Vollmacht und Kraft hast? Und welcher Art bist du, der du ohne Sünde hierher gekommen bist, der du klein scheinst und Großes vermagst, der du niedrig bist und hoch, der du Knecht bist und Gebieter, Soldat und König, der du über die Toten und die Lebendigen die Macht ausübst? Ans Kreuz bist du genagelt und ins Grab bist du gelegt worden, und jetzt bist du frei geworden und hast alle unsere Macht zerstört. Bist du der Jesus, von dem uns Satan, der Obersatrap, gesprochen hat, weil du im Begriff bist, durch Kreuz und Tod hindurch die ganze Welt zum Erbe zu nehmen?«

Darauf fasste der König der Herrlichkeit den Satan, den Obersatrapen, beim Schopfe, übergab ihn den Engeln und befahl: »Bindet ihn mit eisernen Ketten an den Händen und den Füßen und am Hals und an seinem Mund!« Danach übergab er ihn dem Hades und sagte: »Nimm ihn und behalt ihn sicher in Verwahrung bis zu meiner zweiten Parusie!«

Und der Hades übernahm den Satan und sagte zu ihm: »Beelzebub, Erbe des Feuers und der Pein, Feind der Heiligen! Warum musstest du es ausgerechnet so einrichten, dass der König der Herrlichkeit gekreuzigt wurde, sodass er nun hierher gekommen ist und uns unserer Macht entkleidet hat? Wende dich um und sieh: Kein einziger Toter ist mir übrig geblieben, sondern alles, was du durch das Holz der Erkenntnis gewonnen hattest, das hast du durch das Holz des Kreuzes verloren, und deine ganze Freude hat sich in Trauer gewandelt. Den König der Herrlichkeit hast du töten wollen und hast dich selbst getötet. Denn nachdem ich dich übernommen habe, um dich sicher in Verwahrung zu behalten, wirst du aus eigener Erfahrung lernen, was alles ich an Bösem gegen dich unternehmen werde. Du Oberteufel, Oberhaupt des Todes, Wurzel der Sünde, Ende alles Bösen! Was hast du an Jesus Schlechtes gefunden, dass du seinen Untergang betrieben hast? Wie hast du es wagen können, so viel Unrecht zu tun? Warum bist du darauf bedacht gewesen, einen Menschen in diese Finsternis hinabzuführen, durch den du um alle, die seit Urzeiten gestorben waren, gebracht worden bist?«

Die Auferweckung der Toten

Während aber der Hades so zum Satan sprach, streckte der König der Herrlichkeit seine rechte Hand aus, ergriff und erweckte Adam, den Ahnherrn. Danach wandte er sich auch zu den Übrigen und sprach: »Her zu mir, alle, die ihr durch das Holz, von dem dieser gekostet hat, zu Tode gebracht worden seid! Denn siehe, ich will euch wiederum durch das Holz des Kreuzes auferstehen lassen.« Dazu jagte er alle hinaus, und Adam, der Ahnherr, der sich von herzlicher Freude erfüllt zeigte, sagte: »Ich danke deiner Majestät dafür, dass du mich aus dem Hades tief drunten heraufgeführt hast.« In gleicher Weise sagten auch alle Propheten und Heiligen: »Wir danken dir dafür, Christus, Heiland der Welt, dass du unser Leben aus der Verderbnis heraufgeführt hast.«

Und als sie das gesagt hatten, segnete der Heiland den Adam an der Stirne mit dem Zeichen des Kreuzes. Das Gleiche tat er auch an den Patriarchen, Propheten, Märtyrern und Vorvätern, nahm sie mit sich und zog eilends aus dem Hades empor. Während er aber dahinzog, sangen die heiligen Väter, die ihm folgten: »Gelobt sei, der da kommt im Namen des Herrn! Halleluja! Ihm sei die Ehre von Seiten aller Heiligen dargebracht!«

Im Paradies

Während er so in das Paradies zog, hielt er Adam, den Ahnherrn, an der Hand und übergab ihn sowie alle Gerechten dem Erzengel Michael. Als sie durch die Tür des Paradieses einzogen, kamen ihnen zwei hochbetagte Männer entgegen, zu denen die heiligen Väter sagten: »Wer seid ihr, die ihr den Tod nicht gesehen habt und nicht in den Hades gekommen seid, sondern mit Leib und Seele im Paradies eure Wohnung habt?« Einer von ihnen gab zur Antwort: »Ich bin Henoch, der Gott wohlgefällig gewesen und von ihm hierher versetzt worden ist, und das da ist Elia, der Thesbiter. Wir sollen bis zum Abschluss des Äons am Leben bleiben, dann aber sollen wir von Gott ausgesandt werden, um dem Antichristen Widerstand zu leisten, von ihm getötet zu werden, nach drei Tagen aufzuerstehen und in Wolken hingerissen zu werden zur Begegnung mit dem Herrn.«

Während sie das sagten, kam ein anderer, armselig aussehender Mensch, der auf seiner Schulter ein Kreuz trug. Zu dem sagten die heiligen Väter: »Wer bist du, der du das Aussehen eines Räubers hast, und was ist mit dir, dass du ein Kreuz auf den Schultern trägst?« Er gab zur Antwort: »Ich bin, ganz wie ihr sagt, in der Welt ein Räuber und ein Dieb gewesen, und deswegen hatten mich die Juden gegriffen und mich zusammen mit unserem Herrn Jesus Christus dem Tod am Kreuz ausgeliefert. Als er jedoch am Kreuz hing, da bin ich, als ich die Zeichen sah, die geschahen, zum Glauben an ihn gekommen und habe ihn gebeten: Herr, wenn du König sein wirst, so vergiss mich nicht! Und sogleich sprach er zu mir: Wahrlich, wahrlich, heute sage ich dir: Du wirst mit mir zusammen im Paradiese sein. So trug ich denn mein Kreuz, kam in das Paradies und traf dort den Erzengel Michael an, zu dem ich sagte: Unser Herr Jesus, der Gekreuzigte, hat mich hierher geschickt. Führe mich nun durch das Tor von Eden! Und als das flammende Schwert das Zeichen des Kreuzes sah, öffnete es mir, und ich trat ein. Danach sprach zu mir der Erzengel: Verweile ein wenig! Denn es kommt bald Adam, der Ahnherr des Menschengeschlechts, samt den Gerechten. Wie ich euch jetzt sah, bin ich euch entgegengekommen. Als die Heiligen das hörten, riefen sie alle mit lauter Stimme: »Groß ist unser Herr und groß seine Macht!«

Schlussrede

Dies alles haben wir beiden Brüder gesehen und gehört. Wir sind denn auch von dem Erzengel Michael ausgesandt worden, um die Auferstehung des Herrn zu verkündigen, zuvor aber zum Jordan hinzugehen und uns taufen zu lassen. Dorthin sind wir auch gegangen und haben uns der Taufe zusammen mit anderen Toten, die ebenfalls auferstanden waren, unterzogen. Danach sind wir nach Jerusalem gekommen und haben das Passah der Auferstehung gefeiert. Jetzt aber können wir uns hier nicht länger aufhalten und ziehen davon. Und die Liebe Gottes, des Vaters, und die Gnade unseres Herrn Jesu Christi und die Gemeinschaft des heiligen Geistes sei mit euch allen!

Als sie das geschrieben und die Rollen versiegelt hatten, gaben sie eine Rolle den Hohen Priestern und die andere Joseph und Nikodemus. Kurz darauf waren sie verschwunden – zur Ehre unseres Herrn Jesu Christi. Amen!

Das Bartholomäusevangelium

Das Evangelium handelt hauptsächlich von dem Geschehen an Ostern, der Passion und Auferstehung Jesu, vergleichbar mit dem Petrusevangelium. Der Text ist zeitlich nicht eindeutig einzuordnen. Ältere Teile können bis ins 3. Jahrhundert zurückreichen, andere koptische Texte, sind kaum vor dem 5. Jahrhundert entstanden.

Der Verfasser spricht mit dem auferstandenen Christus und mit Maria und bittet sie, ihm alle Geheimnisse zu enthüllen und ihm den Teufel zu zeigen. Dieser zeigt ihm, welche Arten von Engeln es gibt.

Die Schrift ist mit dem Gamalielevangelium verwandt und verarbeitet auf volkstümliche Weise altägyptisches und koptisches Gedankengut.

In der Zeit vor der Passion unseres Herrn Christus waren einmal alle Apostel versammelt. Da baten sie ihn: Herr, offenbare uns die Geheimnisse des Himmels. Jesus aber erwiderte: Ehe ich nicht diesen Fleischesleib abgelegt habe, kann ich euch nichts kundtun. Als er aber gelitten hatte und auferstanden war, wagte keiner der Apostel ihn diesbezüglich zu fragen, weil sein Aussehen nicht mehr wie früher war, sondern die Fülle seiner Gottheit offenbarte.

Bartholomäus aber fasste sich ein Herz und sprach: Herr, ich möchte mit dir reden. Jesus entgegnete ihm: Liebster Bartholomäus, ich weiß, was du sagen willst. Frage also, und ich werde dir auf alles, was du wünschst, antworten. Selbst was du nicht zur Sprache bringst, werde ich dir kundtun. Da sprach Bartholomäus zu ihm: Herr, als du gingst, um dich ans Kreuz hängen zu lassen, da folgte ich dir von ferne. Ich sah dein Martyrium und wie die Engel vom Himmel herabstiegen, um dich anzubeten. Als die Finsternis eintrat, schaute ich hin und sah, dass du vom Kreuz verschwunden warst; nur deine Stimme aus der Unterwelt sowie ein gewaltiges Jammern und Wehklagen hörte ich. Künde mir Herr, wohin du vom Kreuz gegangen bist. Da antwortete Jesus: Gesegnet bist du, Bartholomäus, mein Geliebter, weil du dieses Geheimnis geschaut hast. Jetzt werde ich dir alles, wonach du mich fragst, kundtun.

Als ich nämlich vom Kreuz verschwand, ging ich zur Unterwelt, um Adam und alle Patriarchen, Abraham, Isaak und Jakob, von dort heraufzuführen. Der Erzengel Michael hatte mich dazu aufgefordert. Als ich nun mit meinen Engeln in die Unterwelt hinabstieg, um die eisernen Riegel an den Pforten der Unterwelt aufzubrechen, sprach Hades zum Teufel: Ich sehe, Gott ist auf die Erde herabgestiegen. Und die Engel riefen den Gewaltherrschern zu: Öffnet, Fürsten, eure Tore, denn der König der Herrlichkeit ist in die Unterwelt hinabgestiegen. Hades fragte hierauf: Wer ist dieser König der Herrlichkeit? Als ich nun 500 Stufen hinabstieg, begann Hades gewaltig zu zittern, und er sprach: Ich glaube, Gott ist herabgestiegen. Sein gewaltiger Atem geht vor ihm her. Ich kann es mit ihm nicht aufnehmen. Der Teufel aber sprach zu ihm: Ergib dich nicht, sondern mache dich stark! Gott ist nicht herabgestiegen. Als ich aber zum zweiten Mal 500 Stufen hinabstieg, da riefen die starken Engel: Öffnet euch, Pforten eures Fürsten! Geht auseinander, ihr Torflügel! Denn schaut: Der König der Herrlichkeit ist herabgestiegen. Und wiederum sprach Hades: Wehe mir! Ich nehme den Atem Gottes wahr. Und da sagst du: Gott ist nicht auf die Erde herabgestiegen! Beelzebub entgegnete: Was fürchtest du dich? Es kam ein Prophet, und du behauptest, es sei Gott. Der Prophet hat sich Gott gleich gemacht. Ihn wollen wir nehmen und ihn zu denen gesellen, die glauben, in den Himmel aufzusteigen. Und Hades sprach: Welcher Prophet ist es? Tu es mir kund! Ist es Henoch, der Gerechtigkeit Schreibende? Aber Gott hat ihm nicht gestattet, auf die Erde herabzukommen vor dem Ende der 6000 Jahre. Sagst du, es sei Elias, der Rächer? Aber vor dem Ende kommt er nicht herab. ... Als aber der Teufel erkannte, dass das Wort des Vaters auf die Erde herabgekommen war, sprach er: Fürchte dich nicht, Hades; wir wollen die Tore fest verriegeln. Denn nicht Gott selbst kommt auf die Erde herab. Und Hades sprach: Wo verbergen wir uns vor dem Angesicht Gottes, des großen Königs? Lasse mich, widersetze dich nicht; denn ich bin vor dir erschaffen worden. Alsdann zermalmten sie die ehernen, verriegelten Tore, ich trat ein, ergriff Hades, schlug ihn mit hundert Schlägen und band ihn mit unlöslichen Fesseln fest. Dann führte ich alle Patriarchen hinaus und ging wieder zum Kreuz.

Und Bartholomäus sprach zu ihm: Herr, ich sah, wie du wieder am Kreuz hingst, und alle Toten auferstanden und dich anbeteten. Tue mir kund, Herr, wer war jener riesenhafte Mensch, den die Engel auf ihren Armen brachten, und was sprachst du zu ihm, sodass er schwer aufseufzte? Das war Adam, der Erstgeschaffene, um dessentwillen ich vom Himmel auf die Erde herabkam. Und ich sprach zu ihm: Ich ließ mich um deiner und um deiner Kinder willen ans Kreuz hängen. Als er das hörte, seufzte er auf.

Wieder sprach Bartholomäus: Herr, ich sah auch die Engel vor Adam hinaufsteigen und ein Loblied anstimmen. Einer der Engel, größer als die anderen, wollte nicht hinaufsteigen. Er hatte in seiner Hand ein feuriges Schwert und schaute auf dich. Und alle Engel baten ihn, mit ihnen zu kommen; er aber wollte nicht. Als du es aber ihm befahlst, sah ich eine Flamme aus seinen Händen schießen, die bis zur Stadt Jerusalem reichte. Und Jesus sprach zu ihm: Gesegnet bist du, Bartholomäus, mein Geliebter, weil du diese Geheimnisse gesehen hast. Dieser war einer von den Racheengeln, die vor dem Thron meines Vaters stehen. Diesen Engel sandte er zu mir. Deswegen wollte er nicht hinaufsteigen, denn er wollte die Macht der Welt vernichten. Als ich ihm das aber befahl, schoss eine Flamme aus seiner Hand; und er teilte für die Söhne Israels den Vorhang des Tempels als Zeugnis für mein Leiden am Kreuz.

Und als Jesus das gesagt hatte, sprach er zu den Aposteln: Wartet auf mich an diesem Orte; denn heute wird im Paradies ein Opfer dargebracht, damit ich es nach meiner Ankunft annehme. Bartholomäus aber sprach zu ihm: Herr, was ist das für ein Opfer im Paradies? Jesus antwortete: Die Seelen der Gerechten gehen, wenn sie den Leib verlassen, zum Paradies, und wenn ich nicht komme, finden sie dort keinen Einlass.

Daraufhin fragte Bartholomäus: Herr, wie viele Seelen verlassen jeden Tag die Welt? Jesus entgegnete: dreißigtausend. Und wiederum fragte Bartholomäus: Herr, hast du auch, als du unter uns lebtest, die Opfer im Paradies entgegengenommen? Jesus antwortete: Wahrlich, ich sage dir, mein Geliebter, auch als ich unter euch lehrte, saß ich zur Rechten des Vaters und nahm die Opfer im Paradies entgegen. Und Bartholomäus sprach: Herr, wenn dreißigtausend Seelen täglich diese Welt verlassen, wie viele finden den Eingang ins Paradies? Jesus antwortete: nur drei. Bartholomäus fragte weiter: Herr, wie viele Seelen werden Tag für Tag in der Welt geboren? Jesus antwortete: eine mehr als die Welt verlassen. Und indem er dies sagte, gab er ihnen den Frieden und verschwand aus ihren Augen.

Als die Apostel mit Maria in Chritir weilten, trat Bartholomäus zu Petrus, Andreas und Johannes heran und sprach zu ihnen: Wir wollen Maria, die Begnadete, fragen, wie sie den Unfassbaren empfing oder wie sie den Untragbaren trug oder wie sie eine solche Größe gebar. Die drei hatten jedoch Bedenken, sie zu fragen. Da sprach Bartholomäus zu Petrus: Vater Petrus, frage du sie als der Oberste. Petrus aber wandte sich an Johannes: Du bist ein keuscher Jüngling und untadlig, frage du sie. Da nun alle zögerten, trat Bartholomäus mit heiterem Antlitz zu Maria und sprach: Du Begnadete, Zelt des Höchsten, Unbefleckte, als Beauftragter der Apostel frage ich dich, wie du den Unfassbaren empfingst oder wie du den Untragbaren trugst oder wie du eine solche Größe gebarst. Maria aber antwortete: Fragt mich nicht nach diesem Geheimnis! Wenn ich anfange, davon zu euch zu sprechen, geht Feuer aus meinem Mund und verzehrt die ganze Erde. Die Apostel aber fragten sie noch eindringlicher, und da sie ihnen nichts verweigern wollte, sprach sie: Wir wollen uns zum Gebet aufstellen!

Und die Apostel stellten sich hinter Maria. Da sprach sie zu Petrus: Oberster der Apostel, stärkste Säule, stehst du hinter mir? Hat nicht unser Herr gesagt: Des Mannes Haupt ist Christus, aber das des Weibes der Mann? Tretet also zum Gebet vor mich! Sie aber sprachen zu ihr: In dir hat der Herr sein Zelt aufgeschlagen und hat geruht, von dir umfasst zu werden. Du bist also jetzt mehr als wir befugt, das Gebet zu übernehmen. Sie aber entgegnete ihnen: Ihr seid leuchtende Sterne, wie es der Prophet gesagt hat: Ich hob meine Augen auf zu den Bergen, von denen mir Hilfe kommt. Ihr seid also die Berge, und ihr müsst beten. Darauf die Apostel zu ihr: Du musst beten als Mutter des himmlischen Königs. Und Maria zu ihnen: Nach eurem Bilde gestaltete Gott die Sperlinge und entsandte sie in die vier Ecken der Welt. Die aber erwiderten ihr: Er, den die sieben Himmel kaum fassen, hat geruht, sich von dir umfassen zu lassen. Da stellte sich Maria vor sie, hob ihre Hände zum Himmel und begann zu beten: O überaus großer und allwissender Gott, König der Äonen, Unbeschreibbarer, Unaussprechbarer, der du die Weiten der Himmel durch dein Wort und das Himmelsgewölbe in harmonischer Ordnung geschaffen hast, der du die ungeordnete Materie geformt und das Getrennte vereint hast, der du die Finsternis vom Lichte geschieden und die Gewässer aus der gleichen Quelle geschaffen hast; vor dem sich Ätherwesen und Erdgeschöpfe gleichermaßen fürchten, der du der Erde ihren Sitz gegeben und nicht gewollt hast, dass sie vergehe, indem du ihr reichlich Regen gespendet und so für die Nahrung aller gesorgt hast, du, der ewige Logos des Vaters. Sieben Himmel vermochten dich kaum zu fassen, von mir aber geruhtest du dich, ohne mir Schmerz zu bereiten, umfassen zu lassen, der du der vollkommene Logos des Vaters bist, durch den alles geschaffen wurde.

Verherrliche deinen überaus erhabenen Namen und lasse mich vor deinen heiligen Aposteln reden! Nachdem sie das Gebet beendet hatte, sagte sie zu ihnen: Wir wollen uns auf den Erdboden setzen. Komm du, Petrus, Oberster der Apostel, setze dich zu meiner Rechten und lege deine linke Hand unter meine Achsel. Und du, Andreas, tue das Gleiche von links. Du aber, jungfräulicher Johannes, halte meine Brust. Und du, Bartholomäus, drücke deine Knie an meine Schultern, damit ich gestützt bin, wenn ich zu reden anfange:

Als ich im Tempel Gottes weilte und aus der Hand eines Engels meine Speise empfing, erschien mir eines Tages einer in der Gestalt eines Engels; sein Gesicht aber war unbeschreibbar, und in seiner Hand hatte er weder Brot noch Becher wie der Engel, der bisher zu mir kam. Und sogleich zerriss der Vorhang des Tempels, und ich stürzte durch ein gewaltiges Erdbeben zu Boden, da ich seinen Anblick nicht ertrug. Er aber griff mich bei der Hand und richtete mich auf. Und ich blickte zum Himmel. Da kam eine Wolke Taus auf mein Gesicht und benetzte mich von Kopf bis Fuß; er wischte mich mit seinem Gewand ab und sprach zu mir: Sei gegrüßt, du Begnadete, du auserwähltes Gefäß. Dann klopfte er auf die rechte Seite seines Gewandes, und es kam ein riesiges Brot hervor; das legte er auf den Altar des Tempels, aß zuerst selbst und gab dann auch mir davon. Dann klopfte er auf die linke Seite seines Gewandes und zückte einen mit Wein gefüllten Becher, setzte ihn auf den Altar des Tempels, trank zuerst davon und gab dann auch mir zu trinken.

Beim genaueren Hinschauen sah ich, dass das Brot noch ganz und der Becher noch voll war. Dann sprach er: Noch drei Jahre, dann werde ich meinen Logos senden; du wirst meinen Sohn empfangen, und durch ihn wird die ganze Welt gerettet werden. Du aber wirst der Welt das Heil bringen. Friede sei mit dir, du Begnadete, und mein Friede wird mit dir sein immerdar. Und als er so gesprochen hatte, entschwand er meinen Augen, und im Tempel schien sich nichts verändert zu haben.

Als Maria das sagte, kam Feuer aus ihrem Mund, und die Welt war drauf und dran, zu verbrennen. Da kam eiligen Schrittes Jesus hinzu und sprach zu ihr: Rede nicht weiter, sonst wird heute meine ganze Schöpfung zugrunde gehen. Und Bartholomäus sprach mit erregter Stimme: O Mutterschoß, geräumiger als eine Stadt! O Mutterschoß, weiter als der Himmelsraum! O Mutterschoß, der du umfasstest den, welchen die sieben Himmel nicht fassen. Du fasstest ihn ohne Schmerzen und hieltest ihn, der sein Wesen ins Kleinste gewandelt hatte, an deinem Busen. O Mutterschoß, der du, im Leibe verborgen, den weit sichtbaren Christus geboren hast! O Mutterschoß, der du geräumiger wurdest als die ganze Schöpfung.

Und die Apostel wurden von Furcht ergriffen, Gott möge ihnen zürnen. Und Jesus ging mit ihnen auf den Berg Mauria und setzte sich in ihre Mitte. Sie aber hatten Angst, ihn etwas zu fragen. Da ergriff Jesus das Wort und ermunterte sie: Fraget mich, wonach ihr wollt, damit ich euch belehren und schauen lassen kann. Denn es sind noch sieben Tage, dann gehe ich hinauf zu meinem Vater und werde euch auch in dieser Gestalt nicht mehr vor die Augen treten. Sie aber sprachen zögernd zu ihm: Herr, zeige uns den Abgrund, wie du uns das verheißen hast. Er entgegnete: Es ist nicht gut für euch, den Abgrund zu sehen. Wenn ihr es aber wollt, so werde ich mein Versprechen halten. Kommt, folgt mir und schaut! Und er führte sie an einen Ort, der Cherubim hieß, das heißt: Ort der Wahrheit. Er winkte den Engeln des Westens, und die Erde wurde aufgerollt wie eine Papyrusrolle, wodurch sich vor ihren Augen der Abgrund auftat. Als die Apostel dies sahen, fielen sie auf ihr Antlitz. Jesus aber sprach zu ihnen: Habe ich es euch nicht gesagt, dass es nicht gut für euch ist, den Abgrund zu sehen? Und auf seinen Befehl hin wurde der Abgrund von den Engeln wieder verdeckt. Dann nahm er die Apostel und führte sie auf den Ölberg. Es sprach aber Petrus zu Maria: Begnadete, bitte den Herrn, dass er uns alles kundtut, was im Himmel ist. Und Maria entgegnete dem Petrus: Du oben behauener Fels, hat nicht auf dir der Herr seine Kirche gebaut? Du bist also der Erste zu gehen und ihn zu fragen. Petrus noch einmal: Du bist zum Zelt des höchsten Gottes geschaffen worden. Frage du ihn! Dagegen Maria: Du bist das Abbild Adams. Wurde dieser nicht zuerst erschaffen und danach erst Eva? Sieh die Sonne! Sie glänzt nach der Art Adams. Sieh den Mond! Er ist voller Schmutz, weil Eva das Gebot übertrat. Es setzte nämlich Gott den Adam in den Osten, die Eva aber in den Westen, und er befahl Sonne und Mond zu leuchten, sodass die Sonne mit ihrem feurigen Wagen dem Adam im

Osten leuchten, der Mond aber im Westen der Eva sein milchiges Licht spenden sollte. Aber sie besudelte das Gebot des Herrn, und deshalb wurde der Mond schmutzig, und sein Licht glänzt nicht. Da also du das Abbild Adams bist, ist es an dir zu fragen. In mir aber nahm der Herr Wohnung, damit ich die Würde der Frauen wiederherstelle.

Als sie nun auf den Gipfel des Berges kamen, trennte sich der Herr ein Weilchen von ihnen. Da sprach Petrus zu Maria: Du hast den Fehltritt Evas wiedergutgemacht, indem du ihre Schande in Freude verwandelt hast, an dir ist es also zu fragen. Als aber Jesus wieder erschien, sprach Bartholomäus zu ihm: Herr, zeige uns den Widersacher der Menschen, damit wir sehen, wie geartet er ist oder welches sein Werk ist oder woher er stammt oder welche Macht er hat, dass er selbst dich nicht schonte, sondern ans Kreuz hängen ließ. Da blickte Jesus ihn an und sprach: O verwegenes Herz! Was du nicht schauen kannst, danach fragst du. Bartholomäus aber erschrak. Er fiel Jesus zu Füßen und sagte: Nie verlöschender Leuchter, Herr Jesus Christus, Unvergänglicher, der du Gnade für die ganze Welt denen verliehen hast, welche dich lieben, und ewiges Licht geschenkt hast durch dein Erscheinen auf Erden, der du dein Dasein droben auf Geheiß des Vaters aufgegeben und dein Werk vollendet hast, der du Adams Niedergeschlagenheit in Freude verwandelt und die Trauer Evas mit gnädigem Antlitz durch deine Geburt aus der jungfräulichen Mutter überwunden hast, sei mir nicht böse und gib mir das Recht zu fragen. Als er so sprach, hob ihn Jesus auf und fragte ihn: Willst du den Widersacher der Menschen sehen, Bartholomäus? Ich sage dir, dass bei seinem Anblick nicht nur du, sondern auch die

Apostel und Maria wie tot zu Boden fallen werden. Alle aber erklärten ihm: Herr, wir wollen ihn sehen.

Und er führte sie vom Ölberg hinab, bedrohte die Engel der Unterwelt und gab Michael einen Wink, er solle in der Höhe des Himmels seine gewaltige Posaune ertönen lassen. Da wurde die Erde erschüttert, und Beliar kam herauf, gehalten von 660 Engeln und mit feurigen Ketten gebunden. Er war 1600 Ellen hoch und 40 Ellen breit. Sein Antlitz und seine Augen waren wie feurige Blitze, und aus seinen Nüstern kam stinkender Rauch. Sein Mund war wie ein Felsspalt, und ein einziger Flügel von ihm war 80 Ellen lang. Sobald die Apostel ihn sahen, fielen sie wie tot zur Erde. Jesus aber trat heran, richtete die Apostel auf und gab ihnen den Odem des Lebens. Dann sprach er zu Bartholomäus: Tritt an Beliar heran, Bartholomäus, und setze deine Füße auf seinen Nacken; dann wird er dir sagen, was sein Werk ist und wie er die Menschen betrügt. Jesus aber blieb mit den Aposteln in der Ferne stehen. Bartholomäus, von Furcht ergriffen, sprach: Herr Jesus, gib mir einen Zipfel von deinem Gewande, damit ich mich an ihn heranwage. Jesus entgegnete ihm: Du kannst keinen Zipfel von meinem Gewande bekommen, denn mein Gewand ist nicht mehr das, welches ich vor der Kreuzigung trug. Darauf Bartholomäus: Ich habe Angst, Herr, dass Beliar auch mich verschlingt. Jesus entgegnete: Ist nicht durch mein Wort und nach dem Plan meines Vaters das All geschaffen worden? Selbst Salomon waren die Geister untertan. Gehe also, da du in meinem Namen dazu aufgefordert wirst, und frage ihn, was du willst! Da ging Bartholomäus hin und trat Beliar auf den Nacken, stieß sein Gesicht bis zu den Ohren in die Erde und fragte ihn: Sage mir, wer du bist, und wie du heißt. Der entgegnete: Erleichtere meine Lage ein wenig, und ich will dir sagen, wer ich bin, wie ich in diesen Zustand gekommen bin, worin mein Werk besteht und wie groß meine Macht ist. Bartholomäus gewährte ihm Erleichterung und forderte ihn auf: Sage alles, was du getrieben hast und treibst! Beliar entgegnete: Wenn du meinen Namen erfahren willst: Ich wurde zuerst Satanael genannt, was »Engel Gottes« bedeutet. Als ich aber das Abbild Gottes verwarf, wurde ich Satan geheißen, was »Höllenengel« bedeutet. Und wieder forderte ihn Bartholomäus auf: Enthülle mir alles und verbirg mir nichts! Er aber entgegnete: Ich schwöre dir bei der gewaltigen Herrlichkeit Gottes, dass ich dir, selbst wenn ich wollte, nichts verbergen kann; denn neben mir steht der, welcher mich überführen kann. Hätte ich nämlich die Macht dazu, dann würde ich euch verderben, wie ich einen von euch ins Verderben gestürzt habe. Ich wurde als der erste Engel geschaffen. Denn als Gott die Himmel schuf, nahm er eine Hand voller Feuer und bildete zuerst mich, an zweiter Stelle den Michael, den Anführer der oberen Heerscharen, als dritten den Gabriel, als vierten den Uriel, den Raphael an fünfter Stelle und an sechster den Nathanael und weitere 6000 Engel, deren Namen ich nicht nennen kann. Es gibt Rutenträger Gottes, und diese lassen mich in nichts gewähren, peitschen mich siebenmal am Tage und siebenmal in der Nacht und zerfetzen mit meiner Haut auch meine ganze Macht. Das sind die Racheengel, die neben dem Thron Gottes stehen. Diese alle gehören zu den ersterschaffenen Engeln. Und nach ihnen wurde die ganze Fülle der Engel geschaffen: 100 Myriaden für den ersten Himmel und ebenso viele für den zweiten bis siebten Himmel. Außerhalb der sieben Himmel zieht sich die erste Sphäre, das Firmament, hin; und dort weilen die Engelsmächte, die auf die Menschen einwirken. Es gibt auch vier Engel, die über die Winde herrschen; einer namens Chairum gebietet über den Boreas. Er hat in seiner Hand einen feurigen Stab und setzt der großen Feuchtigkeit Schranken, über die dieser Wind verfügt, damit die Erde nicht vertrockne. Der Engel namens Oertha, der über den Aparktias gebietet, hat eine Feuerfackel in der Hand und erwärmt sich selbst und damit auch die Erde. Der Engel des Südwindes heißt Kerkutha, und er bricht dessen Ungestüm, damit dieser nicht die Erde erschüttere. Und der Engel namens Naoutha, der über den Südwestwind herrscht, hat einen Stab von Eis in seiner Hand und löscht damit das Feuer, das aus seinem Mund kommt; anderenfalls würde er die ganze Welt in Brand setzen. Ein weiterer Engel waltet schließlich über das Meer. Er macht es wild mittels der Wogen. Mehr sage ich dir nicht. Denn der neben mir steht, duldet es nicht.

Da fragte Bartholomäus Beliar: Wie züchtigst du die Menschenseelen? Dieser antwortete: Soll ich dir die Züchtigung der Heuchler, Verleumder, Possenreißer, Habsüchtigen, Ehebrecher, Zauberer, Wahrsager schildern und derer, die an uns glauben, und aller, hinter denen ich her bin? Bartholomäus fuhr ihn an: Ich wünsche, dass du dich kurz fasst. Und er schlug seine Zähne aufeinander, und herauf kam ein Rad aus dem Abgrund mit einem Feuer ausstrahlenden Schwert, das Rillen aufwies. Und ich fragte ihn: Was ist das für ein Schwert? Er antwortete: Das ist das Schwert für die Schlemmer. In diese Rille werden sie gelegt, weil sie in ihrer Schlemmerei zu jeder Sünde neigen. In die zweite Rille kommen die Verleumder. In die dritte Rille kommen die Heuchler und die Übrigen, denen ich durch meine Machenschaften ein Bein stelle. Darauf Bartholomäus: Tust du das in eigener Person? Beliar antwortete: Wenn ich es könnte, würde ich die ganze Welt in drei Tagen ins Verderben stürzen, aber weder ich noch einer von den 600 hat Ausgang. Wir haben andere fleißige Diener, denen wir Aufträge geben. Wir rüsten sie mit einer Angel aus, die reich an Widerhaken ist, und schicken sie auf die Jagd nach Menschenseelen; mit süßen Verlockungen wie Trunksucht, Gelächter, Verleumdung, Heuchelei, Vergnügungen, Hurerei und die übrigen Mittel aus ihrer Schatzkammer, welche die Menschen schwach machen.

Ich nenne auch die übrigen Engelnamen: Der Engel des Hagels namens Mermeoth hält den Hagel auf seinem Haupt, und meine Diener beschwören ihn und schicken ihn, wohin sie wollen. Und andere Engel gebieten über den Schnee, wieder andere über den Donner und den Blitz, und wenn ein Geist aus unserer Mitte ausgehen will, sei es über Land oder über Wasser, so schicken diese Engel feurige Steine aus und setzen unsere Glieder in Brand. Da sprach Bartholomäus: Verstumme, Drache des Abgrunds! Beliar aber sagte: Ich werde dir noch vieles über die Engel mitteilen. Diejenigen, die miteinander Himmels- und Erdenbezirke durcheilen, sind Mermeoth, Onomatath, Duth, Melioth, Charuth, Graphathas, Hoethra, Nephonos und Chalkatura. Miteinander durchfliegen sie die himmlischen, irdischen und unterirdischen Bezirke. Bartholomäus unterbrach ihn barsch: Verstumme und falle in Ohnmacht, damit ich zu meinem

Herrn flehen kann. Und Bartholomäus fiel auf sein Angesicht, streute Erde auf sein Haupt und betete: Herr Jesus Christus, großer und glorreicher Name. Alle Chöre der Engel preisen dich, Herr; auch ich, der ich unwürdige Lippen habe, preise dich, Herr. Höre mich, deinen Knecht, und wie du mich berufen hast vom Zollhause und nicht geduldet hast, dass ich bei meiner bisherigen Lebensweise bis zum Ende bliebe, so höre mich, Herr Jesus Christus, und erbarme dich der Sünder!

Als er so gebetet hatte, sprach der Herr zu ihm: Stehe auf, wende dich zu dem Stöhnenden! Ich werde dir das Übrige verkünden. Da hob Bartholomäus den Satan auf und sprach zu ihm: Gehe an deinen Ort mitsamt deinen Engeln, der Herr aber hat Erbarmen mit seiner ganzen Welt. Beliar aber sprach: Lasse mich dir noch erzählen, wie ich hierhin geworfen wurde und wie Gott den Menschen schuf. Ich wanderte in der Welt umher, da sprach Gott zu Michael: Bringe mir Erde von den vier Enden der Welt und Wasser aus den vier Flüssen des Paradieses. Und als Michael ihm das gebracht hatte, bildete er im Osten den Adam, indem er die gestaltlose Erde formte, Sehnen und Adern spannte und alles harmonisch zusammenfügte. Und er erwies ihm Verehrung um seiner selbst willen, weil er sein Abbild war. Auch Michael betete ihn an. Als ich aber von den Enden der Welt kam, sagte mir Michael: Bete das Abbild Gottes an, das er nach seinem Bilde geschaffen hat! Ich aber erklärte: Ich bin Feuer vom Feuer, als erster Engel bin ich geschaffen worden, und da soll ich Lehm und Materie anbeten? Da sagte mir Michael: Bete an, damit Gott nicht zornig wird auf dich! Ich erwiderte: Gott wird nicht zornig werden auf mich, aber ich werde meinen Thron gegenüber seinem Thron errichten und sein wie er (vergleiche Jesaia 14, 13f.). Da wurde Gott zornig auf mich und warf mich hinunter, nachdem er die Ausgänge des Himmels hatte öffnen lassen. Als ich hinabgestürzt war, fragte er die 600 Engel, die unter mir standen, ob sie Adam anbeten wollten. Sie antworteten: Wie wir es unseren Führer tun sahen, beten auch wir nicht den an, der geringer ist als wir. Nach unserem Sturz auf die Erde lagen wir vierzig Jahre in tiefem Schlaf, und als einmal die Sonne siebenmal heller leuchtete als Feuer, erwachte ich. Als ich mich umschaute, sah ich die 600 unter mir von tiefem Schlaf umfangen. Ich weckte meinen Sohn Salpsan und beriet mich mit ihm, wie ich den Menschen betrügen könnte, um dessentwillen ich aus dem Himmel geworfen worden war. Und ich dachte mir Folgendes aus. Ich nahm eine Schale in meine Hand, strich den Schweiß von meiner Brust und meinen Achselhöhlen hinein und wusch mich an der Wasserquelle, aus der die vier Flüsse hervorfließen. Als Eva davon trank, erfasste sie Begierde.

Bartholomäus befahl Beliar, in den Hades zu gehen. Er selbst aber fiel Jesus zu Füßen und begann unter Tränen zu sprechen: Abba, Vater, für uns Unwissende, Logos des Vaters, den sieben Himmel kaum fassten; der du aber geruhtest, dich drinnen im Leibe der Jungfrau leicht und schmerzlos umfassen zu lassen, ohne dass die Jungfrau merkte, dass sie dich trug, während du nach deinem Sinn alles, wie es geschehen sollte, anordnetest; der du, ohne dass wir dich darum bitten, uns unser tägliches Brot gibst; der du eine Dornenkrone getragen hast, um uns reuigen Sündern die kostbare Himmelskrone zu verschaffen; der du dich ans

Kreuz hängen und mit Galle und Essig tränken ließest, um uns mit dem Wein der Zerknirschung zu tränken, und deine Seite von der Lanze durchstechen ließest, um uns mit deinem Leib und deinem Blut zu sättigen; der du den vier Flüssen Namen gabst, dem ersten Phison wegen des Glaubens, den du nach deinem Erscheinen auf Erden verkündet hast, dem zweiten Geon, weil der Mensch aus Erde gebildet ist, dem dritten Tigris, damit wir von dir auf die Dreieinigkeit gleichen Wesens im Himmel hingewiesen würden, und den vierten Euphrat, weil du durch dein Kommen auf die Erde jede Seele durch die Kunde ihrer Unvergänglichkeit erfreut hast. Mein Gott, großer Vater und König, rette, Herr, die Sünder!

Als Bartholomäus dieses Gebet gesprochen hatte, sagte Jesus zu ihm: Bartholomäus, der Vater nannte mich Christus, damit ich auf die Erde hinabsteige und jeden, der zu mir komme, mit dem Öl des Lebens salbe. Jesus aber nannte er mich, auf dass ich heilte jede Sünde der Unwissenden und den Menschen die Wahrheit Gottes schenkte. Und wieder sprach Bartholomäus zu ihm: Herr, soll ich jedem Menschen diese Geheimnisse enthüllen? Jesus antwortete ihm: Bartholomäus, mein Geliebter, allen, welche gläubig sind und sie für sich behalten können, vertraue sie an! Es gibt nämlich solche, die ihrer würdig sind; es gibt auch andere, denen man sie nicht anvertrauen darf, es gibt nämlich Aufschneider, Trunkenbolde, Hochmütige, Unbarmherzige, Götzendiener, Verführer zur Unzucht, Verleumder, Lehrer der Lüge und Täter aller Teufelswerke, und deshalb sind sie nicht würdig, dass ihnen solche Dinge anvertraut werden. Sie sind nämlich auch wegen derer geheim zu halten, die sie nicht fassen können. Denn alle, die sie fassen können, werden an ihnen teilhaben. Was das also angeht, mein Geliebter, habe ich dir gesagt, dass du glückselig bist und deine ganze Wahlverwandtschaft, weil euch diese Kunde anvertraut wird, weil alle, die sie fassen, alles was sie wollen, in allen Zeiten meines Gerichtes erhalten werden. Damals schrieb ich, Bartholomäus, dies in mein Herz, ergriff die Hand des Menschenfreundes und begann frohlockend so zu sprechen: Ehre sei dir, Herr Jesus Christus, der du allen deine Gnade schenkest, die wir alle erfahren haben, Alleluja! Ehre sei dir, Herr, du Leben der Sünder! Ehre sei dir, Herr, durch den der Tod zu Schanden wurde! Ehre sei dir Herr, du Schatz der Gerechtigkeit! Wir preisen dich als Gott. Und als Bartholomäus so sprach, legte Jesus seinen Umhang ab, nahm das Barium vom Nacken des Bartholomäus und begann frohlockend zu sprechen: Ich bin gut zu euch, Alleluja! Ich bin mild und freundlich zu euch, Alleluja! Ehre sei dir, Herr! Denn ich schenke mich allen, die mich wollen, Alleluja! Ehre sei dir, Herr, in alle Ewigkeit! Amen, Alleluja! Und als er geendigt hatte, küssten ihn die Apostel, und er gab ihnen den Frieden der Liebe.

Bartholomäus sprach zu ihm: Belehre uns Herr, welche Sünde schwerer ist als alle anderen Sünden. Da antwortete Jesus: Wahrlich, ich sage dir, dass schwerer als alle anderen Sünden die Heuchelei ist und die Verleumdung. Denn um solcher willen sprach der Prophet im Psalm: Nicht werden bestehen die Gottlosen im Gericht noch die Sünder in der Versammlung der Gerechten. Ebenso wenig die Gottlosen im Gericht meines Vaters. Wahrlich, wahrlich, ich sage euch, dass jede Sünde jedem Menschen wird vergeben werden, aber die Sünde wider den Heiligen Geist wird nicht vergeben werden. Darauf Bartholomäus: Worin besteht die Sünde wider den Heiligen Geist? Jesus antwortete: Jeder, der eine Verordnung erlässt gegen jeden Menschen, der meinem Vater dient, hat den Heiligen Geist gelästert.

Denn jeder Mensch, der Gott ehrfürchtig dient, ist des Heiligen Geistes würdig, und wer etwas Böses gegen ihn sagt, dem wird das nicht vergeben werden. Wehe dem, der beim Haupte Gottes schwört, auch wenn er keinen Meineid schwört, sondern die Wahrheit spricht! Denn Gott, der Höchste, hat zwölf Häupter. Er ist die Wahrheit selbst, und Lüge und Meineid gibt es bei ihm nicht. Geht ihr nun hin und verkündet der ganzen Welt das Wort der Wahrheit, du aber Bartholomäus, verkünde jedem, der will, dies geheime Wort, und alle, die daran glauben, werden ewiges Leben empfangen. Bartholomäus fragte weiter: Wenn einer aus Fleischeslust sündigt, wie wird ihm das vergolten? Jesus antwortete: Es ist schön, wenn der Getaufte seine Taufe ohne Tadel bewahrt. Die Fleischeslust wird aber ihren Reiz ausüben. Züchtigem Wesen entspricht die einmalige Ehe.

Denn wahrlich, ich sage dir: Wer nach der dritten Ehe noch sündigt, ist Gottes unwürdig. Ihr aber sollt allen verkündigen, dass sie sich vor Derartigem zu hüten haben. Denn ich trenne mich nicht von euch und verleihe den Heiligen Geist. Bartholomäus lobte mit den Aposteln Gott und sprach: Ehre sei dir, heiliger Vater, nie erlöschende Sonne, Unbegreiflicher, Strahlenreicher. Dir sei Ruhm, dir Ehre und Anbetung in alle Ewigkeit! Amen.

Der Brief des Polykarp von Smyrna an die Gemeinde von Philippi

Das Mahn- und Lehrschreiben des Polykarp von Smyrna, dem heutigen Izmir, warnt vor der Irrlehre des Doketismus, die sagt, dass Jesus nur einen Scheinleib hatte, der von seiner göttlichen Natur völlig überlagert war.

Der Brief ist ein typisches Beispiel der christlichen Lehrbriefe und ist in der ersten Hälfte des 2. Jahrhunderts geschrieben worden.

Polykarp zählt zu den apostolischen Vätern.

Einleitung

Polykarp und seine Presbyter an die Kirche Gottes, die in Philippi weilt; Erbarmen und Friede sei mit euch von dem allmächtigen Gotte und unserem Erlöser Jesus Christus in reicher Fülle.

1. Anerkennung der Nächstenliebe und des Glaubens der Philipper

Ich habe mich gar sehr mit euch gefreut in unserem Herrn Jesus Christus, dass ihr die Abbilder der wahren Liebe aufgenommen und dass ihr, wie es sich für euch gehört, denen das Geleite gegeben habt, die mit Banden gefesselt sind, die den Heiligen zustehen und die ein Schmuck sind der wahrhaft von Gott und unserem Herrn Auserwählten; und weil gefestigt ist die Wurzel eures Glaubens, der seit ursprünglichen Zeiten verkündet wird, bis heute fortlebt und Früchte bringt für unseren Herrn Jesus Christus, der es auf sich nahm, für unsere Sünden bis in den Tod zu gehen, den Gott auferweckt hat, nachdem er die Leiden der Unterwelt gelöst hatte; an den ihr, ohne ihn gesehen zu haben, glaubt in unaussprechlicher und herrlicher Freude, in die viele einzugehen wünschen, weil sie wissen, dass ihr durch die Gnade erlöst seid: nicht kraft der Werke, vielmehr nach dem Willen Gottes durch Jesus Christus.

2. Mahnung zur Erfüllung der Gebote Christi

Darum gürtet eure Lenden und dient Gott in Furcht und Wahrheit. Verlasset das leere Gerede und den Irrtum der Menge, glaubt an den, der unseren Herrn Jesus Christus von den Toten auferweckt und ihm Herrlichkeit und den Thron zu seiner Rechten verliehen hat. Ihm ist alles untertan im Himmel und auf Erden, ihm dient jegliches Leben, er kommt als Richter der Lebendigen und Toten, sein Blut wird Gott fordern von denen, die nicht an ihn glauben. Der aber ihn von den Toten erweckt hat, wird auch uns auferwecken, wenn wir seinen Willen tun und in seinen Geboten wandeln und lieben, was er geliebt hat, und uns frei halten von jeder Ungerechtigkeit, Habsucht, Geldgier, übler Rede, falschem Zeugnis; wenn wir Böses nicht mit Bösem vergelten oder Schmähung nicht mit Schmähung, noch Faustschlag mit Faustschlag; noch Fluch mit Fluch; eingedenk der Worte, die der Herr lehrend sprach: »Richtet nicht, damit ihr nicht gerichtet werdet«; »Verzeihet, damit ihr Verzeihung findet; seid barmherzig, damit ihr Barmherzigkeit erfahret; mit dem Maße, mit dem ihr messt, wird man auch euch messen«, und: »Selig sind die Armen und die um der Gerechtigkeit willen Verfolgten, denn ihrer ist das Reich Gottes«.

3. Paulus konnte besser belehren als der Verfasser

Brüder, nicht ich selbst habe es mir herausgenommen, euch dies über die Gerechtigkeit zu schreiben, sondern ihr habt mich dazu aufgefordert.

Denn weder ich noch sonst einer meinesgleichen kann der Weisheit des seligen und berühmten Paulus gleichkommen, der persönlich unter euch weilte und die damaligen Leute genau und untrüglich unterrichtete im Worte der Wahrheit, der auch aus der Ferne euch Briefe schrieb, durch die ihr, wenn ihr euch genau darin umsehet, erbaut werden könnt in dem euch geschenkten Glauben; welcher ja unser aller Mutter ist, wobei die Hoffnung nachfolgt, während die Liebe zu Gott, zu Christus und auch zum Nächsten vorausgeht.

Denn wer in diesen Tugenden wandelt, der hat das Gebot der Gerechtigkeit erfüllt; wer nämlich die Liebe hat, der ist weit entfernt von jeder Sünde.

4. Pflichten der Männer, Frauen und Witwen

Anfang aller Übel ist die Geldgier. Da wir nun wissen, dass wir nichts mitgebracht haben in diese Welt noch etwas mit hinauszunehmen haben, so wollen wir uns wappnen mit den Waffen der Gerechtigkeit und zuerst uns selbst belehren, in dem Gebote des Herrn zu wandeln. Dann aber unterweiset auch eure Frauen in dem ihnen verliehenen Glauben, Liebe und Keuschheit, dass sie nämlich ihre Männer lieben in aller Aufrichtigkeit und allen anderen gleichmäßig zugetan seien in jeglicher Enthaltsamkeit, und dass sie ihre Kinder erziehen in der Zucht der Furcht Gottes! Auch die Witwen lehret, besonnen zu sein im Glauben an den Herrn, ohne Unterlass für alle zu beten, sich fernzuhalten von jeder Verleumdung, üblen Nachrede, falschem Zeugnis, Geldgier und von jeglichem Bösen, in der Erkenntnis, dass sie ein Altar Gottes sind und dass er alles deutlich durchschaut, und dass ihm nichts verborgen bleibt: weder von Gedanken noch von Vorstellungen, noch von den Geheimnissen des Herzens!

5. Pflichten der Diakonen, der Jünglinge und Jungfrauen

Da wir nun wissen, dass Gott seiner nicht spotten lässt, müssen wir seines Gebotes und seines Ansehens würdig wandeln. Desgleichen müssen die Diakonen untadelig wandeln angesichts seiner Gerechtigkeit als Diener Gottes und Christi, nicht der Menschen, nicht als Verleumder, nicht doppelzüngig, nicht geldgierig, enthaltsam in allen Dingen, wohlwollend, besorgt, wandelnd nach der Wahrheit des Herrn, der aller Diener war. Wenn wir ihm wohlgefällig sind in dieser Welt, werden wir auch die zukünftige erlangen, wie er uns versprochen hat, von den Toten uns zu erwecken und ebenso versprochen hat, dass, wenn wir seiner würdig wandeln, wir auch mit ihm herrschen werden, falls wir den Glauben haben. Desgleichen sollen auch die Jünglinge untadelig sein in allem, vor allem der Keuschheit sich befleißigen und sich selbst zügeln und zurückhalten vor allem Bösen; denn es ist gut, sich loszureißen von den Begierden der Welt, weil jede Begierde ankämpft wider den Geist und weil weder Unzüchtige noch Weichlinge noch Knabenschänder das Reich Gottes erben werden, noch die, welche Unordentliches tun. Deshalb muss man sich von all dem enthalten, im Gehorsam gegen die Presbyter und die Diakonen wie gegen Gott und Christus; die Jungfrauen sollen in untadeligem und keuschem Gewissen wandeln.

6. Pflichten der Presbyter und der Christen überhaupt

Auch die Presbyter sollen wohlwollend sein, barmherzig gegen alle, sollen die Verirrten zurückführen, alle Kranken besuchen, voll Sorge sein für die Witwen, die Waisen und die Armen; stets sollen sie bedacht sein auf das Gute vor Gott und den Menschen, sich freihalten von jedem Zorn, von Parteilichkeit, von ungerechtem Urteil, sollen ferne sein von jeglicher Geldgier, Reden wider andere nicht sogleich glauben, nicht streng im Urteil im Bewusstsein, dass wir Sünder alle unsere Schuld bezahlen. Wenn wir nun den Herrn bitten, er möge uns vergeben, dann müssen auch wir vergeben; denn wir stehen unter den Augen des Herrn und Gottes, und wir alle müssen hintreten vor den Richterstuhl Christi, und jeder muss über sich Rechenschaft geben. So wollen wir ihm dienen mit Furcht und jeglicher Vorsicht, wie er selbst es befohlen hat und die Apostel, die bei uns das Evangelium gepredigt, und die Propheten, welche die Ankunft unseres Herrn vorhergesagt haben; wir wollen Eiferer sein für das Gute, uns hüten vor dem Ärgernis und vor den falschen Brüdern und vor denen, die heuchlerisch den Namen des Herrn tragen und so unbedachtsame Menschen verführen.

7. Warnung vor den Doketen; Mahnung, in der alten, guten Lehre zu verharren

Denn jeder, der nicht bekennt, dass Christus im Fleische erschienen ist, ist ein Antichrist; und wer das Zeugnis des Kreuzes nicht bekennt, ist aus dem Teufel; und wer die Reden des Herrn verkehrt nach seinen eigenen Begierden und die Auferstehung und das Gericht leugnet, der ist der Erstgeborene Satans.

Deshalb wollen wir das leere Gerede der großen Menge und die falschen Lehren beiseite lassen und uns der von Anfang überlieferten Lehre zuwenden, andächtig beim Gebete, ausdauernd im Fasten, mit Bitten den allsehenden Gott bestürmend, er möge uns nicht in Versuchung führen, gemäß dem Worte des Herrn: »Der Geist ist zwar willig, aber das Fleisch ist schwach.«

8. Christus ist unser Vorbild in der Geduld

Unablässig wollen wir festhalten an unserer Hoffnung und an dem Unterpfand unserer Gerechtigkeit, nämlich an Jesus Christus, der unsere Sünden an seinem eigenen Leibe ans Kreuz getragen, der keine Sünde und keinen Betrug begangen hat; vielmehr hat er unseretwegen alles auf sich genommen, damit wir in ihm das Leben haben.

So wollen wir also Nachahmer seiner Geduld werden, und wenn wir seines Namens wegen leiden, wollen wir ihn verherrlichen.

Hierin hat er nämlich durch sich selbst ein Beispiel gegeben, und wir haben daran geglaubt.

9. Beweggründe für die Geduld

Somit ermahne ich euch alle, dem Worte der Gerechtigkeit zu gehorchen und auszuharren in aller Geduld, die ihr ja vor Augen gesehen habt nicht nur an den Seligen Ignatius, Zosimus und Rufus, sondern auch an anderen aus eurer Mitte und an Paulus selbst und an den übrigen Aposteln; da ihr ja überzeugt seid, dass diese alle nicht vergeblich gelitten haben, sondern in Glaube und Gerechtigkeit und dass sie an dem ihnen gebührenden Platze sind beim Herrn, mit dem sie auch gelitten haben.
Denn sie liebten nicht diese Welt, sondern denjenigen, der für uns gestorben und unseretwegen durch Gott auferstanden ist.

10. Empfehlung christlicher Tugenden

Folgt also dem Beispiel des Herrn, fest und unwandelbar im Glauben, Freunde der Brüderlichkeit, in gegenseitiger Liebe, in Wahrheit geeint! Dient einander mit der Sanftmut des Herrn, verachtet niemanden! Wenn ihr Gutes tun könnt, schiebt es nicht auf! Seid alle einander untertan, führt einen untadeligen Lebenswandel unter den Heiden, damit ihr einerseits durch eure guten Werke Ruhm erlangt, andererseits der Name des Herrn durch euch nicht beschmutzt werde! Wehe dem, durch den Gottes Name in den Schmutz gezogen wird! Prediget deshalb allen Nüchternheit, in der auch ihr selbst wandelt!

11. Der Fall eines Presbyters namens Valens

Ungemein betrübt bin ich wegen Valens, der einst bei euch zum Presbyter bestellt wurde, jetzt aber die ihm übertragene Stellung so missbraucht hat. Deshalb mahne ich euch, dass ihr euch enthaltet von der Habsucht, dass ihr keusch und wahrhaftig seid. Haltet euch frei von allem Bösen. Wer sich selbst nicht zügeln kann, wie soll er es einem anderen vorschreiben? Wer sich nicht frei hält von der Habsucht, der wird vom Götzendienst befleckt und gleichsam zu den Heiden gerechnet werden, die das Gericht des Herrn nicht kennen. Oder wissen wir nicht, dass die Heiligen die Welt richten werden, wie Paulus lehrt? Ich habe aber nichts Derartiges bemerkt oder gehört bei euch, unter denen der selige Paulus gewirkt hat und die ihr am Anfang seines Briefes steht. Rühmt er sich doch eurer in allen Kirchen, soweit sie damals Gott erkannt hatten; wir hatten ihn noch nicht erkannt. Um Valens, Brüder, bin ich also sehr betrübt und um seine Frau; möge ihnen Gott wahre Reue schenken. Seid aber auch ihr vernünftig in diesem Punkte und betrachtet sie nicht als Feinde, sondern ruft sie um euer aller Wohlergehen willen als leidende und irrende Glieder zurück. Wenn ihr so handelt, werdet ihr euch selbst Gutes tun.

12. Mahnung zur Versöhnlichkeit. Gute Wünsche

Ich vertraue euch, dass ihr in den heiligen Schriften wohl bewandert seid; und euch ist nichts unbekannt; mir allerdings ist das nicht gegönnt. Nur das sage ich, wie es in diesen Schriften heißt: »Zürnet, aber sündigt nicht« und: »Die Sonne soll nicht untergehen über eurem Zorn.« Selig, wer daran sich erinnert, wie es, was ich glaube, bei euch geschieht. Gott und der Vater unseres Herrn Jesus Christus, und er selbst der ewige Hohepriester, der Gottessohn Jesus Christus, erbauen euch im Glauben, in der Wahrheit und in aller Sanftmut, ohne jeden Groll, in Geduld, Langmut, Nachsicht und Keuschheit; und er gebe euch Los und Anteil unter seinen Heiligen und allen, die unter dem Himmel sind, die glauben werden an unseren Herrn Jesus Christus und seinen Vater, der ihn von den Toten erweckt hat. Betet für alle Heiligen. Betet auch für die Könige, Machthaber und Fürsten und für die, die euch verfolgen und hassen, und für die Feinde des Kreuzes. Seid somit ein Vorbild für alle und vollkommen bei ihm.

13. Die Abordnung für Antiochien

Sowohl ihr habt mir geschrieben als auch Ignatius, dass, wenn jemand nach Syrien reise, er auch euren Brief mitnehmen solle; das werde ich besorgen, wenn ich Zeit habe, sei es persönlich oder durch einen Boten, den ich auch in eurem Namen abordnen werde. Die Briefe des Ignatius, die er an uns gesandt hat, und andere, die wir bei uns haben, schicken wir euch zu, wie ihr verlangt habt; sie sind diesem Briefe beigefügt; ihr werdet großen Nutzen aus ihnen ziehen können. Sie handeln von Glaube, Geduld und jeglicher Erbauung, die auf unseren Herrn abzielen. Auch mögt ihr das Sichere, das ihr über Ignatius selbst und seine Begleiter erfahren habt, uns kundtun.

14. Empfehlungen und Grüße

Dies habe ich euch geschrieben durch Kreszenz, den ich euch bisher empfohlen habe und für den ich hier erneut eintrete, denn er hat bei uns einen untadeligen Lebenswandel geführt. Auch seine Schwester lässt euch empfohlen sein, die zu euch kommen wird. Lebt wohl im Herrn Jesus Christus in Gnade mit all den Eurigen! Amen.

Didache oder die Lehre der zwölf Apostel

Die Didache ist die früheste bekannte Kirchenordnung. In kurzen Aussagen wird systematisch nach Art einer Gemeindeordnung das rechte katholische Verhalten beschrieben. Die frühchristliche Schrift ist im 2. Jahrhundert in Syrien verfasst worden.

Lehre des Herrn an die Heiden durch die zwölf Apostel

1. Die zwei Wege. Der Weg des Lebens verlangt Gottes- und Nächstenliebe

1. Zwei Wege gibt es, einen zum Leben und einen zum Tode; der Unterschied zwischen den beiden Wegen aber ist groß.

2. Der Weg des Lebens nun ist dieser: »Erstens sollst du deinen Gott lieben, der dich erschaffen hat, zweitens deinen Nächsten wie dich selbst«, »alles aber, von dem du willst, dass man es dir nicht antue, das tue auch du keinem anderen an«.

3. In diesen Worten ist aber folgende Lehre enthalten: »Segnet die, welche euch fluchen und betet für eure Feinde;

fastet für die, die euch verfolgen, denn welche Gnade soll euch zuteil werden, wenn ihr die liebt, die euch lieben? Tun nicht auch die Heiden dasselbe? Ihr aber sollt lieben, die euch hassen«, und ihr sollt keinen Feind haben. 4. »Enthalte dich der Lüste des Fleisches und des Körpers! Wenn dich einer auf die rechte Wange schlägt, reiche ihm auch die andere dar und du wirst vollkommen sein; wenn einer dich eine Meile weit nötigt, gehe zwei mit ihm; wenn einer dir den Mantel nimmt, gib ihm auch den Rock; wenn dir einer dein Eigentum nimmt, fordere es nicht zurück.« 5. »Gib jedem, der dich um etwas bittet, und fordere es nicht zurück«, denn der Vater will, dass allen gegeben werde von den eigenen Gnadengaben. Glücklich, wer dem Gebote entsprechend gibt; denn er ist frei von Schuld. Wehe dem, der nimmt! Wenn einer etwas in der Not nimmt, so soll er ohne Schuld sein; ist er aber nicht in Not, dann muss er sich verantworten, weshalb er es genommen hat und wozu. Man wird ihn ins Gefängnis werfen und über sein Tun urteilen, und er wird »von dort nicht herauskommen, bis er den letzten Heller bezahlt hat«. 6. Aber auch über diesen Punkt heißt es: »Schwitzen soll das Almosen in deinen Händen, bis du erkannt hast, wem du es geben sollst.«

2. Die Pflichten gegen Leben und Eigentum des Nächsten

1. Das zweite Gebot der Lehre aber heißt: 2. Du sollst nicht töten, du sollst nicht ehebrechen, du sollst nicht Knaben schänden, du sollst nicht Unzucht treiben, du sollst nicht stehlen, du sollst nicht Zauberei treiben, du sollst nicht Gift mischen, du sollst nicht abtreiben und das Neugeborene tö-

ten, du sollst nicht begehren deines Nächsten Gut.« 3. Du sollst keinen Meineid schwören, kein falsches Zeugnis geben, du sollst Schlimmes nicht nachreden, du sollst Böses nicht nachtragen. 4. Du sollst weder doppelsinnig noch doppelzüngig sein; die Doppelzüngigkeit ist nämlich ein Fallstrick zum Tode. 5. Deine Rede sei nicht lügnerisch und nichts sagend, sondern inhaltsreich. 6. Du sollst nicht habgierig sein, nicht auf Raub bedacht, nicht verschlagen, nicht boshaft, nicht hochmütig sein. Du sollst keine schlimmen Pläne schmieden wider deinen Nächsten. 7. Du sollst niemanden hassen, sondern die einen zurechtweisen, mit anderen Mitleid haben, für andere beten und wieder andere mehr lieben als deine Seele.

3. Warnung vor Leidenschaft und Götzendienst. Mahnung zu Demut und Sanftmut

1. Mein Kind, fliehe vor allem Bösen und allem, was ihm ähnlich ist. 2. Sei nicht zornig, denn der Zorn führt zum Mord, noch eifersüchtig, noch zänkisch, noch reizbar; denn all das führt zu Mordtaten. 3. Mein Kind, sei nicht lüstern, denn die Lüsternheit führt zur Unzucht, meide Zoten und freche Blicke; denn all das führt zum Ehebruch. 4. Mein Kind, achte nicht auf den Vogelflug, da dies zum Götzendienst führt; halte dich frei von Beschwörungen, Sterndeuterei, Zauberei, wünsche nicht einmal zuzuschauen oder zuzuhören; denn aus all dem entsteht Götzendienst. 5. Mein Kind, sei kein Lügner, da das Lügen zum Diebstahl führt; sei weder geldgierig noch ruhmsüchtig; denn aus all dem entsteht der Diebstahl. 6. Mein Kind, sei nicht mürrisch, da

dies zur Lästerung führt, sei nicht frech, nicht bösartig; denn aus all dem entstehen Lästereien. 7. Sei vielmehr sanftmütig, da »die Sanftmütigen das Erdreich besitzen werden«. 8. Sei langmütig, barmherzig, ehrlich, ruhig, gut und »zittre allzeit vor den Worten«, die du gehört hast. 9. Du sollst dich nicht selbst erhöhen und nicht übermütig sein. Deine Seele soll mit den Gerechten und Demütigen, nicht mit den Hochmütigen wandeln. 10. Wenn dir etwas Schlimmes zustößt, füge dich in dein Schicksal, weil du weißt, dass ohne Gott nichts geschieht.

4. Geben ist seliger als Nehmen. Pflichten von Herr und Knecht. Warnung vor Heuchelei

1. Mein Kind, Tag und Nacht sollst du dessen gedenken, der dir Gottes Wort verkündet, ehren sollst du ihn wie den Herrn; denn wo seine Herrlichkeit verkündet wird, da ist der Herr. 2. Täglich sollst du das Antlitz der Heiligen suchen, damit du Ruhe findest durch ihre Worte. 3. Du sollst keinen Zwiespalt verursachen, versöhnen sollst du Streitende. Weise ungeachtet der Person auf Fehltritte hin. 4. Zweifle nicht, ob es geschehen soll oder nicht. 5. Sei nicht wie einer, der seine Hände zum Nehmen ausstreckt, sie zum Geben zuhält. 6. Wenn du etwas in deinen Händen hast, so gib es als Sühne für deine Sünden. 7. Zweifle nicht, ob du geben sollst, und wenn du gibst, murre nicht; denn du wirst erkennen, wer der herrliche Erstatter deines Lohnes ist. 8. Wende dich nicht ab von dem Bedürftigen, teile vielmehr alles mit deinem Bruder und nenne nichts dein Eigen. 9. Ziehe deine Hand nicht zurück von deinem Sohn oder von deiner Toch-

ter, unterweise sie vielmehr von Jugend auf in der Furcht des Herrn. 10. Behandle deinen Knecht und deine Magd, die gottesfürchtig sind, gut; denn Gott kommt nicht, um nach Ansehen der Person zu richten, sondern zu denen, welche der Geist vorbereitet hat. 11. Ihr Knechte aber seid euren Herren als Abbild Gottes in Achtung und Furcht untertan. 12. Hasse jegliche Heuchelei und alles, was dem Herrn nicht gefällt. 13. Übertrete nicht die Gebote des Herrn, bewahre, was du überkommen, tue nichts dazu und nimm nichts weg. 14. In der Versammlung sollst du deine Fehltritte bekennen, und du sollst nicht mit einem schlechten Gewissen beten. Dies ist der Weg des Lebens.

5. Der Weg und die Kennzeichen des Todes

1. Der Weg des Todes aber ist dieser: »Mord, Ehebruch, Leidenschaft, Unzucht, Diebstahl, Götzendienst, Zauberei, Giftmischerei, Raub, falsches Zeugnis, Heuchelei, Falschheit, Hinterlist, Stolz, Bosheit, Anmaßung, Habsucht, üble Nachrede, Missgunst, Frechheit, Hochmut, Prahlerei, Vermessenheit.« 2. Menschen, die das Gute verfolgen, die Wahrheit hassen, die Lüge lieben, den Lohn der Gerechtigkeit nicht kennen, »dem Guten nicht nachstreben« und nicht dem gerechten Urteil, die kein Auge für das Gute, sondern nur für das Schlechte haben, Leute, die weit entfernt sind von Sanftmut und Geduld, »die Eitles lieben, nach Lohn trachten«, die kein Mitleid mit den Armen und Bedrückten haben, die ihren Schöpfer nicht kennen, die abtreiben oder »ihre Kinder töten«, die Armen und Elenden unterdrücken und dafür den Reichen beistehen, kurz:

in allem sündigen; reißt euch von allen diesen Menschen los, Kinder!

6. Vollkommen ist, wer das Joch des Herrn trägt. Verhalten gegenüber dem Judentum und Heidentum

1. Gib Acht, »dass niemand dich wegführe« von dem Wege dieser Lehre, da er dich anders als Gott unterweist. 2. Denn wenn du das ganze Joch des Herrn tragen kannst, wirst du vollkommen sein; vermagst du das aber nicht, so tue, was du kannst. 3. Was die Speiseregeln angeht, erfülle, was du kannst; vom Opferfleisch aber enthalte dich ganz und gar; denn das ist eine Verehrung toter Götter.

7. Anweisung über die Spendung der Taufe

1. Bezüglich der Taufe halte es so: Wenn du all das Vorhergehende gesagt hast, »taufe auf den Namen des Vaters und des Sohnes und des Heiligen Geistes« in fließendem Wasser. 2. Wenn du aber kein fließendes Wasser hast, dann taufe in einem anderen Wasser; wenn du es nicht in kaltem Wasser tun kannst, tue es im warmen. 3. Wenn du beides nicht hast, gieße dreimal Wasser auf den Kopf »auf den Namen des Vaters und des Sohnes und des Heiligen Geistes«. 4. Der Täufer sollte vor der Taufe fasten, der Täufling und alle, die können sollten zwei Tage zuvor fasten.

8. Belehrung über Fasten und Gebet

1. »Bei eurem Fasten haltet es aber nicht mit den Heuchlern«, diese fasten nämlich am zweiten und fünften Tag nach

dem Sabbat – am Montag und Donnerstag, ihr aber sollt am vierten Tage und am Rüsttage fasten – am Mittwoch und Freitag. 2. Auch sollt ihr nicht beten wie die Heuchler, sondern wie es der Herr in seinem Evangelium befohlen hat: »Vater unser, der Du bist im Himmel, geheiligt werde Dein Name, Dein Reich komme, Dein Wille geschehe wie im Himmel so auf Erden; unser tägliches Brot gib uns heute und vergib uns unsere Schuld, wie auch wir vergeben unseren Schuldigern, und führe uns nicht in Versuchung, sondern erlöse uns von dem Bösen. Denn Dein ist das Reich und die Kraft und die Herrlichkeit in Ewigkeit. Amen.« 3. Dreimal am Tag betet so.

9. Belehrung über die Feier der Eucharistie

1. Bezüglich der Eucharistie haltet es so: 2. Zunächst betreffs des Kelches: »Wir danken Dir, unser Vater, für den heiligen Weinstock Davids, Deines Knechtes, den Du uns zu erkennen gabst durch Jesus, Deinen Knecht; Dir sei die Ehre in Ewigkeit.« 3. Und wegen des gebrochenen Brotes: »Wir danken Dir, unser Vater, für das Leben und die Erkenntnis, die Du uns geschenkt hast durch Jesus, Deinen Knecht; Dir sei die Ehre in Ewigkeit.« 4. Wie dieses gebrochene Brot auf den Bergen verstreut und zusammengebracht eins wurde, so möge Deine Gemeinde von den Enden der Erde zusammengebracht werden in Dein Reich, weil Dein ist die Ehre und die Macht durch Jesus Christus in Ewigkeit. 5. Aber keiner darf essen oder trinken von eurer Eucharistie, außer die auf den Namen des Herrn getauft sind. Denn auch hierüber hat der Herr gesagt: »Ihr sollt das Heilige nicht den Hunden geben.«

10. Dankgebet nach der Feier der Eucharistie

1. Wenn ihr aber gesättigt seid, sprecht so: 2. »Wir danken Dir, heiliger Vater, für Deinen heiligen Namen, dessen Wohnung Du in unseren Herzen bereitet hast, und für die Erkenntnis und den Glauben und die Unsterblichkeit, die Du uns zu erkennen gabst durch Jesus, Deinen Knecht; Dir sei die Ehre in Ewigkeit. 3. Du allmächtiger Herrscher, »hast alles erschaffen« um Deines Namens willen, hast Speise und Trank gegeben den Menschen zum Genusse, damit sie Dir danken; uns aber hast Du eine geistige Speise, einen geistigen Trank und ein ewiges Leben geschenkt durch Deinen Knecht. 4. Vor allem danken wir Dir, weil Du mächtig bist; Dir sei die Ehre in Ewigkeit. 5. Gedenke, o Herr, Deiner Gemeinde, dass Du sie erlösest von allem Übel und sie vollkommen machst in Deiner Liebe, »führe sie zusammen von den vier Winden«, die Geheiligte, in Dein Reich, das Du ihr bereitet hast; weil Dein ist die Macht und die Ehre in Ewigkeit. 6. Es soll kommen die Gnade und vergehen diese Welt. »Hosianna dem Gotte Davids.« Ist einer heilig, so soll er kommen; ist er es nicht, so soll er sich bekehren, maranatha, Amen. Den Propheten gestattet, Dank zu sagen, so viel sie wollen.

11. Pflicht der Gastfreundschaft gegenüber Lehrern und Propheten

1. Wer also zu euch kommt und euch alles Obige lehrt, den nehmt auf. 2. Wenn er euch aber, selbst ein falscher Lehrer, eine Lehre zu unserer Vernichtung vorträgt, so hört nicht auf ihn; verbreitet er aber eine Lehre zur Mehrung der Gerech-

tigkeit und Erkenntnis des Herrn, nehmt ihn auf wie den Herrn. 3. Betreffs der Apostel und Propheten haltet es entsprechend der Vorschrift des Evangeliums: 4. Jeder Apostel, der zu euch kommt, soll aufgenommen werden wie der Herr; 5. er soll aber nicht länger als einen, wenn nötig noch den zweiten Tag bleiben; wenn er aber drei Tage bleibt, ist er ein falscher Prophet. 6. Wenn der Apostel weggeht, soll er nur Brot mitnehmen; wenn er aber Geld verlangt, ist er ein falscher Prophet. 7. Und jeden Propheten, der im Geiste redet, sollt ihr nicht prüfen noch richten; denn »jede Sünde wird vergeben werden, diese Sünde aber wird nicht vergeben werden«. 8. Aber nicht jeder, der im Geiste redet, ist ein Prophet, sondern nur, wenn er die Lebensweise des Herrn hat; an dieser Art erkennt man den falschen Propheten und den wahren Propheten. 9. Kein Prophet, der den Tisch richten lässt im Geiste, isst davon, außer er ist ein falscher Prophet. 10. Jeder Prophet, der zwar das Rechte lehrt, es aber nicht tut, ist ein falscher Prophet. 11. Jeder erprobte, wahre Prophet aber, der für das weltliche Geheimnis der Gemeinde tätig ist, aber nicht lehrt zu tun, was er tut, soll nicht bei euch gerichtet werden. Denn er hat bei Gott sein Gericht, so hielten es auch die alten Propheten. 12. Wenn einer um Gaben für sich selbst bittet, so hört nicht auf ihn, wenn er aber für Bedürftige um Gaben bittet, soll niemand ihn richten.

12. Gastfreundschaft gegenüber den fremden Glaubensgenossen

1. Jeder aber, »der kommt im Namen des Herrn«, soll aufgenommen werden, dann aber sollt ihr ihn prüfen und so kennenlernen. Ihr sollt nämlich euren Verstand anwenden

zur Entscheidung über rechts und links. 2. Wenn der Ankömmling nur durchreist, helft ihm, so viel ihr könnt; er soll aber nicht länger als zwei oder drei Tage bei euch bleiben. 3. Wenn er sich aber bei euch als Handwerker niederlassen will, dann soll er arbeiten und essen. 4. Wenn er aber kein Handwerk versteht, dann sorgt nach eurer Einsicht dafür, dass nicht ein fauler Christ unter euch lebt. 5. Will er es aber nicht so halten, so ist er einer, der mit seinem Christentum Geschäfte macht, hütet euch vor solchen Christen!

13. Pflichten gegenüber den wahren Propheten

1. Jeder wahre Prophet, der sich bei euch niederlassen will, »ist seines Brotes wert«. 2. Ebenso ist ein wahrer Lehrer genau wie »der Arbeiter seines Brotes wert«. 3. Du sollst daher »alle Erstlinge des Ertrags von Kelter und Tenne, von Rindern und Schafen« nehmen und diese Erstlinge den Propheten geben; denn diese sind eure Hohepriester. 4. Wenn ihr aber keinen Propheten habt, gebt alles den Armen. 5. Wenn du Brot bäckst, nimm den Anschnitt, gib es gemäß dem Gesetze. 6. Ebenso wenn du einen »Wein- oder Ölkrug« anbrichst, nimm das Erste und gib es den Propheten. 7. Vom Geld, von Kleidungsstoffen, von jeglichem Besitz, nimm nach Gutdünken die Erstlinge und gib sie gemäß dem Gesetze.

14. Feier des Sonntags durch die Eucharistie

1. Am Tage des Herrn versammelt euch, brecht das Brot und sagt Dank, nachdem ihr zuvor eure Sünden bekannt habt,

damit euer Opfer rein sei. 2. Jeder aber, der mit seinem Freunde einen Streit hat, soll sich nicht bei euch einfinden, bis sie versöhnt sind, damit euer Opfer nicht entweiht werde. 3. Denn so lautet der Ausspruch des Herrn: »An jedem Ort und zu jeder Zeit soll man mir darbringen ein reines Opfer, weil ich ein großer König bin, spricht der Herr, und mein Name wunderbar ist bei den Völkern.«

15. Wahl der Bischöfe und Diakonen; brüderliche Zurechtweisung

1. Wählt euch des Herrn würdige, erprobte Bischöfe und Diakonen, Männer voller Milde und Wahrheitsliebe sowie frei von Geldgier; denn sie sind es, die für euch den heiligen Dienst der Propheten und Lehrer versehen. 2. Achtet sie deshalb nicht gering; denn sie sind eure Geehrten mit den Propheten und Lehrern. 3. Weist einander nicht im Zorn, sondern in Frieden zurecht, wie es im Evangelium steht; und mit jedem, der sich versündigt hat gegen seinen Nächsten, soll keiner sprechen, und er soll von euch nichts hören, bis er sich bekehrt hat. 4. Eure Gebete, eure Almosen und alle eure Handlungen sollt ihr so verrichten, wie es im Evangelium unseres Herrn verlangt wird.

16. Harrt aus im Guten bis zum Ende, wo sich die falschen Propheten mehren

1. »Wachet« für euer Leben; »eure Lampen sollen nicht ausgehen und der Gurt um eure Lenden« soll sich nicht lockern, »seid vielmehr bereit, denn ihr wisst nicht die Stunde, in der unser Herr kommt«. 2. Ihr sollt fleißig zusammenkommen, indem ihr nach dem strebt, was euren Seelen zukommt; es

wird euch die ganze Zeit des Glaubens nichts nützen, wenn ihr nicht in der letzten Stunde vollkommen seid. 3. Denn in den letzten Tagen werden sich die falschen Propheten und die Verführer mehren; die Schafe werden zu Wölfen und die Liebe in Hass verwandelt werden. 4. Wenn sich nämlich die Gesetzesuntreue steigert, werden sie einander hassen, verfolgen und ausliefern, dann wird der Verführer der Welt erscheinen, wie der Sohn Gottes wird auch er »Zeichen und Wunder tun«, und die Erde wird in seine Hände ausgeliefert werden, und er wird Gräueltaten verüben, wie sie von Ewigkeit her noch nicht geschehen sind. 5. Dann wird das Menschengeschlecht in das Feuer der Prüfung kommen, und »viele werden Ärgernis nehmen« und zugrunde gehen. Die aber ausharren in ihrem Glauben, werden von dem Verfluchten selbst »gerettet werden«. 6. »Und dann werden die Zeichen der Wahrheit erscheinen; zuerst das Zeichen, dass der Himmel sich auftut, dann das Zeichen des Trompetenschalls« und das dritte: die Auferstehung der Toten, 7. aber nicht aller, sondern, wie geweissagt wurde: »Kommen wird der Herr und alle Heiligen mit ihm.« 8. »Dann wird die Welt den Herrn kommen sehen auf den Wolken des Himmels.«

Gnostische Apokryphen

Die gnostische Bibliothek von Nag Hammadi

Ein besonderer Schwerpunkt dieser Textauswahl liegt bei den gnostischen neutestamentlichen Apokryphen. Ist es eine Inzidenz der Ereignisse, dass nach dem letzten Weltkrieg in einer Phase der Neubesinnung und Suche nach Religiosität jene 2000 Jahre alten Schriften zum Leben und der Lehre Christi in Nag Hammadi im Wüstensand gefunden wurden? Nach einer Odyssee landeten diese Papyri im Museum in Kairo und die Sensation war perfekt. Diese Schriftrollen konnten teilweise in den Anfang des zweiten nachchristlichen Jahrhunderts datiert werden – manche Gelehrte meinen sogar noch früher. Mit diesen Zeugnissen zu kanonischen und außerkanonischen Schriften sind die Religionswissenschaftler ganz nahe an den Urschriften über den historischen Jesus.

Die Bearbeitung dieser Schriften ist abgeschlossen, und sie sind nun verfügbar. Aus diesen frühen Texten, etwa den Evangelien des Thomas und des Philippus sowie dem Fragment des »Evangeliums der Wahrheit«, geht hervor, dass in der Urkirche eine Vielzahl von Meinungen über die Interpretation und Bedeutung der Lehre Christi sowie über die organisatorische Form der Kirche bestanden.

Die gnostischen Urgemeinden beriefen sich auf die eigene religiöse Erfahrung, auf die Gegenwart Gottes im Menschen und lehrten, dass der Weg zum Heil über Selbsterfahrung und Selbsterkenntnis geht. Inspiriert durch dualistische Mysterienkulte bestanden sie darauf, dass nur, wer tatsächlich das Ganze als Einheit, also die göttliche Präsenz im Menschen erfahren hatte, wusste, worum es im letzten Geheimnis ging und daher allein in der Lage war, den Weg zu lehren. Sie wiesen die offizielle orthodoxe Theologie ihrer Zeit in den Bereich der Spekulation oder bestenfalls der bruchstückhaften Vorahnung dessen, was die eigentliche Wirklichkeit sein könnte, die hinter der Welt der Erscheinungen steht, entstanden ohne Wissen aus erster Hand, also ohne echte Gnosis.

Gnosis repräsentiert sich ursprünglich so als eine eigenständige Religion oder zumindest als der Versuch, die jüdisch-christliche Religion philosophisch zu untermauern. Diese dogmatische und arrogante Haltung des Alleinanspruches auf die letzte Wahrheit, die den Unwissenden verschlossen bleibt, endet in der manichäischen Lehre vom Widerstreit des Guten und Hellen mit dem Dunklen und Bösen und wird der menschlichen Natur letztlich nicht gerecht.

Die Schriften der Gnosis beginnen meist mit dem Ostergeschehen, mit der Kreuzigung und Auferstehung Christi, der die eigentliche Einweihung der Jünger in seine geheime Lehre folgte, wie in Johannes 16,25 angekündigt: »Dies habe ich in verhüllter Rede zu euch gesagt; es kommt die Stunde, in der ich nicht mehr in verhüllter Rede zu euch spreche, sondern euch offen den Vater verkünden werde.« Für die Gnostiker war Teil dieser Kunde, dass Gott gleichbedeutend war mit dem unergründlichen Urgrund des Seins, das weder männlicher noch weiblicher Natur oder beides in einem war: Gott? – Vater wie Gott? – Mutter. Das Weibliche war Teil der Gottesvorstellung dieser christlichen Urgemeinden, wie ja in ihnen auch die Frau, den Dokumenten von Nag Hammadi zufolge, eine dem Mann ebenbürtige Rolle spielte. Sie bekleidete Ämter – die von einer gnostischen Gemeinde nach Rom als Abgesandte delegierte Priesterin Marcellina war offenbar keine einmalige Ausnahme. Man orientierte sich dabei bewusst an Jesus, der Frauen wie Maria Magdalena in seinen Kreis aufgenommen hatte.

Das gnostische Philippusevangelium berichtet von der Eifersucht der männlichen Jünger auf diese Magdalena, die als »Gefährtin des Erlösers« galt und zum inneren Kreis zusammen mit Thomas und Matthäus gehörte, der zusammen für den Empfang der geheimen Lehren ausgewählt worden sein soll – was den Zorn insbesondere des Petrus erregt haben soll.

Einige dieser christlichen Urgemeinden glaubten offenbar an den direkten Zugang des Menschen zu Christus und Gott und an die Möglichkeit der außerordentlichen Bewusstwerdung, eines Erwachens, wie es Paulus auf der Straße nach Damaskus erfahren hatte.

Die von der christlichen Lehre abweichende Gnosis ging davon aus, dass es neben der äußeren Wahrheit eine innere, esoterische gab. Sie nimmt an, dass das Geheimnis des Reiches Gottes von Jesus nicht nur seiner größeren Gemeinde in Gleichnissen verkündet wurde, sondern einem engeren Kreis von Eingeweihten ausdrücklich eröffnet wurde. Dieser engere Kreis bewahrte aber das Geheimnis mit der Begründung, dass es vom Volk nicht verstanden worden wäre. Diese esoterische Form des Christentums stand in der Tradition der seit Urzeiten überlieferten »philosophia perennis«: der Mysterienlehren der Babylonier, Ägypter und Griechen wie auch der Religionen Indiens und Chinas. Das Geheimnis der Mysterien aber hatte mit dem zu tun, was die Welt im Innersten zusammenhält, wie auch mit dem Schlüssel, um dieses Wissen zu erreichen und nutzbar zu machen.

Diese Bewegung der unverstanden Wissenden ist immer wiederkehrend: Kabbalisten und Alchimisten, Katharer und Albigenser, die Meister der mittelalterlichen Dombauhütten wie die Hüter und Künder der Gralslegende, Rosenkreuzer und Theosophen, Quäker und Shaker, Mystiker und Ketzer.

Die Ablehnung ist einfach, und Sekten, die mit Zwang und Angst missionieren und den Menschen Gott gleichstellen, sind abzulehnen. Nach wie vor gültig aber ist der Satz Karl Rahners: »Der neue Mensch wird Mystiker sein oder er wird nicht sein.« Westliche Ratio mit Intuition zu füllen, innerhalb der göttlichen Offenbarung, ist immer noch die Aufgabe.

Das Evangelium nach Thomas

Gar nicht unbedingt durchgängig gnostisch zu deuten ist diese wertvolle und ergiebige Spruchquellensammlung, die einem Didymus Thomas zugeschrieben wird. Vermutlich soll die Autorität des Apostels Thomas für dieses in Syrien entstandene Evangelium genutzt werden. Es enthält viele in den kanonischen Evangelien bekannte Jesusworte, aber auch einige völlig unbekannte. Die Datierung ist umstritten, der Text ist aber vermutlich bereits am Ende des ersten Jahrhunderts verfasst worden und einzelne Logien bereits noch früher.

Der Gegensatz von Welt, Leib und Tod einerseits und individuell zu erreichendes Reich des Vaters, Erkenntnis und Leben auf der anderen Seite sind die zentralen gnostischen Botschaften des Evangeliums.

In Kunst, Literatur und Film werden diese gnostischen Jesusworte immer wieder gerne genutzt.

Dies sind die verborgenen Worte, die der Jesus, der lebt, sagte und die der Zwilling Judas Thomas schrieb.

Und er sagte so: Wer die Bedeutung dieser Worte findet, wird den Tod nicht kosten. Jesus sprach: Wer sucht, soll nicht aufhören zu suchen, bis dass er findet. Und wenn er gefunden hat, wird er verwirrt sein. Und wenn er verwirrt ist, wird er verwundert sein und über das Universum herrschen.

Jesus sprach so: Wenn eure Führer zu euch sagen, seht, die Herrschaft ist im Himmel, so werden euch die Vögel des Himmels zuvorkommen. Und wenn sie zu euch sagen: Sie ist im Meer! So werden euch die Fische zuvorkommen. Nein, die Herrschaft ist in euch und außer euch. Wenn ihr euch selbst erkennt, dann werdet ihr erkannt werden. Und zwar werdet ihr erkennen, dass ihr die Söhne des lebendigen Vaters seid. Wenn ihr euch aber nicht erkennt, so seid ihr in Armut, und ihr selbst seid die Armut.

Jesus sprach: Der Greis wird in seinen alten Tagen nicht zögern, ein Kleinkind von sieben Tagen nach dem Ort des Lebens zu fragen, und er wird leben. Denn viele Erste werden Letzte, doch sie werden ein Einziger sein.

Jesus sprach: Erkenne, was vor deinem Gesichte ist, und was dir verborgen ist, wird sich dir offenbaren. Denn es ist nichts Verborgenes, das nicht manifest gemacht würde.

Es fragten ihn seine Schüler und sagten zu ihm so: Willst du, dass wir fasten? Und: Wie sollen wir beten und Almosen geben, und welche Speiseregel sollen wir einhalten? Jesus sprach so: Lügt nicht. Und das, was ihr hasst, tut nicht; denn offen liegt alles da vor dem Himmel. Denn es gibt nichts Verborgenes, das nicht offenbart wird, und nichts Verdecktes, das nicht aufgedeckt werden wird.

Jesus sprach: Selig der Löwe, den ein Mensch isst, und der Löwe wird Mensch. Und grässlich der Mensch, den ein Löwe frisst, und der Mensch wird Löwe.

Der Mensch gleicht einem klugen Fischer, der sein Netz ins Meer warf. Und er zog es aus dem Meere, voll mit kleinen Fischen. Mitten unter ihnen fand er einen großen, guten Fisch, der kluge Fischer. Da warf er alle kleinen Fische zurück ins Meer, und wählte den großen Fisch, ohne zu zögern.

Wer Ohren hat, um zu hören, der soll hören!

Es sprach Jesus so: Seht, einer, der sät, ging hinaus, füllte seine Hand und warf. Einiges fiel auf den Weg und Vögel kamen und pickten es auf. Anderes fiel auf den Fels und trieb keine Wurzeln in die Erde hinab und trieb auch keine Ähren in die Höhe. Anderes fiel auf Dornen. Die erstickten den Samen, und der Wurm fraß es. Und anderes fiel auf guten Boden und brachte gute Frucht hervor: Es brachte sechzigfach und hundertzwanzigfach!

Es sprach Jesus so: Ich habe Feuer auf die Welt geworfen, und seht, ich hüte es, bis es brennt.

Es sprach Jesus so: Dieser Himmel wird vorübergehen, und auch der über ihm wird vorübergehen. Und die Toten leben nicht, und die Lebenden werden nicht sterben. In den Tagen, da ihr das Tote gegessen habt, habt ihr es lebendig gemacht. Wenn ihr im Lichte seid, was werdet ihr dann tun? An dem Tage, da ihr einer wart, wurdet ihr zwei. Wenn ihr aber zwei geworden seid, was werdet ihr tun?

Es sprachen die Schüler zu Jesus so: Wir wissen, dass du uns verlassen wirst. Wer wird über uns dann groß sein? Es sprach zu ihnen Jesus so: Wohin ihr auch gekommen sein werdet, geht zu Jakobus, dem Gerechten, seinetwegen sind Himmel und Erde geworden.

Es sprach Jesus zu seinen Schülern so: Vergleicht mich und sagt mir, wem ich gleiche. Es sprach zu ihm Simon Petrus so: Du gleichst einem gerechten Engel. Es sprach zu ihm Matthäus so: Du gleichst einem Philosophen, einem intelligenten Menschen. Es sprach zu ihm Thomas so: Rabbi, mein Mund wird es nicht wagen, zu sagen, wem du gleichst. Es sprach Jesus so: Ich bin nicht dein Rabbi. Nein, du hast getrunken und dich an der sprudelnden Quelle berauscht, die ich gezeigt habe. Und er nahm ihn, zog sich mit ihm zurück und sagte ihm drei Worte. Als Thomas aber zu seinen Freunden zurückkam, fragten sie ihn so: Was hat dir Jesus gesagt? Es sprach zu ihnen Thomas so: Wenn ich euch auch nur eins der Worte sagen würde, die er zu mir gesagt hat, würdet ihr Steine nehmen und auf mich werfen, und aus den Steinen würde Feuer kommen und euch verbrennen.

Es sprach zu ihnen Jesus: Wenn ihr fastet, werdet ihr euch Sünde schaffen, und wenn ihr betet, wird man euch verdammen, und wenn ihr Almosen gebt, werdet ihr eurem Pneuma (wörtlich: Geist. Gemeint ist das gnostische Selbst) schaden. Und wenn ihr ein Land betretet und in den Gegenden herumwandert, dann esst, was man euch anbieten wird und die Kranken unter ihnen heilt. Denn was in euren Mund kommt, wird euch nicht verunreinigen, aber was aus eurem Munde herauskommt, das wird euch verunreinigen.

Es sprach Jesus so: Wenn ihr den seht, den keine Frau geboren hat, dann werft euch hin auf euer Gesicht und betet ihn an. Jener ist euer Vater.

Es sprach Jesus so: Mag sein, dass die Menschen denken, ich wäre gekommen, Frieden auf die Welt zu bringen, und dabei wissen sie nicht, dass ich gekommen bin, Scheidung auf die Erde zu bringen, Feuer, Schwert und Krieg. Denn fünf werden sein in einem Haus, und drei werden sein gegen zwei, und zwei gegen drei; der Vater gegen den Sohn und der Sohn gegen den Vater. Und sie werden dastehen als Einzelne.

Es sprach Jesus so: Ich werde euch geben, was kein Auge gesehen und was kein Ohr gehört und was keine Hand berührt hat und was auf keines Menschen Herz hinaufgestiegen ist.

Es sprachen die Schüler zu Jesus so: Sage uns, wie wird unser Ende sein? Es sprach Jesus: Habt ihr denn den Anfang erfüllt, dass ihr das Ende sucht? Denn an dem Ort, an dem der Anfang ist, dort wird auch das Ende sein. Selig, wer im Anfang steht, er wird das Ende erkennen und den Tod nicht schmecken.

Es sprach Jesus so: Selig, wer war, bevor er wurde. Wenn ihr zu Schülern werdet und meine Worte hört, dann werden euch diese Steine dienen. Denn ihr habt fünf Bäume im Paradies, die sich nicht bewegen sommers und winters. Und ihre Blätter fallen nicht ab. Jeder, der sie erkennen wird, wird den Tod nicht kosten.

Es sprachen die Schüler zu Jesus so: Sage uns, wem die Herrschaft der Himmel gleicht? Er sprach zu ihnen so: Sie gleicht einem Senfsamen, der kleiner ist als alle Samen. Wenn er aber fällt auf das Land, das einer bebaut, treibt er einen großen Schössling hoch und wird zum Zelt für die Vögel des Himmels.

Es sprach Maria Magdalena zu Jesus so: Wem gleichen deine Schüler? Er sprach so: Sie gleichen Knaben, die sich auf ein Feld hinsetzten, das ihnen nicht gehört. Wenn aber die Herren des Feldes kommen, werden sie sagen: Lasst uns gefälligst unser Feld! Jene ziehen sich dann nackt aus vor denen, um es ihnen zu lassen und ihnen ihr Feld zu geben. Darum sage ich so: Wenn der Hausherr wüsste, dass ein Dieb kommt, würde er wachen, bis dass er kommt, und ihn nicht einbrechen lassen in das Haus seiner Herrschaft, um etwa seine Sachen wegzuschleppen. Ihr aber, seid wachsam vor der Welt! Gürtet eure Hüften mit großer Kraft, damit die Räuber keinen Weg finden, zu euch zu kommen. Denn den Besitz, nach dem ihr Ausschau haltet, werden sie wohl finden. Ach sei doch in eurer Mitte ein verständiger Mensch! Wenn aber die Frucht reif ist, kommt er schnell mit der Sichel in seiner Hand und mäht sie ab!

Wer Ohren hat, um zu hören, der soll hören!

Jesus sah kleine Kinder, wie sie Milch saugten. Er sprach zu seinen Schülern so: Diese kleinen Kinder, die saugen, gleichen denen, die hineinkommen in die Herrschaft. Sie sprachen zu ihm so: Werden wir, wenn wir kleine Kinder sind, hineinkommen in die Herrschaft? Es sprach Jesus zu ihnen so: Wenn ihr zwei zu eins macht und wenn ihr den inneren Teil wie den äußeren Teil und den äußeren Teil wie den inneren Teil und den oberen Teil wie den unteren Teil macht und wo ihr das Männliche und das Weibliche zu einem Einzigen macht, damit nicht das Männliche männlich und das Weibliche weiblich bleibe; wenn ihr macht Augen statt eines Auges und Hände statt einer Hand und Füße statt eines Fußes und Bilder statt eines Bildes, dann werdet ihr hineinkommen in die Herrschaft.

Es sprach Jesus so: Ich werde euch aussuchen, einen aus 1000 und zwei aus 10 000, und man wird ein Einziger sein.

Es sprachen seine Schüler zu ihm so: Zeige uns den Ort, an dem du bist, denn es ist notwendig, dass wir ihn suchen. Er sprach zu ihnen so: Wer Ohren hat, soll hören! Licht ist innerhalb eines Menschen des Lichts, und er erleuchtet die ganze Welt. Wenn er nicht leuchtet, ist Finsternis.

Es sprach Jesus so: Liebe deinen Bruder wie deine Seele; hüte ihn wie die Pupille deines Auges!

Es sprach Jesus so: Den Splitter im Auge deines Bruders siehst du wohl. Den Ast aber in deinem Auge siehst du nicht. Wenn du den Ast aus deinem Auge herausdröselst, dann wirst du scharf genug sehen, um den Splitter aus dem Auge deines Bruders herauszudröseln.

Wenn ihr nicht vor der Welt fastet, werdet ihr die Herrschaft nicht finden; wenn ihr nicht den Sabbat zum Sabbat macht, werdet ihr den Vater nicht sehen.

Es sprach Jesus so: Ich stand in der Mitte der Welt und machte mich ihnen bekannt im Fleische. Ich fand sie alle betrunken. Keinen Durstigen fand ich unter ihnen, und meine Seele wurde gequält wegen der Söhne der Menschen. Denn sie sind blind in ihrem Herzen und sehen nicht deutlich, dass sie leer in die Welt gekommen sind, vielmehr suchen sie, wieder leer aus der Welt hinauszugehen. Ja, jetzt sind sie betrunken, wenn sie aber ihren Wein ausschütten, dann werden sie umkehren.

Es sprach Jesus: Wenn das Fleisch geworden sein sollte wegen des Geistes, ist es wunderlich. Wenn der Geist aber wegen des Leibes geworden sein sollte, ist es noch wunderlicher. Aber ich wundere mich, wie sich ein solcher Reichtum in dieser Armut Wohnung gesucht hat.

Es sprach Jesus so: Wo drei Götter sind, sind bloß Götter, wo zwei oder einer, bin ich mit ihnen.

Es sprach Jesus: Ein Prophet ist nicht akzeptiert in seinem Dorf. Ein Arzt heilt nicht solche, die ihn kennen.

Es sprach Jesus so: Eine Stadt, die man auf einem hohen Berge erbaut und die bewehrt ist, kann nicht fallen, sich aber auch nicht verbergen.

Es sprach Jesus: Was du hören wirst in deinem Ohr, schrei in das andere Ohr, über eure Dächer hin. Denn niemand entzündet eine Lampe und stellt sie unter einen Bottich oder stellt sie an einen abgelegenen Platz, sondern er stellt sie auf den Kandelaber, damit alle, die eintreten, und alle, die hinausgehen, sein Licht sehen.

Es sprach Jesus so: Wenn ein Blinder einen Blinden führt, fallen sie zu zweit hinunter in die Grube.

Es sprach Jesus: Unmöglich ist es, dass einer in das Haus eines Starken eintritt und ihm Gewalt antut, es sei denn, er bände dessen Hände. Dann mag er dessen Haus umstülpen.

Es sprach Jesus: Sorget euch nicht von der Frühe bis zum Abend und vom Abend bis zur Frühe, was ihr anziehen werdet.

Es sprachen seine Schüler so: Wann wirst du dich uns bekannt machen, und wann werden wir dich sehen? Es sprach Jesus so: Wenn ihr eure Scham ablegt und eure Kleider nehmt und sie unter eure Füße legt wie die kleinen Knaben und darauf trampelt, dann werdet ihr den Sohn dessen sehen, der lebendig ist, und euch nicht fürchten.

Es sprach Jesus so: Oftmals habt ihr gewünscht, zu hören diese Worte, die ich euch sage, und ihr habt keinen anderen, sie von ihm zu hören. Tage werden kommen, da ihr mich suchen und nicht finden werdet.

Es sprach Jesus so: Die Pharisäer und Schriftlehrer haben die Schlüssel der Erkenntnis an sich genommen und haben sie versteckt. Sie selber sind nicht eingetreten, und die eintreten wollten, haben sie nicht gelassen. Ihr aber: seid schlau wie Schlangen und arglos wie Tauben.

Es sprach Jesus: Ein Weinstock wurde außerhalb des Vaters gepflanzt, und da er ungeschützt ist, wird er ausgerissen mit der Wurzel, und er geht ein.

Es sprach Jesus so: Dem, der in seiner Hand hält, wird man geben, und von dem, der nichts hält, wird man auch das bisschen, das er hat, wegtragen.

Es sprach Jesus so: Werdet Vorübergehende!

Es sprachen zu ihm seine Schüler so: Du, wer bist du, dass du so zu uns sprichst? Erkennt ihr nicht in dem, was ich euch sage, wer ich bin? Nein, ihr seid geworden wie die Juden. Denn sie lieben den Baum und hassen seine Frucht und lieben die Frucht und hassen den Baum.

Es sprach Jesus so: Wer dem Vater flucht, dem wird man vergeben, und wer dem Sohn flucht, dem wird man vergeben. Wer aber dem Heiligen Geist flucht, dem wird man nicht vergeben, auf Erden nicht und im Himmel nicht.

Es sprach Jesus: Man liest keine Trauben von den Dornen, noch zupft man Feigen von Disteln, denn sie geben keine Frucht. Ein guter Mensch holt Gutes aus seiner Truhe hervor. Ein schlechter Mensch holt Schlechtes aus seiner Truhe hervor, die in seinem Herzen ist, und er sagt auch Schlechtes, denn aus dem Überfluss des Herzens bringt er Schlechtes hervor.

Es sprach Jesus so: Von Adam bis auf Johannes, den Täufer, hin gibt es unter den von Frauen Geborenen keinen, der größer wäre als Johannes, der Täufer, sodass seine Augen nicht übergehen. Aber ich habe so gesagt: Jeder, der unter euch klein werden wird, wird die Herrschaft erkennen und wird größer sein als Johannes.

Es sprach Jesus so: Es ist unmöglich, dass ein Mensch auf zwei Pferden reitet und zwei Bogen spannt, und es ist unmöglich, dass ein Knecht zwei Herren dient. Er wird den einen ehren und sich über den anderen lustig machen. Niemand trinkt alten Wein und verlangt sofort neuen Wein zu trinken. Und keiner gießt neuen Wein in einen alten Schlauch, damit er ihn nicht sprengt, und man gießt nicht alten Wein in einen neuen Schlauch, damit er ihn nicht verdirbt. Man flickt nicht einen alten Lappen auf ein neues Kleid, weil dieses einen Riss geben wird.

Es sprach Jesus so: Wenn zwei Frieden haben, einer mit dem anderen, in einem Haus, werden sie zum Berge so sagen: Stell dich auf den Kopf! Und er wird sich auf den Kopf stellen.

Es sprach Jesus so: Selig, die einsam sind und erwählt! Denn ihr werdet die Herrschaft finden; weil ihr aus ihr seid, werdet ihr wieder dorthin gehen.

Es sprach Jesus so: Wenn sie zu euch so sagen: Woher seid ihr geworden, sagt zu ihnen: Wir sind aus dem Licht gekommen, dem Ort, wo das Licht geworden ist aus sich selbst. Es stand und wurde kund in unserem Bilde. Wenn sie zu euch so sagen: Wer seid ihr? sagt so: Wir sind seine Söhne, und wir sind erwählt von dem lebendigen Vater. Wenn sie euch fragen: Welches ist das Siegel eures Vaters an euch? sagt ihnen so: Es ist Bewegung und Ruhe.

Es sprachen zu ihm seine Schüler so: An welchem Tage wird die Ruhe derer, die gestorben sind, sein? Und an welchem Tage wird die neue Welt kommen? Er sprach zu ihnen so: Jene, die ihr erwartet, sind gekommen, aber ihr erkennt sie nicht.

Es sprachen zu ihm seine Schüler so: 24 Propheten haben in Israel gesprochen, und alle haben sie gesprochen in dir. Er sprach zu ihnen so: Ihr werdet den haben, der lebendig ist vor euch, und ihr habt gesprochen über die, die tot sind!

Es sprachen zu ihm seine Schüler so: Die Beschneidung, nützt sie oder nützt sie nichts? Er sprach zu ihnen so: Wenn sie nützte, dann würde deren Vater sie von ihren Müttern bereits beschnitten zeugen: Aber die wahre Beschneidung im Geiste hat gefunden jeden Nutzen.

Es sprach Jesus so: Selig ihr die Armen, denn euch gehört die Herrschaft der Himmel.

Es sprach Jesus so: Jeder, der nicht hasst seinen Vater und seine Mutter, wird mir nicht Schüler sein können. Und wer nicht hasst seine Brüder und seine Schwestern und nicht sein Kreuz trägt wie ich, wird meiner nicht wert sein.

Es sprach Jesus so: Jeder, der die Welt erkannt hat, hat eine Leiche gefunden. Und wer eine Leiche fand, dessen ist die Welt nicht wert.

Es sprach Jesus so: Die Herrschaft des Vaters gleicht einem Menschen, der guten Samen hatte. Sein Feind kam nachts und säte Unkraut unter den guten Samen. Der Mann ließ sie das Unkraut nicht ausreißen. Er sprach zu ihnen: Dass ihr ja nicht hingeht, um das Unkraut auszureißen und mit ihm zusammen den Weizen ausreißt! Denn am Tage der Ernte wird das Unkraut bekannt werden. Man wird es ausreißen und verbrennen.

Es sprach Jesus so: Selig der Mensch, der gelitten hat. Er hat das Leben gefunden.

Es sprach Jesus so: Schaut euch um nach dem, der lebendig ist, solange ihr lebt, damit ihr nicht sterbt und ihn zu sehen sucht und ihn nicht sehen könnt.

Sie sahen einen Samariter, der ein Lamm trug und nach Judäa hineinging. Er sprach zu seinen Schülern so: Was will der mit dem Lamm? Sie sagen zu ihm: Damit er es schlachtet und verspeist. Er sprach zu ihnen: Solange es lebt, wird er es nicht verspeisen, sondern wenn er es geschlachtet hat und es eine Leiche geworden ist. Sie sprachen so: Anders wird er das nicht machen können. Er sprach zu ihnen so: Suchet auch ihr euch einen Ort zur Ruhe, damit ihr nicht zur Leiche werdet und man euch verspeist.

Es sprach Jesus: Zwei werden ruhen auf einem Bett. Einer wird sterben, einer wird leben. Es sagte Salome: Wer bist du, Mensch, wie aus einem? Du hast mein Bett bestiegen und du aßest von meinem Tisch! Es sprach Jesus zu ihr so: Ich bin der, der von dem ist, der gleich ist. Mir ist gegeben aus dem meines Vaters. – Ich bin deine Schülerin! – Deswegen sage ich: Wenn er gleich ist, wird er sich füllen mit Licht. Wenn er aber geteilt ist, wird er sich mit Finsternis füllen.

Es sprach Jesus so: Ich sage meine Geheimnisse jenen die ihrer würdig sind. Das, was deine Rechte tut, soll deine Linke nicht wissen – was sie tut.

Es sprach Jesus so: Es war ein reicher Mensch, der hatte viele Güter. Er sprach so: Ich werde meine Güter nützen, um zu säen und zu ernten, zu pflanzen und meine Scheunen zu füllen mit Früchten, damit mir gar nichts mehr fehlt. Das ist es, was er erwog in seinem Herzen. Doch in jener Nacht starb er.

Wer Ohren hat, soll hören!

Es sprach Jesus so: Ein Mensch hatte Gäste. Und als er das Mahl bereitet hatte, schickte er seinen Knecht, damit er die Gäste lade. Er ging zu einem ersten und sagte zu ihm so: Mein Herr lädt dich ein! Er sagte so: Es schulden mir welche von den Händlern Geld. Sie kommen zu mir am Abend. Ich werde hingehen und ihnen Weisung geben. Ich entschuldige mich für das Mahl. Er ging zu einem anderen. Er sagte zu ihm so: Mein Herr hat dich eingeladen. Er sagte zu ihm so: Ich habe ein Haus gekauft, und man bittet mich für einen Tag. Es wird mir keine Zeit bleiben. Er kam zu einem anderen. Er sagte zu ihm so: Mein Herr lädt dich ein. Mein Freund wird Hochzeit machen. Und ich werde es sein, der ein Mahl geben wird. Ich werde nicht kommen können. Ich entschuldige mich für das Mahl. Er kam zu einem anderen. Er sagte zu ihm so: Mein Herr lädt dich ein. Er sagte zu ihm so: Ich habe ein Gut gekauft. Ich gehe, den Pachtzins zu holen. Ich werde nicht kommen können. Der Knecht ging. Er sagte zu seinem Herrn so: Die, welche du zum Mahle geladen hast, lassen sich entschuldigen. Der Herr sagte zu seinem Knecht so: Gehe hinaus an die Wege!

Welche du auch finden wirst, bringe sie, damit sie das Mahl einnehmen. Die Käufer und die Händler werden nicht eintreten in den Ort meines Vaters.

Er sprach so: Ein guter Mensch hatte einen Weinberg. Er gab ihn Bauern, damit sie ihn bearbeiteten und er seine Frucht bekomme von ihnen. Er schickte seinen Knecht, damit die Bauern ihm die Frucht des Weinberges gäben. Sie ergriffen seinen Knecht und schlugen ihn nieder. Nur wenig hatte gefehlt, und sie hätten ihn getötet. Der Knecht ging weg und sagte es seinem Herrn. Sein Herr sagte so: Vielleicht haben sie ihn nur nicht erkannt? Er schickte einen anderen Knecht. Die Bauern schlugen auch den anderen nieder. Da schickte der Herr seinen Sohn und sagte so: Vielleicht werden sie sich scheuen vor ihm, meinem Sohn! Jene Bauern, da sie wussten, dass er der Erbe des Weinbergs sei, packten ihn und schlugen ihn tot. Wer Ohren hat, soll hören!

Es sprach Jesus so: Belehrt mich über den Stein, den die Bauleute verworfen haben! Jener ist der Angelstein.

Es sprach Jesus so: Wer das Ganze erkennt, seiner selbst aber bedarf, bedarf des ganzen Ortes.

Es sprach Jesus so: Ihr seid selig, wenn sie euch hassen und euch verfolgen, und sie werden keinen Ort finden, an dem Ort, an dem sie euch verfolgen.

Es sprach Jesus: Selig, die verfolgt werden in ihrem Herzen! Jene sind es, die den Vater in Wahrheit erkannt haben.

Selig diejenigen, die hungern! Denn man wird den Leib dessen satt machen, der es will.

Es sprach Jesus: Wenn ihr jenes in euch erzeugt, so wird euch das, was ihr habt, retten. Wenn ihr jenes nicht in euch habt, so wird das, was ihr nicht habt, euch töten.

Es sprach Jesus so: Ich werde dieses Haus umstürzen, und niemand wird es wieder bauen können.

Einer sagte zu ihm: Sage meinen Brüdern, dass sie die Sachen meines Vaters mit mir teilen sollen! Er sagte zu ihm so: O Mann! wer wäre es, der mich zum Erbteiler gemacht hätte. Er wandte sich an seine Schüler und er sagte zu ihnen so: Bin ich etwa ein Erbteiler?

Es sprach Jesus so: Die Ernte ist zwar groß, die Arbeiter aber sind wenig. Bittet aber den Herrn, dass er Arbeiter schicke zur Ernte.

Er sprach so: Herr, es sind viele um den Brunnen, aber keiner ist im Brunnen!

Es sprach Jesus: Viele stehen an der Türe, aber die Einsamen sind es, die eintreten werden ins Brautgemach,

Es sprach Jesus so: Die Herrschaft des Vaters gleicht einem Kaufmann, der eine Warenladung hatte und darunter eine Perle fand. Jener Kaufmann ist klug. Er verkaufte die Wagenladung und erstand sich einzig die Perle. Sucht auch ihr den Schatz dessen, der nicht abnimmt, der bleibt, wo in ihn keine Motte eindringt, um zu nagen, und wo kein Wurm verdirbt!

Es sprach Jesus so: Ich bin das Licht, das über allem ist. Ich bin das Universum. Das Universum ist aus mir hervorgegangen und das Universum ist zu mir gelangt. Spaltet ein Holzscheit: Ich bin dort! Hebt einen Stein hoch, und ihr werdet mich dort finden!

Es sprach Jesus so: Warum seid ihr hinausgegangen aufs Feld? Zu sehen ein Schilfrohr, vom Winde bewegt? Und um zu sehen einen Menschen, der weiche Kleider trägt? Seht eure Könige und eure Magnaten: Diese haben weiche Kleider an, und sie werden die Wahrheit nicht erkennen können.

Es sprach eine Frau zu ihm in der Menge so: Selig der Bauch, der dich getragen hat, und die Brüste, die dich gestillt haben! Er sprach zu ihr so: Selig, die gehört haben das Wort des Vaters und es in Wahrheit behalten haben! Tage werden nämlich kommen, da ihr sagen werdet: Selig der Bauch, der nicht schwanger geworden ist, und die Brüste, die keine Milch gegeben haben!

Es sprach Jesus so: Jeder, der die Welt erkannt hat, hat

den Leib gefunden. Wer aber den Leib gefunden hat – die Welt ist seiner nicht wert.

Es sprach Jesus so: Jeder, der reich geworden ist, möge König werden. Und jeder, der Macht hat, möge darauf verzichten.

Es sprach Jesus so: Wer mir nahe ist, ist dem Feuer nahe, und wer mir fern ist, ist der Herrschaft fern.

Es sprach Jesus so: Bilder sind dem Menschen manifest, doch das Licht in ihnen ist verborgen im Bilde des Lichtes des Vaters. Es wird aber auch sichtbar dessen Bild, das verborgen ist durch dessen Licht.

Es sprach Jesus: An dem Tag, an dem ihr euer Gleichbild seht, werdet ihr euch freuen. Wenn ihr aber eure Bilder seht, die vor euch entstanden sind – sie sterben nicht, sie erscheinen nicht, was alles werdet ihr ertragen?

Es sprach Jesus so: Adam ist aus einer großen Kraft entstanden und aus einem großen Reichtum, und doch ist er eurer nicht wert. Denn wäre er wert geworden, hätte er den Tod nicht gekostet.

Es sprach Jesus so: Die Füchse haben ihre Löcher, und die Vögel haben ihr Nest. Der Sohn des Menschen aber hat keine Stelle, um seinen Kopf zu betten und zu ruhen.

Es sprach Jesus so: Elend ist der Leib, der an einem Leibe hängt, und elend ist die Seele, die an diesen beiden hängt.

Es sprach Jesus so: Engel werden zu euch kommen samt den Propheten, und sie werden euch geben, was euer ist. Und auch ihr gebt ihnen, was in euren Händen ist. Und sagt euch so: Wann werden sie kommen, und das Ihrige nehmen?

Es sprach Jesus so: Warum wascht ihr die Außenseite eines Bechers? Versteht ihr nicht, dass, wer die Innenseite geformt hat, auch der ist, der die Außenseite geformt hat?

Es sprach Jesus so: Kommt zu mir, denn leicht ist mein Joch und meine Herrschaft ist mild, und ihr werdet Ruhe finden für euch.

Sie sprachen zu ihm so: Sage uns, wer du bist, damit wir dir vertrauen! Er sprach zu ihnen so: Ihr prüft das Gesicht des Himmels und der Erde, und den, der vor euch ist, habt ihr nicht erkannt! In diesem Augenblick versteht ihr es nicht zu prüfen.

Es sprach Jesus so: Suchet und ihr werdet finden. Aber das, wonach ihr mich in diesen Tagen fragtet, habe ich euch an jenem Tage nicht gesagt. Jetzt will ich es sagen, und ihr sucht es nicht.

Gebt nicht das, was heilig ist, den Hunden, damit sie es nicht auf den Mist zerren. Werft nicht die Perlen den Säuen hin, damit sie es nicht unrein machen.

Jesus: Wer sucht, wird finden. Wer klopft, dem wird geöffnet.

Wenn ihr Geld habt, leiht nicht auf Zins, sondern gebt dem, von dem ihr es nicht erstattet bekommt.

Es sprach Jesus so: Die Herrschaft des Vaters gleicht einer Frau. Sie nahm ein wenig Sauerteig und mengte ihn in Mehl. Sie machte ihn zu großen Broten. Wer Ohren hat, soll hören!

Es sprach Jesus so: Die Herrschaft des Vaters gleicht einer Frau, die einen Krug trägt, der voll Mehl war, und die einen weiten Weg ging. Der Henkel des Kruges zerbrach; das Mehl rieselte herab hinter ihr auf den Weg. Sie merkte nichts, wusste nichts vom Missgeschick. Als sie in ihr

Haus gelangt war, stellte sie den Krug zu Boden und sie fand ihn leer.

Es sprach Jesus so: Die Herrschaft des Vaters gleicht einem Mann, der einen mächtigen Herrn ermorden wollte. Er zückte das Schwert zu Hause und durchstach die Wand, um zu sehen, ob seine Hand stark genug sein werde. Dann mordete er den Mächtigen.

Es sprachen die Schüler zu ihm so: Deine Brüder und deine Mutter stehen draußen. Er sprach zu ihnen so: Diejenigen, die an diesen Plätzen sind, die den Willen meines Vaters tun, diese sind meine Brüder und meine Mutter. Sie sind es, die eintreten werden in die Herrschaft meines Vaters.

Sie zeigten Jesus einen Aureus, eine Goldmünze und sprachen zu ihm so: Diejenigen, die sich zum Kaiser halten, fordern von uns Tribut. Er sprach zu ihnen so: Gebt jenes dem Kaiser, was des Kaisers, gebt jenes Gott, was Gottes ist. Was mein ist, das gebt mir.

Wer nicht hasst seinen Vater und seine Mutter wie ich, wird mir nicht Schüler werden können. Und wer nicht liebt seinen Vater und seine Mutter wie ich, wird mir nicht Schüler werden können...

Es sprach Jesus: Wehe ihnen, den Pharisäern, denn sie gleichen einem Hund, der auf dem Fresstrog der Rinder liegt, denn weder frisst er selbst, noch lässt er die Rinder fressen.

Es sprach Jesus so: Selig der Mensch, der weiß, wo die Räuber eindringen, damit er aufsteht und seine (Kraft) sammelt und sich um die Hüfte gürtet, bevor sie eindringen können.

Sie sprachen zu ihm so: Komm, lass uns heute beten und

fasten! Es sprach Jesus so: Was ist denn die Sünde, die ich tat, oder worin besiegt man mich? Nein, wenn der Bräutigam kommt, kommt auch das Brautgemach, dann mögen sie fasten und beten.

Es sprach Jesus so: Wer Vater und Mutter kennt, wird der Hurensohn gerufen?

Es sprach Jesus so: Wenn ihr die zwei zu einem macht, werdet ihr Söhne des Menschen, und wenn ihr sagt: Berg, stell dich auf den Kopf, so wird er sich auf den Kopf stellen.

Es sprach Jesus so: Die Herrschaft gleicht einem Hirten, der 100 Schafe hat. Eins von ihnen irrte ab, das größte. Er ließ die 99 und suchte nach jenem einen, bis er es fand. Nachdem er sich abgemüht hatte, sagte er zu dem Schaf so: Ich mag dich mehr als die 99.

Es sprach Jesus so: Wer aus meinem Munde trinkt, wird werden wie ich. Ich aber werde er werden, und das, was verborgen ist, wird ihm bekannt sein.

Es sprach Jesus so: Die Herrschaft gleicht einem Menschen, der auf seinem Acker einen vergrabenen Schatz hat, von dem er nichts weiß. Und nachdem er gestorben war, hinterließ er den Schatz seinem Sohn. Auch der Sohn wusste nichts. Er erhielt jenen Acker und verkaufte ihn. Und der, der ihn gekauft hatte, kam, zu pflügen, und fand den Schatz. Und er begann Geld zu geben auf Zinsen, wem er wollte.

Es sprach Jesus so: Wer die Welt gefunden hat und reich geworden ist, soll auf die Welt verzichten.

Es sprach Jesus so: Die Himmel werden sich aufrollen und die Erde vor euch. Und jeder, der lebendig ist aus dem, der lebendig ist, wird den Tod nicht sehen. Jesus sagt so: Wer sich selbst findet, die Welt ist seiner nicht wert.

Es sprach Jesus so: Wehe dem Fleisch, das an der Seele hängt! Wehe der Seele, die am Fleische hängt!

Es sprachen zu ihm seine Schüler so: Die Herrschaft, an welchem Tage wird sie kommen? Sie wird nicht vorhersehbar sein. Man wird nicht sagen: Seht hier! oder: Seht dort! Sondern die Herrschaft des Vaters ist ausgebreitet über die Erde, und die Menschen sehen sie nicht.

Es sprach zu ihnen Simon Petrus so: Maria soll von uns weggehen! Denn Frauen sind des Lebens nicht wert. Es sprach Jesus so: Seht, ich werde sie ziehen, um sie männlich zu machen, damit auch sie ein lebendes Pneuma wird, ähnlich euch Männlichen. Denn jede Frau, die sich männlich macht, wird eintreten in die Herrschaft der Himmel.

Das Evangelium nach Maria

Das gnostische Evangelium der Maria Magdalena wurde etwa um 160 nach Christus verfasst. Im Text wird nur auf Maria Bezug genommen, es ist aber anzunehmen, dass damit Maria Magdalena gemeint ist. Im gnostischen Gedankenmodel wird spekuliert, dass Jesus der von ihm bevorzugten Maria Magdalena besondere Geheimnisse und Offenbarungen mitgeteilt hat.

»... Wird auch die Materie gerettet oder nicht?«

Der Retter sagte: »Alle Natur, jede Gestalt und jede Kreatur besteht in- und miteinander und wird wieder zu ihrer eigenen Wurzel hin aufgelöst. Denn die Natur der Materie kann sich nur zu ihren eigenen Wurzeln hin auflösen.

Wer Ohren hat, zu hören, der soll hören!«

Da sprach Petrus: »Du hast uns alles erkennen lassen, sage uns nun auch noch dies: Worin besteht die Sünde der Welt?«

Der Retter sprach: »In Wahrheit gibt es keine Sünde, sondern ihr macht Sünde durch euer Tun. Sie kommt zum Beispiel aus der Natur der zerbrochenen Ehe. Das nennt einer Sünde. Deswegen aber kam das Gute in die Mitte, hin zum Wesen jeder Natur, um sie so wieder in ihre Wurzel einzufügen.«

Und er sprach weiter: »Deswegen entsteht auch ihr, und deswegen sterbt auch ihr … Wer es fassen kann, der soll es fassen!

Es gibt ein Leid, das nicht verglichen werden kann. Es ist aus einem Gegenüber der Natur hervorgegangen. Daher entsteht eine Verwirrung überall am Leibe. Und deswegen habe ich euch gesagt: Habt Mut! Auch wo ihr Mut nicht habt, habt dennoch Mut! Denn ihr seht doch, die Gestalten der Natur, sie sind verschieden.

Wer Ohren hat, zu hören, der soll hören!«

Als der Selige dies gesagt hatte, gab er allen den Grußkuss und sprach: »Friede mit euch! Müht euch um meinen Frieden. Hütet euch, dass niemand euch abirren lasse mit den Worten: Seht hier! oder: Seht da!, denn der Sohn des Menschen ist inwendig in euch. Ihm sollt ihr nachgehen! Wer ihn sucht, wird ihn finden. Geht also und predigt das Evangelium der Herrschaft Gottes!

Ich habe euch kein anderes Gebot gegeben, nur das, worin ich euch unterwiesen habe. Und ich habe euch kein Gesetz gegeben, wie Gesetzesstifter tun. Ihr sollt nicht durch das Gesetz ergriffen werden.«

Als er so sprach, wurde er unsichtbar.

Sie aber waren traurig, weinten und sprachen: »Haben wir jetzt zu den Völkern hinauszugehen, um das Evangelium vom Menschensohn zu predigen?«

Da erhob sich Maria, gab allen den Grußkuss und sprach zu den Brüdern: »Weint nicht, trauert nicht und zweifelt nicht, denn seine Huld wird mit euch sein und euch hüten. Lasst uns seine Größe rühmen, denn er hat uns hergerichtet und aus uns Menschen gemacht.«

Indem Maria dies sagte, wendete sie den Sinn derer, die

ihr zuhörten, zum Guten, und sie begannen über die Worte des Retters miteinander zu reden.

Petrus sprach zu Maria: »Schwester, wir alle wissen, dass der Retter dich lieber hatte als die anderen Frauen. Sage du uns Worte des Retters, derer du dich erinnerst und die du kennst, wir aber nicht, weil wir sie auch nicht gehört haben.«

Da fing sie an, ihnen diese Worte zu sagen: »Ich«, sprach sie, »ich sah den Herrn in einem Traum und sprach zu ihm: Herr, ich sah dich heute in einem Traum! Er gab Antwort und sprach zu mir: Segen über dich, da du nicht strauchelst bei meinem Anblick. Denn wie euer Herz ist, wird auch eure Kraft zu sehen sein.

Ich sprach zu ihm: Herr, sieht ein Mensch den Traum, den er sieht, durch die Seele oder durch den Geist?

Der Retter gab Antwort und sprach: Er sieht weder durch die Seele noch durch den Geist, sondern durch die Mitte von beidem sieht der Traum durch den Sinn.

(...)

Und das Verlangen sprach: Ich sah nicht, wie du herankamst. Jetzt aber sehe ich, wie du hinaufsteigst. Warum lügst du also?

Die Seele antwortete und sprach: Ich habe dich durchaus gesehen, aber du hast mich nicht gesehen. Du hast mich nicht erkannt. Obwohl du ein »Kleid« warst, hast du mich nicht erkannt.

Als sie dies gesagt hatte, jubelte sie in Freude und ging davon. Darauf kam sie zur dritten Gewalt. Man nennt sie Unwissenheit. Diese wollte die Seele ausprüfen: Wohin gehst du? Du bist in der Tat gefangen, in der Sünde ergriffen. Richte also nicht!

Aber die Seele sprach: Worum richtest du mich, wo ich dich nicht richten soll? Zwar bin ich ergriffen worden, aber ich selbst habe nicht zugegriffen. Ich bin nicht erkannt worden, aber ich habe erkannt, dass nämlich das ganze Universum frei wird, Himmlisches wie Irdisches.

Nachdem die Seele die dritte Gewalt hinter sich gelassen hatte, stieg sie hinauf und stand vor der vierten Gewalt. Die war siebengestaltig. Die erste Gestalt ist die Finsternis, die zweite das Verlangen, die dritte die Unwissenheit, die vierte die Botin des Todes, die fünfte der Bereich des Fleisches, die sechste das dumme Verlangen des Fleisches, die siebente das Wissen des …

Das sind die sieben Genossen des Zornes. Diese fragen die Seele: Woher kommst du, du hast Menschen getötet? Und wohin gehst du, du überwindest Raum?

Die Seele antwortete und sprach: Getötet ist worden, was mich festhielt, was mich umwendete, ist umgewendet. Mein Verlangen ist zu Ende. Meine Unwissenheit ist gestorben. In der Welt wurde ich gerettet aus der Welt durch eine hohe Gestalt. Ich wurde gerettet aus der Fessel, nicht zu erkennen. Dies besteht nur auf Zeit. Von jetzt an werde ich Ruhe erlangen. Dies ist der richtige Zeitpunkt. Ich werde Ruhe erlangen im Schweigen.«

Als Maria das gesagt hatte, schwieg sie. Dies war es, was der Retter zu ihr geredet hatte.

Andreas aber sprach dawider und sagte zu den Brüdern: »Sagt doch, wie denkt ihr über das, was sie gesagt hat? Ich glaube nicht, dass der Retter so geredet hat. Seine Lehren haben eine andere Bedeutung.«

Da redete Petrus dawider und fragte seine Brüder über

den Retter: »Sollte er tatsächlich mit einer Frau allein gesprochen und uns ausgeschlossen haben? Sollten wir ihr etwa zunicken und alle auf sie hören? Hat er sie uns vorgezogen?«

Da weinte Maria und sprach zu Petrus: »Mein Bruder Petrus, was sagst du da! Meinst du, ich hätte dies alles selbst ersonnen in meinem Herzen und würde so über den Retter lügen?«

Da nahm Levi das Wort und sprach zu Petrus: »Petrus, du bist von jeher aufbrausend. Und jetzt sehe ich, wie du dich gegen diese Frau groß machst, als wärest du ein Rechtsgegner. Wenn aber der Retter sie für wert genug hielt – wer bist dann du, dass du sie verwürfest? Sicherlich kennt der Retter sie ganz genau. Und deshalb hat er sie auch mehr als uns geliebt.

Wir sollen uns also schämen und den endgültigen Menschen anziehen. Wir sollen werden, wie er uns angewiesen hat und das Evangelium predigen, ohne dass wir eine Weisung oder ein Gesetz geben, es sei denn das, in dem uns der Retter unterwiesen hat.«

Als Levi das gesagt hatte, rüsteten sie sich, auszurufen und zu predigen.

Die Geheimschrift des Johannes

Der unbekannte Autor legt hier ein klar gegliedertes gnostisches Evangelium vor: Rahmenhandlung, Visionsbericht und Gesprächsführung. Gott ist ganz gnostisch der Unsagbare, Unbekannte und nicht Erkennbare.

Es handelt sich vermutlich um eine ältere Offenbarungsschrift aus dem 2. Jahrhundert, die später zu einem Gespräch Jesus mit Johannes umgestaltet wurde.

An einem dieser Tage aber trug es sich zu, dass heraufkam Johannes, der Bruder des Jakobus, die sind des Zebedäus Söhne. Und als er zum Tempel heraufstieg, da begegnete ihm ein Pharisäer namens Amanja. Der sprach ihn an: »Wo ist dein Rabbi, mit dem du gegangen bist?« Er sprach zu ihm: »Er ist wieder dorthin gegangen, von wo er gekommen war.« Da sagte der Pharisäer: »Dieser Nazarener hat euch in die Irre geführt. (…) Er hat eure Herzen verstockt und hat euch von den Überlieferungen eurer Väter abgebracht.«

Als ich das hörte, ging ich vom Tempel weg hinauf zum Berge, an einen öden Platz. Und ich war sehr traurig in meinem Herzen und sprach: »Wie hat man den Retter ausgewählt? Und warum wurde er von seinem Vater, der ihn gesandt hat, in die Welt gesandt? Und wer ist überhaupt sein

Vater? Und was ist das für ein Äon, zu dem wir kommen sollen?«

Er hat uns gesagt: »Dieser Äon hat die Gestalt jenes kommenden Äonas angenommen. Aber er hat uns nicht belehrt, was das für ein Äon ist.«

Da! Gleich, als ich es so erwog, öffneten sich die Himmel, und die ganze Schöpfung war von einem Licht angeschienen, das vom Himmel herabkam, – und die Welt erbebte. Ich hatte Furcht und fiel zu Boden. Und da! Es zeigte sich mir ein Kind, und doch sah ich die Gestalt eines Greises. Licht war in ihm. Ich schaute ihn an und verstand nicht dieses Rätselvolle: Eine Einheit und viele Weisen des Erscheinens im Lichte. Und die Formen ihres Erscheinens ergänzten sich gegenseitig. Wenn es eine Form ist, wieso hat sie dann drei Weisen zu erscheinen?

Er aber sprach mich an: »Johannes, warum zweifelst du?« Und dann: »Prüfe dich, denn diese Erscheinung kann dir doch nicht fremd sein. Sei nicht klein, denn ich bin da bei euch alle Zeit. Ich bin der Vater, ich bin die Mutter, ich bin der Sohn. Ich bin der immer Seiende, der Unvermischbare. Keiner vermischt sich mir.

Ich bin gekommen, dir zu sagen, was war, was ist und was sein wird. Du sollst das Unsichtbare und das Sichtbare erkennen. Du sollst belehrt werden über den endgültigen Menschen.

Jetzt aber erhebe dein Gesicht. Komm, höre und erkenne, was ich dir heute sagen werde. Du sollst es denen, die aus dem gleichen Geiste stammen, sagen. Sie sind aus dem nicht wankenden Geschlechte des endgültigen Menschen.«

Da sagte ich: »Sprich, damit ich erkenne.« Er sprach zu

mir: »Über die Einheit, die ganz alleine ist, herrscht niemand.

Von uns hat niemand erkannt, was es mit dem Unermesslichen auf sich hat, nur der, der in ihm gewohnt hat. Er ist es, der uns dieses erzählt hat. Er erkennt sich selbst in seinem eigenen Lichte. Es umgibt ihn, und er ist die Quelle lebendigen Wassers. Er ist das Licht, das aus Klarheit besteht. Die Quelle des Geistes kam aber aus dem lebendigen Wasser des Lichtes. Und er stattete alle Äonen und Welten in jeder Art aus. Als er sein Bild im reinen Wasser, das ihn umgibt, ansah, da erkannte er es. Da schuf sein Gedanke ein Werk. Er erschien und trat vor ihn hin, heraus aus dem Glanze des Lichtes. Und das ist die Kraft vor dem Universum, die erschienen ist. Das ist die vollkommene Pronoia des Universums, das heißt die Vorwissende und Schwester des ersten Äons. Das Licht. Das Bild des Lichtes. Das Abbild des Unsichtbaren. Sie ist die endgültige Kraft, die Barbelo, der endgültige Äon des Glanzes. Er rühmt ihn, weil er sich durch ihn eröffnet hat. Als erster Gedanke und als Abbild erkennt er ihn. Und er wurde zum ersten Menschen. Das ist: der unberührte Geist, der dreimal Männliche, der mit den drei Kräften, den drei Namen, den drei Zeugungen, der Äon, der nie altert, mannweiblich und aus seinem Gedanken gekommen.

Und dieser Äon die Barbelo erbat von ihm, ihr eine allererste Erkenntnis zu gewähren. Und er gewährte. Da trat diese allererste Erkenntnis hervor, stellte sich samt der Pronoia hin und rühmte den Unsichtbaren, die endgültige Kraft. Es rühmte aber die Barbelo, weil sie beide durch diese Kraft entstanden waren.

Und wiederum bat die Barbelo, ihr die Unvergänglichkeit zu gewähren. Und er gewährte. Und als er gewährt hatte, trat die Unvergänglichkeit hervor. Und auch diese stellte sich samt dem Gedanken und der ersten Erkenntnis hin und rühmte den Unsichtbaren und die Barbelo, weil sie ihretwegen entstanden war.

Da bat die Barbelo, ihr das ewige Leben zu gewähren. Und er gewährte. Und als er gewährt hatte, trat das Leben hervor. Und alle stellten sich hin und rühmten den Unsichtbaren und die Barbelo, weil sie ihretwegen entstanden waren, durch Offenbarung des unsichtbaren Geistes.

Dies ist die Fünfheit der Äonen des Vaters: die Barbelo, der Gedanke, die erste Erkenntnis, die Unvergänglichkeit und das ewige Leben; das heißt zusammengefasst der erste Mensch, das Bild des Unsichtbaren. Das ist aber auch die mannweibliche Fünfheit, nämlich die Zehnheit der Äonen, der Vater aus dem ungezeugten Vater.

Dann blickte die Barbelo tief hinein in das reine Licht und gebar so einen Lichtfunken. Der war ihr aber nicht gleich. Das ist der vor dem Vater erschienene Einziggeborene, der selbst entstandene Gott, der erstgeborene Sohn des Universums, des Geistes, des reinen Lichtes.

Da jubelte der unsichtbare Geist über das so entstandene Licht. Denn es war zuerst erschienen in der ersten Kraft, seiner Pronoia, der Barbelo. Und in seiner Güte salbte er das Licht. Mangellos wurde es so der Christus, hatte er es doch in seiner Güte zum unsichtbaren Geiste gesalbt. Er offenbarte sich ihm also durch die Gabe der Salbung, durch den unberührten Geist. Und auch der Christus stellte sich hin und rühmte den unsichtbaren Geist und die endgültige Pronoia, dem Barbelo, worin er gewohnt hatte.

Und auch der Christus bat, ihm eines zu gewähren, den Nous, das heißt der Sinn. Er gewährte es, der unsichtbare Geist. Da zeigte sich der Nous. Und er trat mit dem Christus hin und rühmte den Unsichtbaren und die Barbelo.

Diese alle aber entstanden in Schweigen und in einem einzigen Gedanken.

Der unsichtbare Geist aber wollte ein weiteres Werk tun. Da gewann sein Wille Gestalt und erschien. Er stellte sich hin mit dem Nous und dem Licht und rühmte. Dem Willen aber folgte das Wort.

Durch das Wort aber hat der Christus alles geschaffen, er, der selbst entstandene Gott, das ewige Leben und jetzt auch der Wille.

Und auch der Nous und die erste Erkenntnis stellten sich hin und rühmten den unsichtbaren Geist und die Barbelo. Sie waren ja durch diese beiden entstanden. Endgültig aber ward der Nous erst durch den Geist, den ewigen selbst entstandenen Gott, den Sohn der Barbelo.

Das Endgültige aber wurde durch den Geist, den ewigen selbst entstandenen Gott, den Sohn der Barbelo, und zwar weil auch der zu dem ewigen, unberührten und unsichtbaren Geiste trat. Denn kein anderer als dieser selbst entstandene Gott, Christus, ist es, der dem Unsichtbaren die große Ehre gab, weil auch er aus jenem ersten Gedanken entstanden ist. Denn diesen Gedanken, die Barbelo, setzte der unsichtbare Geist als Gott über das Universum. Der wahre Gott gab ihm alle Macht und bestimmte die Wahrheit ihm zum Untertan, damit er das Universum erkenne. Und den Namen dieses Gedankens, dem Barbelo wird man all denen sagen, die seiner würdig sind.

Aus dem Lichte, Christus, aber und aus der Unvergänglichkeit traten vier große Lichter hervor. Sie sollten sich zu ihm stellen und zu den dreien: dem Willen, dem Gedanken und dem Leben. Diese vier Lichter sind: Gnade, Einsicht, Wahrheit und Klugheit (...)

Unsere Mitschwester aber, die Sophia, erdachte in sich einen Gedanken, denn auch sie ist ja eine Äonin. Sie wollte nämlich nach dem Gedanken des Geistes und der ersten Erkenntnis ihren Gedanken als Bild aus sich heraus in Erscheinung treten lassen. Aber der Geist hatte nicht zugestimmt und nicht gewährt. Und auch ihr männlicher Paargenosse, der unberührte Geist, hatte dieser Absicht nicht zugestimmt. Sie fand also keine Übereinstimmung. Sie gewährte es sich also selbst ohne die Zustimmung des Geistes und ohne Wissen ihres eigenen Partners. Wegen des Verlangens aber, das in ihr wohnt, wollte sie (Eigenes) hervorbringen.

Und ihr Gedanke konnte nicht ohne Folgen bleiben. Es kam also ihr Werk hervor, unvollendet und hässlich von Ansehen. Sie hatte ja ohne ihren Paargenossen gehandelt. Ihr Werk aber war auch ihr selbst, der Mutter, nicht ähnlich, sondern von anderer Gestalt. Es erwägend, sah sie eine andere Form und ein anderes Aussehen, ein Schlangen- und Löwen-Aussehen. Und die Augen ihres Werkes glühten im Feuer. Da brachte sie es aus jenen Orten hinweg. Keiner der Unsterblichen sollte es sehen, war es doch in Unkenntnis geboren.

Sie umhüllte es mit einer Lichtwolke und setzte einen Thron in die Mitte der Wolke, damit niemand es sähe – ausgenommen der Heilige Geist, den man das Leben und aller Mutter nennt. Und sie gab ihrem Werk diesen Namen: Jaldabaoth. Das ist der erste Archon, ausgestattet mit großer Kraft aus seiner Mutter. Und er entfernte sich von ihr …

Als nun die Mutter ihren Mangel erkannt hatte – hatte doch ihr Paargenosse nicht mit ihr übereingestimmt und war sie doch von ihrer Vollkommenheit herabgesetzt worden – da begann sie zu schweben.«

Ich aber sprach: »Christus, was bedeutet schweben?« Da lächelte er und sprach: »Meinst du, es sei so, wie Moses gesagt hat, über den Wassern schweben?« Nein, sondern weil sie das Schlimme und den Kehricht sah, der ihrem Sohne zuteil werden würde, da reute es sie. Und als sie in der Finsternis hin und her irrte, begann sie sich zu schämen. Und sie wagte keine Umkehr, sondern irrte hin und her. Und dieses ihr Gehen und Kommen, das heißt schweben.

Als Jaldabaoth, der Selbstgerechte, nun wohl Kraft von seiner Mutter erhalten hatte, da wusste er dennoch von vielem nichts, nämlich von all dem, was über seiner Mutter war. Er dachte, nur seine Mutter existiere. Und da er die große Zahl der von ihm geschaffenen Engel ansah, erhob er sich über diese.

Und als nun die Mutter erkannt hatte, dass ihre Fehlgeburt in der Finsternis nicht vollkommen war, weil ja ihr Paargenosse nicht mit ihr übereingestimmt hatte, da bereute sie also. Sie weinte. Und er, der Unsichtbare hörte auf das Flehen ihrer Reue, und ihre Brüder, die übrigen Äonen, baten für sie. Der Heilige, unsichtbare Geist aber nickte gewährend.

Nachdem nun der Heilige, unsichtbare Geist gewährt hatte, goss er über sie einen Geist der Vollkommenheit aus. Und ihr Paargenosse war zu ihr herabgestiegen, um ihre Mängel zu beheben. Er wollte ihre Mängel aber durch einen Gedanken beheben. Man brachte sie aber nicht zu ihrem Paar-Äonen hinauf, sondern wegen der an ihr offenbar gewordenen großen Unwissenheit ist sie unter die Neunheit, in den Schöpfungsbereich ihres Sohnes Jaldabaoth gestellt worden – bis dass ihr Mangel behoben wäre!« (...)

Ich sprach zu ihm: »Christus, war es nicht die Schlange, die sie belehrte?« Er sprach lächelnd: »Ja, die Schlange lehrte Eva die Zeugung des Begehrens, des Befleckens und des Verderbens, denn diese nützen ihr der Schlange. Doch sie erkannte, dass jene weit klüger ist als sie selber und ihr nicht gehorchen würde. Sie wollte die Kraft herausbringen, die ihr von der Mutter Sophia gegeben worden war. Da warf sie schließlich eine Vergessenheit auf Adam.«

Ich sprach zu ihm: »Christus, was ist die Vergessenheit?« Er sprach: »Nicht wie Moses gesagt hat: Er senkte einen Schlaf auf ihn, sondern er bedeckte seine Sinne mit einem Schleier, er beschwerte ihn mit der Last des Nicht-mehr-Erkennens, denn er hat ja durch den Propheten gesprochen: Ich will die Ohren ihrer Herzen beschweren, damit sie nicht verstehen und nicht sehen.

Da aber verbarg sich die Epinoia in dem Menschen ...«

Da sprach ich: »Christus, werden die Seelen aller Menschen in das reine Licht gerettet werden?« Er sprach zu mir: »Du bist zur Überlegung großer Gedanken gekommen. Sie sind anderen schwer zu zeigen, es sei denn, sie wären von jener Art, die nicht wankt. Diejenigen, auf die der Geist des Lebens herabgekommen ist und sich mit der Kraft verbunden hat, die werden gerettet werden. Endgültig und würdig geworden, werden sie zu den großen Lichtern hinaufsteigen.

Denn sie werden würdig werden, sich mit den Lichtern von allem Bösen und den Prüfungen der Bosheit zu reinigen, weil sie auf nichts anderes schauen werden als auf die unvergängliche Versammlung. Sie bemühen sich darum ohne Zorn, Neid, Furcht, Begierde und Sattheit. Von all dem werden sie nicht ergriffen. Auch nicht von irgend anderem, ausgenommen vom Fleische allein, das sie gebrauchen, werden sie ergriffen. Denn sie schauen einzig darauf, herausgebracht zu werden. Und sie werden von den Annehmern in die Würde des ewigen, unvergänglichen Lebens und des Rufes aufgenommen werden. Dabei dulden und tragen sie alles, um so den Kampf zu beenden und das ewige Leben zu erben.«

Ich sprach: »Christus, was werden aber diejenigen tun, die das nicht getan haben? Denn auch in ihre Seelen ist doch die Kraft und der Geist des Lebens gekommen, damit sie gerettet werden.« Er sprach zu mir: »Zu wem jener Geist gekommen ist, der wird auf jeden Fall gerettet werden, er kommt aus dem Schlimmen heraus. Die Kraft kommt in jeden Menschen, ohne sie könnte ja keiner gerade stehen. Aber nach der Geburt der Kraft bringt man zu ihr den Geist des Lebens. Wenn aber der starke, göttliche Geist zum Leben gekommen ist, stärkt er die Kraft, das heißt die Seele, und also irrt sie nicht ab zum Schlimmen. Bei denen aber, in die der Geist der Nachahmung kommt, wird von ihm die Seele verführt, und sie geht irre.«

Ich aber sprach: »Christus, wenn deren Seelen aus dem Fleische kommen, wo werden die dann hingehen?« Er aber sprach lächelnd: »An einen Seelenort, das ist die Kraft, die weit mehr vermochte als der Geist der Nachahmung. Diese Kraft ist stark und flieht die Werke des Schlimmen. Und durch die unvergängliche Sorge wird sie gerettet und hinaufgebracht zur Ruhe der Äonen.«

Ich aber sprach: »Christus, was sind aber die Seelen derer und wohin werden die gehen, die überhaupt nicht erkannt haben?« Er sprach zu mir: »Über jene ist ein Geist der Nachahmung Herr geworden und sie sind gestürzt. Und so belegt er ihre Seele und drängt sie zu den Werken des Schlimmen und bringt sie so zur Vergessenheit. So entblößt, liefert er sie an die Mächtigen aus, die unter dem Archon geworden sind. Sie werden gefesselt und herumgeführt, jedoch nur, bis sie von der Vergessenheit gerettet werden, sie Gnosis erhalten und so vollendet und gerettet werden.«

Ich aber sprach: »Christus, ist es so, dass die Seele in sich zusammenfällt und wieder in die Natur der Mutter oder des Menschen hineingeht?« Als ich ihn so fragte, freute er sich und sprach: »Du bist selig zum Verstehen. Ja, sie werden einem anderen gegeben, in dem der Geist des Lebens ist, dass dieser nachfolge. Und wenn sie durch den hört, wird sie gerettet. In ein anderes Fleisch geht sie freilich nicht ein.« Ich sprach zu ihm: »Christus, jene aber, die zwar erkannten, aber sich dennoch abwandten, was sind ihre Seelen?« Er sprach zu mir: »Diese werden an jenen Ort gehen, zu dem die Engel der Armut gehen werden, die Reuelosen. Sie werden bis auf jenen Tag hin aufbewahrt, an dem sie der Strafe verfallen. Denn jeder, der den Heiligen Geist gelästert hat, wird mit ewiger Strafe gestraft werden.«

Schlusswort des Christus: »Ich aber sage dir dieses, und du schreibe es auf und gib es geheim weiter an jene, die mit dir Pneumatiker also im Geiste sind. Denn dieses Geheimnis gehört dem Geschlecht, das nicht wankt.

Die Mutter kam vor mich hin. Und das ist es, was sie in der Welt getan hat: Sie hat ihren Samen aufgerichtet. Ich aber will euch verkünden, was geschehen wird. Denn ich habe dir dieses übergeben, damit du es niederschreibst und man es sicher hinterlege.«

Dann sprach er zu mir: »Verflucht ist jeder, der dieses für ein Geschenk, eine Speise, ein Getränk, ein Kleid oder was sonst weitergibt.«

Er gab also Johannes das Geheimnis und wurde im selben Augenblick für ihn unsichtbar. Der aber kam zu denen, die mit ihm Schüler waren, ihnen zu sagen, was ihm vom Retter gesagt worden war.

Das Thomasbuch

Der gnostische Offenbarungsdialog zwischen dem auferstandenen Jesus und Judas Thomas über Fragen der Ethik und der Erlösung nach dem Tode ist nur schwer einzuordnen. Der gnostische Text ist vermutlich in Syrien nach dem 3. Jahrhundert entstanden. Die Textstruktur ist brüchig und teilweise unverständlich. Die Schrift mahnt zu einer asketischen Lebensweise und droht mit dem peinigenden Feuer der Hölle.

Dies sind die geheimen Worte, die der Retter dem Judas Thomas gesagt hat und die ich, der Apostel Matthäus, geschrieben habe.

Als ich dahinging, hörte ich, wie sie miteinander sprachen. Der Retter sagte: »Bruder Thomas, solange du in der Welt Zeit hast, höre mir zu, und ich will dir anzeigen, worüber du selbst schon nachgesonnen hast in deinem Herzen. Man hat ja gesagt, du bist mein Zwilling und Freund. Prüfe dich also und erkenne, wer du bist, wie du warst und wie du werden wirst! Wenn man dich aber meinen Bruder nennt, dann kann es sich für dich nicht gehören, dass du über dich selbst unwissend bist. Und ich weiß ja, dass du zur Erkenntnis gelangt bist. Denn du hast mich schon erkannt, dass ich die Erkenntnis der Wahrheit bin, während du mit mir unterwegs bist, selbst wenn du es nicht weißt. Du hast schon erkannt, und man wird dich den Sich-selbst-Erkenner nennen. Denn wer sich selbst nicht erkannt hat, hat überhaupt nicht erkannt. Wer aber sich selbst erkannt hat, hat die Erkenntnis der Tiefe des Universums erkannt. Deswegen hast du, mein Bruder Thomas, das den Menschen Verborgene gesehen. Daran stoßen sie sich, weil sie es nicht erkennen.«

Es sprach nun Thomas zum Herrn: »Gerade deswegen bitte ich dich, mir zu sagen, wonach ich dich frage vor deiner Hinwegnahme. Und wenn ich von dir über das Verborgene höre, dann wird es mir auch möglich sein, darüber zu sprechen. Mir ist klar, dass es bei den Menschen schwierig ist, die Wahrheit zu tun.«

Der Retter antwortete ihm so: »Wenn euch schon verborgen ist, was offen am Tage liegt, wie möchtet ihr dann hören, was wirklich verborgen ist? Wenn die Werke der Wahrheit, die in der Welt offen sind, schwierig für euch zu tun sind, wie wollt ihr da die Werke der Größe und des Pleromas tun, die verborgen sind? Wie kann man euch da Arbeiter nennen? Ihr seid Anfänger, ihr habt die Größe der Endgültigkeit noch nicht erlangt.«

Thomas gab Antwort und sprach zum Retter: »Erzähle uns von den Dingen, von denen du sagst, sie seien verborgen und nicht offen am Tage!«

Der Retter sprach: »Alles Körperhafte ist wie die Tiere entstanden, die sich auf die bekannte Weise fortzeugen. Daher ist auch keine Dauer in ihnen … Doch die auf die Seite des Himmels gehören, … sind offenbar. Sie sind offenbar aus ihrer Wurzel allein. Ihre Früchte erhalten sie am Leben. Die

Körper aber, die bekannt sind, essen von Kreaturen, die ihnen gleichen. Darum verändern sich diese Körper auch. Was sich aber verändert, geht zugrunde und vorüber. Es hat von nun an keine Hoffnung auf Leben, denn jeder Körper ist einem Tier gemäß. Wie nun bei den Tieren die Leiber zugrunde gehen, so wird auch dieses Gemächt zugrunde gehen. Es stammt doch der Körper aus dem Beischlaf, wie jener der Tiere! Und wenn er nun daraus stammt, wie sollte er dann einen größeren Unterschied vor ihnen haben? Deswegen also seid ihr klein, bis ihr endgültig werdet.«

Thomas aber antwortete: »Darum, sage ich dir, Herr, gleichen jene, die über das Verborgene und schwer zu Erklärende sprechen, Menschen, die ihre Feuer für ein Nachtzeichen auseinanderreißen. Sie »reißen« zwar ihre Feuer, wie einige, auseinander, um für das »Zeichen« auseinanderzureißen, aber es ist doch nicht sichtbar. Wenn aber das Licht hervorkommt und die Finsternis zudeckt, dann wird das Werk eines jeden sichtbar. Du aber bist unser Licht, Herr, da du leuchtest.«

Jesus sprach: »Das Licht ist im Licht.«

Thomas sprach und sagte: »Herr, warum geht das sichtbare Licht, das des Menschen wegen scheint, auf und unter?«

Der Retter sprach: »Selig bist du, Thomas. Das sichtbare Licht scheint euretwegen, nicht damit ihr an diesem Ort bleibt, sondern damit ihr herauskommt. Wenn aber alle Erwählten die Eigenschaften eines Tieres ablegen, dann wird sich das Licht zu seinem wahren Sein hinauf zurückziehen. Und sein wahres Sein wird es zu sich nehmen, weil es ein guter Knecht gewesen ist.«

Der Retter sprach aber weiter: »O unbegreifliche Liebe des Lichtes! O Wut des Feuers, die im Körper des Menschen und in seinem Mark brennt nachts und tags, und die Glieder des Menschen versengt und ihre Herzen betrunken macht und ihre Seelen verwirrt. Männer und Frauen schüttelt sie am Tage und in der Nacht, bewegt sie und brennt im Verborgenen und im Offenen. Denn die Männer bewegen sich auf die Frauen zu, und die Frauen bewegen sich auf die Männer zu. Darum sagt man: Jeder, der nach der Wahrheit fragt bei einem wirklich weisen Menschen, wird sich Flügel zurichten und fliegen und vor dem Verlangen fliehen, das des Menschen Gemüt verbrennt. Er wird sich Flügel zurichten und vor allem, was zur Welt der Erscheinungen gehört, fliehen.«

Thomas gab Antwort und sprach: »Herr, genau deswegen frage ich dich ja, weil ich erkannt habe, dass du es bist, der uns nützt. Wie du selbst sagst.«

Wiederum antwortete der Retter und sprach: »Wir müssen es euch sagen, denn das ist die Lehre für die Endgültigen. Wenn ihr endgültig werden wollt, werdet ihr euch danach richten, wenn nicht, ist euer Name ohne Wissen. Unmöglich wohnt ein gescheiter Mensch mit einem Dummkopf zusammen. Denn der Gescheite ist voll jeder Weisheit, für den Dummkopf aber ist Gutes und Böses völlig egal. Der Gescheite wird sich von der Wahrheit ernähren und wird wie der Baum sein, der über dem Regenguss aufwächst. Es gibt also einige, die Flügel haben, mit denen sie über die Welt der bloßen Erscheinung hinwegeilen. Die anderen sind fern von der Wahrheit. Das Feuer erweckt in ihnen eine falsche Vorstellung von der Wahrheit, lässt vorgetäuschte Schönheit vor ihnen aufscheinen, doch richtet es sie so zugrunde. Es schlägt sie durch eine dunkle Süße in Bann und zieht sie an durch Geruch, der taumeln lässt. In unersättlichem Verlangen wird es sie blenden und ihre Seelen versengen. Es wird ihnen wie ein Pfahl sein, der in ihrem Herzen steckt, ohne dass sie ihn je herausziehen könnten. Und wie ein Zaum im Maule lenkt es sie nach seinem Willen. Es schlägt sie in Ketten, bindet mit grimmiger Fessel des Verlangens. Was am Tage ist, was vorübergeht und sich ändert, was sich wenden wird beim Ziehen der Prüfung, zog sie immer schon vom Himmel zur Erde, tötete sie und machte sie zu Tieren. So sind sie beschmutzt.« Thomas antwortete und sprach: »Schon oft ist deutlich ausgesprochen: Das Vergängliche vergeht für alle, die nicht wissen … Seele.«

Der Retter sprach: »So ist es mit dem klugen Manne, der die Ruhe suchte. Als er sie fand, ruhte er in ihr auf immer und hatte keine Furcht mehr vor denen, die ihn beunruhigen wollten.«

Thomas antwortete und sprach: »Es ist nützlich für uns, in dem zu ruhen, was uns gehört.«

Der Retter sprach: »Ja, das ist es, was nützt, und es ist gut für euch. Denn was unter Menschen bekannt ist, wird vorübergehen. Das Gefäß des Fleisches wird vergehen, und wenn es vergangen ist, wird es dort sein, wo man es sieht. Das sichtbare Feuer bereitet dann Qual, wegen der Liebe zum Glauben, die sie früher bewegte. Und wieder werden sie dann in die Welt der Erscheinungen kommen müssen. Es werden aber diejenigen zugrunde gehen, die ohne die erste Liebe Ausschau halten in der Sorge des Lebens in der Glut des Feuers. Nicht lange wird es noch währen, bis das Sichtbare vergeht. Dann werden falsche Götter, ohne Gestalt, aufstehen, und mitten unter den Gräbern werden sie für immer über den Körpern sein zu Qual und Untergang der Seelen.«

Thomas antwortete und sprach: »Was aber sollen wir denen sagen, was den Menschen, die blind sind, welche Lehre sollen wir denen geben, die behaupten: Wir kamen zum Guten, nicht zum Fluch! Sie werden ja auch sagen: Wenn wir nicht im Fleische geboren wären, hätten wir … nicht erkannt.«

Der Retter sprach: »Amen. Ich sage dir: Rechne solche nicht unter die Menschen, sondern halte sie gleich wie die Tiere. Denn wie Tiere einander fressen, so ist es auch mit diesen Menschen. Sie »fressen« einander und sind von der Wahrheit ausgeschlossen, weil sie die (dunkle) Süße des Feuers lieben und Knechte des Todes geworden sind, hingeeilt zu ihren Werken des Schmutzes, um das Verlangen ihrer Väter zu Ende zu bringen. Man wird sie auf den Grund des Hades hinabwerfen und sie auspeitschen mit der Geißel ihrer eigenen Natur. Sie werden ausgepeitscht, damit sie ihren Kopf nach unten richten, damit sie zu dem Ort fliehen, den sie vorher nicht kannten. Nicht in Ruhe …, sondern in Verzweiflung … Mit Wahnsinn und Verwirrung. Und sie bleiben an der Verwirrung ihres Verstandes kleben und erkennen ihren Wahn nicht. Sie dachten, sie wären weise, liebten aber bloß ihren Körper …, sie sind von ihm berückt. Ihr Denken klebt an ihren Werken. Das Feuer wird sie verbrennen.«

Thomas aber antwortete und sprach: »Herr, was soll aber ein Mensch tun, wenn er sich unter diese ›Tiere‹ hinabgeworfen sieht? Ich bin um diese Menschen besorgt, denn gar viele streiten wider sie.«

Der Retter antwortete und sprach: »Vermagst du tatsächlich etwas zu besitzen, was zur Erscheinungswelt gehört?« Judas, genannt Thomas, sprach: »Du, Herr, hast zu sprechen. Ich aber habe zu hören.«

Der Retter antwortete: »Höre, was ich dir sage, und glaube die Wahrheit! Wer Böses sät, dessen Böses wird im eigenen Feuer verbrennen, im Feuer und im Wasser. Solche werden sich in den Gräbern der Finsternis verbergen. Nach langer Zeit werden sie es durch ihre Früchte anzeigen, dass sie selber schlechte Bäume gewesen sind. Man wird sie strafen, vom Maul der Tiere und vom Mund der Menschen getötet, durch die Wucht der Regenböen, der Winde, der Luft und des Lichts, die sie von oben her anfällt.«

Thomas aber antwortete: »Uns, Herr, hast du überzeugt. Wir haben in unserem Herzen erkannt. Deutlich ist das die Wahrheit, und in deiner Rede ist keine Missgunst. Aber die Worte, die du zu uns sagst, sind für die Welt Lachen und Naserümpfen, weil sie nicht verstehen. Wie sollen wir da hingehen und predigen, dass man uns nicht zur Welt zu zählen habe?«

Der Retter antwortete und sprach: »Amen. Ich sage euch: Wer diese Rede hört und sein Gesicht abwendet oder darüber die Nase rümpft oder die Lippen spitzt? Amen. Ich sage euch: Man wird ihn dem oberen Herrscher ausliefern, der über die Mächte herrscht. Und der, der herrscht, wird jenen umdrehen und vom Himmel in den Grund des Hades werfen. Und einsperren wird man ihn in einen knappen und finsteren Ort. Er wird sich nicht drehen, noch bewegen, wegen der großen Tiefe des Tartaros und der schweren Leiden des Hades, die sicher sind. Dort sind sie gefangen … ihre Torheit ist nicht vergeben. Und die Mächte werden sie verfolgen und dem Engel, dem Herrn des Hades, übergeben. Der wird Feuer nehmen und sie mit Feuergeißeln jagen, ihnen Funken ins Gesicht sprühend. Rennt einer nach Westen: Feuer! Flieht er nach Süden: Feuer! Wendet er sich nach Norden: Feuer, drohendes Feuer! Den Rettungsweg nach Osten wird er aber nicht finden, um dort zu entkommen. Denn wenn er ihn nicht gefunden hat, solange er noch im Fleische war, so wird er ihn am Tage des Gerichts erst recht nicht finden.«

Der Retter sprach weiter: »Wehe euch, ihr Gottlosen, die ihr keine Hoffnung habt, die ihr euch verlassen habt auf das, was nicht zu geschehen hätte. Wehe euch, die ihr auf das Fleisch hofft und auf das Gefängnis, das zugrunde geht. Wie lange wollt ihr noch schlafen und vom Unvergänglichen meinen, es verginge, wo eure Hoffnung auf der Welt ruht und euer Gott dieses Leben ist? So richtet ihr eure Seelen zugrunde. Wehe euch im Feuer, das in euch brennt, denn es ist nicht zu sättigen. Wehe euch, durch das Rad, das sich in euren Gedanken dreht. Wehe euch, in denen das Feuer wütet. Es wird euer Fleisch in der Erscheinungswelt aufzehren und eure Seelen in ihrem verborgenen Grunde spalten und euch eurer Genossen wert machen. Wehe euch, ihr Häftlinge, die ihr in Höhlen angekettet seid. Ihr lacht und freut euch noch im Lachen eurer Dummheit. Euren Untergang begreift ihr nicht. Die Art des Ortes, an dem ihr wohnt, wisst ihr nicht, dass ihr nämlich in der Finsternis und im Tode seid. Nein, ihr seid betrunken vom Feuer und angefüllt mit bitterem Gift. Euer Herz sieht nur auf sich selbst, auf das eigene Verlangen.

Süß erscheint euch, was in Wahrheit Bitteres ist, Grimm des Gegners. Finsternis haltet ihr für Licht. Eure Freiheit habt ihr der Knechtschaft unterworfen. Eure Herzen habt ihr zu Finsternisherzen gemacht und eure Gedanken der Dummheit übergeben. Ihr habt die Gedanken voll mit dem Rauch des Feuers, das in euch brennt. Euer Licht, das euch gegebene Gewand, ist von der Wolke der Finsternis verdeckt. Ihr habt euch betrogen, auf eine nicht existente Hoffnung gesetzt. An wen habt ihr geglaubt? Wisst ihr nicht, dass ihr alle unter Leuten wohnt, die euch verderben wollen, als ob ihr nicht zum Leben bestimmt seid? Eure Seelen habt ihr in das Wasser der Finsternis eingetaucht. Euer Wunsch war euch das einzige Leben. Wehe euch, die ihr im Irrtum seid und nicht auf das Licht der »Sonne« schaut. Denn das Licht der Sonne richtet das Universum aus. Es schaut auf das Universum. Es umfasst und richtet jede Tat. Es macht sich selbst Feinde zu Knechten.

Ihr erkennt auch nicht den Mond, wie er ist des Nachts und des Tags, wenn er herabschaut auf die Leiber eurer Toten. Wehe euch, die ihr den Umgang mit den Huren liebt, der euch beschmutzt. Wehe euch, die ihr den Mächten eures Körpers gehorcht. Man wird euch heimsuchen. Wehe euch, in denen böse Abergeister am Werke sind. Wehe euch, die ihr alle Glieder voller Feuer habt. Wer wird euch Tau geben, zu löschen, dass Feuer und Glut aus euch geschwemmt würden? Wer wird über euch die Sonne aufgehen lassen, um die Finsternis zu bannen, die in euch ist, und um Finsternis und Wasser des Schmutzes ins Dunkle abzudrängen?

Aber über euch andere werden Sonne und Mond aufgehen und guten Geruch verbreiten und damit Luft, Geist, Wasser und Erde erfüllen. Denn wo keine Sonne scheint über die Körperlichkeit, verkommt und vergeht sie wie die Pflanze und das Gras. Scheint aber die Sonne auf die Pflanze, so kräftigt sie zuerst den Weinstock. Wenn dann der Weinstock schon kräftiger wird als andere Pflanzen und alle anderen Kräuter, die gemeinsam wuchsen, überschattet er sie und verbreitert sich. Er allein erbt das Land, auf dem er wuchs, und wird jedem Ort Herr und überschattet ihn. So wird er beim Wachsen Herr über das Land und bringt seinem Besitzer reiche Frucht. Ja der Nutzen ist noch größer, denn sein Besitzer hätte Mühe aufwenden müssen, das Unkraut auszujäten.

So aber vertilgte es der Weinstock von sich aus und erstickte es.

Es starb und wurde dem Boden gleich.«

Dann redete Jesus weiter und sprach zu ihnen: »Wehe euch, die ihr die Lehre nicht angenommen habt. Denen, welche die Wahrheit kennen, hört ihr nicht zu. Ihr quält sie, wenn sie davon sagen. So rennt ihr in euer Verderben. Täglich tötet ihr die Arbeiter Gottes, euch gesandt, damit ihr vom Tode ersteht.

Selig aber ihr, die ihr die Verführung erkannt habt. Ihr flieht, was euch fremd ist. Selig seid ihr, die ihr ausgelacht und verachtet werdet wegen der Liebe, die der Herr für euch übrig hat.

Selig seid ihr, die ihr weint und von denen, die keine begründete Hoffnung haben, angefeindet werdet. Denn ihr werdet frei sein. Wachet und betet, dass ihr im Fleische nicht ähnlich den Tieren lebt, sondern die Fessel des ›Tieres‹ sprengt. Wenn ihr betet, werdet ihr Ruhe haben. Dann lasst ihr die Mühe und den Druck des Herzens hinter euch. Wenn ihr der Mühe und dem Verlangen des Körpers entkommt, erreicht ihr die Ruhe durch den allein Gutes.

Und ihr werdet herrschen mit dem König, weil ihr eins seid und er mit euch eins ist, von jetzt bis in die Zeiten. Amen!«

Das Buch des Thomas, des Kämpfers, welcher an die Endgültigen schreibt.

Die Offenbarung Adams

Die Schrift ist ein Beispiel einer gnostischen Apokalypse, die in ihren Urtexten noch im ersten Jahrhundert vor Christus entstanden ist. Adam berichtet aus gnostischer Sicht die bekannte Vorgeschichte aus dem Alten Testament. In der Offenbarung selbst werden die drei Männer aus Genesis 18, die dem Abraham erschienen sind, zu den Uroffenbarern. Die Wahrheit weiß nur das »königliche Geschlecht«, der Gnostiker. Die Adressierung der Offenbarung Adams an Seth gilt als deutlicher Hinweis, dass die Schrift keine christliche Gnosis darstellt und der Sekte der Sethianer zuzurechnen ist. Nach Hippolyt geht das System der Sethianer von einer Dreiheit von Finsternis, Licht und reinem Geist aus. Aus der Vermischung dieser drei entstehen Himmel und Erde. Die Finsternis ist dabei keine untätige Materie, sondern klug und tätig. Um den Verstand, den Nous, aus der Finsternis zu befreien, macht sich der Logos des Lichts dem Nous gleich.

Die Offenbarung, die Adam seinem Sohne Seth im 700. Jahre gegeben hat.

Er sprach: Höre auf meine Rede, mein Sohn Seth! Als Gott mich aus dem Boden gemacht hatte samt deiner Mutter Eva, lebte ich mit ihr in einem Glanze, den sie gesehen hatte in dem Äon, in dem wir entstanden waren: Sie überbrachte mir ein Wort einer Erkenntnis Gottes, des Ewigen. Wir waren wie die großen, ewigen Engel. Wir waren größer als Gott, der uns gemacht hatte, und größer als die Kräfte, die mit ihm waren – wir kannten sie nicht. Da schloss uns Gott, der Archon der Äonen, zornig aus. Wir selbst wurden zwei Äonen, der Glanz, der in unserem Herzen war, verließ uns, mich und deine Mutter Eva, samt der ersten Erkenntnis, die in uns war. Der Glanz verließ uns und ging über in große Äonen … Die Erkenntnis aber, die nicht in diesem Äon entstanden war, in dem ich und deine Mutter Eva entstanden sind, ging über in den Samen großer Äonen. Deshalb habe ich dich nach dem Namen jenes Äons benannt, des Menschen, er ist der Same des großen Geschlechtes und stammt aus ihm. Nach dieser Zeit war die große Erkenntnis des Gottes der Wahrheit fern von mir und deiner Mutter Eva. Seither haben wir als Menschen Belehrung über tote Dinge. Da erst erkannten wir den Gott, der uns gemacht hatte; denn wir standen seinen Kräften ja sehr nahe. Wir dienten ihm in Furcht und Knechtschaft. Unsere Herzen verfinsterten sich. Im Sinnen meines Herzens aber schlief ich ein. Da sah ich drei Männer vor mir, ich konnte sie nicht genau erkennen, da sie nicht aus den Kräften Gottes stammten, der uns gemacht hatte. Sie übertrafen alles, was ich sonst gesehen hatte. Sie traten auf mich zu, machten sich mir bekannt und sprachen: Stehe auf, Adam, aus dem Schlafe des Todes! Vernimm über den Äon und den Samen jenes Menschen, zu dem das Leben gekommen ist und der aus dir und deiner Paargenossin stammt. Als ich diese Worte der Männer, die bei mir standen, gehört hatte, jammerten wir, ich und Eva, in unseren Herzen. Und der Herr, Gott, der uns gemacht hatte, trat auf und sprach zu uns: Adam, warum jammert ihr in euren Herzen, wisst ihr nicht, dass ich der Gott bin, der euch gemacht hat? Ich habe in euch einen Geist des Lebens eingeblasen zu einer lebendigen Seele. Da verfinsterten sich unsere Augen, und Gott, der uns gemacht hatte …, sprach: Ich bin Gott, und es gibt keinen außer mir! Du aber bist Boden und sollst wieder samt deiner Frau Eva zum Boden zurückkehren. Da erkannte ich im Sinn und in der Begierde meines Herzens ein süßes Verlangen nach deiner Mutter. Und die Eindeutigkeit einer ewigen Erkenntnis verkam in uns. Und eine Schwäche folgte uns nach. Ich hatte nämlich erkannt, daß ich unter die Herrschaft des Todes geraten war.

Jetzt, mein Sohn Seth, sei dir offenbart, was mir jene drei Männer geoffenbart haben, die einst vor mir gestanden haben.

Nachdem ich die Tage dieses Geschlechtes hinter mir haben werde, wird Noah kommen, ein Knecht des Herrn, des Gottes, der auch uns gemacht hat.

Und kommen wird eine große Flut. Zuerst werden Güsse Gottes, des Allmächtigen, herabstürzen. So wird alles Fleisch auf der Erde zugrunde gehen: alles, was ringsum war. Zugrunde gehen werden auch alle, die aus dem Samen des Menschen stammten, diejenigen, die die Offenbarung der Erkenntnis belebt hatte, die aus deiner Mutter Eva hervorgekommen war. Diese waren ihm nämlich wie Fremdlinge.

Danach werden große Engel auf hohen Wolken daherkommen. Und sie werden die Menschen zu jenem Ort wegführen, an dem der Geist des ewigen Lebens ist …

Ein Glanz jener Äonen wird ihnen gegeben werden ..., wird vom Himmel zur Erde kommen, und die ganze Zahl des Fleisches wird im Wasser ertrinken. Dann erst wird Gott in seinem Zorne anhalten und seine Kraft auf die Massen der Wasser werfen.

Doch er wird verschonen den Noah, seine Söhne und deren Frauen durch die Arche. Und auch die Tiere, an denen er Gefallen fand, wird er verschonen. Und die Vögel des Himmels, die er gerufen hatte, setzte er auf die Erde nieder. Und Gott wird zu Noah – die Völker werden ihn Deukalion rufen – sprechen: Sieh, ich habe dich in der Arche am Leben erhalten, samt deiner Frau und deinen Söhnen und deren Frauen und ihren Tieren und den Vögeln des Himmels, die du gerufen hast ... Darum werde ich jetzt dir die Erde übergeben, dir und deinen Söhnen. In einer Herrschaft wirst du über sie befehlen, du und deine Söhne. Und kein menschlicher Same kommt aus dir, der nicht auch in Ehre hintreten darf vor mich. Sie werden dann (so zahlreich) sein wie die Wolke des großen Lichtes.

Es werden herantreten jene Menschen, die von der Erkenntnis der großen Äonen und der großen Engel ausgeschlossen worden waren. Und sie werden sich hinstellen vor Noah und die großen Äonen. Gott aber wird zu Noah reden: Weshalb bist du von dem Wege abgewichen, von dem ich zu dir geredet habe? Du hast dir ein anderes Geschlecht gemacht, um meine Kraft für klein anzusehen. Dann aber wird Noah sagen: Ich kann vor deiner Stärke bezeugen, daß das Geschlecht dieser Menschen nicht durch mich entstanden ist noch durch meine Kinder, sondern durch den ewigen Gott der Wahrheit und seine Erkenntnis. Und jene Menschen wird man erretten und sie in ein ausgezeichnetes Land bringen und ihnen dort eine heilige Wohnstatt bauen.

Man wird sie mit jenem Namen rufen, und sie werden dort 600 Jahre in der Erkenntnis der Unvergänglichkeit sein. Und mit ihnen werden Engel des großen Lichtes sein. Nichts, was man hasst, wird in ihrem Herzen wohnen, nichts, denn die Erkenntnis Gottes allein.

Noah wird dann die gesamte Erde unter seine Söhne Ham, Japhet und Sem aufteilen, und er wird zu ihnen sprechen: Meine Söhne, hört meine Rede! Seht, ich habe die Erde unter euch aufgeteilt. Besorgt sie also in Furcht und Knechtschaft alle die Tage eures Lebens. Und euer Same möge nicht weichen vom Angesichte Gottes, des Allmächtigen; jedenfalls dienen ihm ich und euer Bruder Sem. Er ist der Gott, der uns gemacht hat.

Sem, Sohn Noahs, wird dann sagen: Mein Same finde Gefallen vor deiner Kraft! Siegle ihn mit deiner starken Hand in Furcht und Weisung. Denn all der Same, der aus mir hervorgekommen ist, wird nicht abweichen von dir und Gott, dem Allmächtigen, sondern er wird in Dienst und Furcht der Erkenntnis untertan sein.

Dann werden andere hervortreten, die aus dem Samen Hams und Japhets. 400 000 Mann werden kommen und in ein anderes Land übersiedeln, Wohnung zu nehmen bei jenen Menschen, die entstanden sind aus der großen, ewigen Erkenntnis. Der Schatten ihrer Kraft wird die, die gekommen sind, Wohnung bei diesen zu nehmen, vor jedem Bösen bewahren, fernhalten von aller schmutzigen Gier. Dann wird der Same Hams und Japhets zwölf Reiche darstellen. Und der Same wird je in ein anderes Volk hineingehen … tote Taten gegen ihren großen Äon der Unvergänglichkeit.

Dann werden sie vor ihrem Gott Saklas erscheinen. Sie werden hingehen zu den Kräften und die großen Menschen verklagen – weil die in ihrem Glanze sind.

Und so werden sie zu Saklas sprechen: Worin besteht die Kraft dieser Menschen, die sich da vor dich hingestellt haben? Man hat sie aus dem Samen Hams und Japhets genommen und es sind ihrer 400 000 Männer. Man hat sie in einen anderen Äon aufgenommen als den, von dem sie abstammen. Und sie haben all den Glanz deiner Herrschaft umgestürzt. Denn der Same Noahs hat durch seinen Sohn allein deinen ganzen Willen getan mit allen Kräften in den Äonen, über die deine Macht Herr gewesen ist. Doch jene Menschen und die, die Fremdlinge sind in ihrem Glanze, haben deinen Willen nicht getan. Im Gegenteil, sie haben deine gesamte Menschenmenge abspenstig gemacht.

Dann wird der Gott der Äonen ihnen von denen, die ihm dienen, einige geben. Diese werden der Feuerlast folgen. Und sie werden zu jenem Land kommen, in dem die großen Menschen wohnen werden, die sich nicht beschmutzt haben und die sich auch nicht beschmutzen werden mit irgendwelchem Verlangen. Ihre Seele ist nämlich nicht durch eine beschmutzte Hand entstanden, sondern durch einen großen Befehl des ewigen Engels.

Danach wird man Feuer, Schwefel und Asphalt auf jene Menschen werfen. Und Feuer und Finsternis werden kommen über jene Äonen, und die Augen der Kräfte der Lichter werden finster werden. An jenen Tagen können die Äonen sie nicht sehen.

Dann werden große Lichtwolken herabsteigen. Und andere Lichtwolken aus den großen Äonen werden auf diese herabkommen.

Und es werden Abrasax, Sablo und Gamaliel herabsteigen und jene Menschen aus dem Feuer und dem Zorn herausführen und sie hoch über die Engel und die Herrschaften der Kräfte stellen. Sie werden sie herausführen und ihnen ewiges Leben geben … und die Kraft von Äonen.

Der unvergängliche Äon aber, ist der Wohnort jener Lichter und der heiligen Engel und Äonen. Und die Menschen werden jenen Lichtern gleichen, denn sie sind ihnen nicht fremd. Sie arbeiten am unvergänglichen Samen.

Dann wird das Licht der Erkenntnis zum dritten Male vorübergehen in großem Glanze, um übrig zu lassen vom Samen Noahs und den Söhnen Hams und Japhets. Es wird sich Bäume übrig lassen, die Frucht bringen.

Und am Tage des Todes wird es ihre Seelen retten. Denn alles Gemächt, das aus dem Boden entstanden ist, wird unter die Gewalt des Todes kommen. Wer aber an der Erkenntnis des ewigen Gottes in seinem Herzen fest gehangen hat, der wird nicht zugrunde gehen, weil er nicht den Geist dieses Reiches erhalten hat, sondern den Geist von einem der ewigen Engel.

Und das Licht der Erkenntnis kommt auf die tote Erde und siegelt sie mit dem Namen Seths und wirkt Zeichen und Wunder, um so ihre Kräfte und ihren Archon zu erniedrigen.

Dann wird der Gott der Kräfte verwirrt werden und sprechen: Was ist das für eine Kraft des Menschen, dass er selbst uns überlegen ist? Und er wird einen großen Zorn gegen jenen Menschen entfachen. Aber der Glanz wird hindurchschreiten und in ihren Häusern wohnen. Diese haben sie sich ausgesucht. Die Kräfte können sie mit ihren Augen nicht sehen. Und auch das Licht werden sie nicht sehen. Darauf wird man das Fleisch des Menschen bestrafen, über den Heiliger Geist gekommen ist.

Dann werden die Engel und alle Arten der Kräfte den »Namen« vortäuschend missbrauchen und werden sagen: Woher stammt dies und woher sind die Lügenworte gekommen, die keine der Kräfte gefunden hat?

Das erste Reich nun sagt: Der Name stammt von dem Herrn eines heiligen, großen Reiches. Ein Geist hat ihn zum Himmel entrückt. Er wurde in den Himmeln erzogen. Und er erhielt den Glanz und die Kraft von jenem. Man legte ihn an die Brust seiner Mutter, und so kam er auf das Wasser.

Das zweite Reich aber sagt über ihn: Er entstammt einem großen Propheten. Und ein Flugtier kam, nahm das eben geborene Kind, und trug es auf einen hohen Berg. Und es wurde von dem Flugtier des Himmels großgezogen. Ein Engel aber kam dort heraus und sprach: Steh auf, dir gibt Gott die Ehre! Es empfing also Glanz und Stärke und kam so auf das Wasser.

Das dritte Reich sagt von ihm: Er entstammt einem jungfräulichen Schoß. Man vertrieb ihn aus einer Stadt, ihn und seine Mutter. Und so ward er an einen öden Ort geführt und kam dort hoch. Er kam, empfing Glanz und Kraft, und so kam er auf das Wasser.

Das vierte Reich sagt von ihm: Er entstammt einer Jungfrau. Sie wurde schwanger im geheimen. Und es verfolgte sie Solomon, er und Phersalis und Sayel und seine Heere der

Abergeister, um die Jungfrau zu finden. Sie fanden aber nicht die Jungfrau, die sie suchten, sondern eine andere, die ihnen gegeben worden war. Die brachten sie. Und Solomon nahm sie. Die Jungfrau wurde schwanger. Und sie gebar das Kind an jenem Ort. Sie zog es groß an einer ganz bestimmten Stelle der Wüste. Und als es herangewachsen war, empfing es Glanz und Kraft von dem Samen, durch den es gezeugt worden war, und so kam es auf das Wasser.

Das fünfte Reich aber sagt von ihm: Er entstammt einem unteren Äon, damit er Blumen pflücke. Und sie, der weibliche Äon, wurde schwanger vom Verlangen nach den Blumen. Und sie gebar ihn an jenem Ort. Und die Engel des Antheonos, das heißt, der wider Gott, ernährten ihn. Und er empfing Glanz an jenem Ort und Kraft, und so kam er auf das Wasser.

(…)

Das siebente Reich aber sagt von ihm: Er ist ein Tautropfen. Er ist vom Himmel auf die Erde gefallen. Und er wurde in Schlangenhöhlen hinabgeführt. So wurde er ein Kind. Und ein Geist kam über ihn. Er trug ihn hinauf zur Höhe an jenen Ort, an dem der Tautropfen entstanden war. Und er empfing Glanz und Kraft an jenem Ort, und so kam er auf das Wasser.

Das achte Reich aber sagte von ihm: Eine Wolke überschattete die Erde. Sie hüllte einen Berg ein. Daraus ist er entstanden. Und die Engel, die über der Wolke sind, haben ihn großgezogen. Und er empfing den Glanz und die Kraft an jenem Ort, und so kam er auf das Wasser.

Das neunte Reich aber sagte von ihm: Von den neun Pieriden, das heißt Musen, trennte sich eine ab. Sie stieg auf einen großen Felsen. Und lange Zeit saß sie dort. Schließlich begehrte sie sich selbst und wollte mannweiblich werden. Und sie vollendete ihr Verlangen und wurde von ihrem Verlangen schwanger. Und so hat sie geboren. Und Engel, die über dem Verlangen waren, zogen ihn groß. Und er empfing Glanz an jenem Ort und Kraft, und so kam er auf das Wasser.

Das zehnte Reich sagte von ihm: Sein Gott liebte eine Wolke des Verlangens. Er zeugte ihn in seine Hand und warf ihn auf die Wolke. Die war weit weg von ihm und von dem Samen, und so wurde er geboren. Und er empfing Glanz und Kraft an jenem Ort, und so kam er auf das Wasser.

Das elfte Reich aber sagte: Der Vater verlangte nach seiner eigenen Tochter. Sie wurde von ihrem eigenen Vater schwanger. Und sie warf ihr Kind in die Höhe draußen in der Wüste. Der Engel zog es groß an jenem Ort. Und so kam es auf das Wasser.

Das zwölfte Reich sagte von ihm: Er ist aus zwei Lichtern entstanden. Und dort wurde er großgezogen. Er empfing Glanz und Kraft, und so kam er auf das Wasser.

Das 13. Reich aber sagt von ihm: Es ist überhaupt jedes Gebären ihres Archons ein Wort. Und dieses Wort hat an jenem Ort einen Willen ausgesprochen. Und er empfing Glanz und Kraft, und so kam er auf das Wasser, damit das Verlangen dieser Kräfte ruhiggestellt werde.

Das königliche Geschlecht aber sagt: Gott hat ihn aus allen Äonen heraus erlesen. Und er ließ eine unbefleckte Erkenntnis der Wahrheit durch ihn entstehen. Sie sprach: Das große Licht ist aus einem fremden Raum, aus einem großen

Äon herausgekommen. Es ließ das Geschlecht jener Menschen entstehen, die erleuchten können und die er sich auserlesen hat, sodass sie den ganzen Äon erleuchten.

Dann wird der Same gegen die Kraft kämpfen. Es sind die, die seinen Namen annehmen werden auf dem Wasser und von ihnen allen.

Und eine Finsterniswolke wird über sie kommen. Dann werden die Völker mit lauter Stimme rufen: Heil der Seele jener Menschen! Sie haben in ihrer Erkenntnis der Wahrheit Gott erkannt.

Und sie werden bis in alle Ewigkeiten leben und gehen nicht zugrunde durch ihr und der Engel Verlangen. Sie haben ja die Werke der Kräfte nicht getan. Sie standen vor ihm in einer Erkenntnis Gottes wie Licht, das aus Feuer und Blut quillt.

Wir aber haben alle Werke im Unverstand der Kräfte getan. Und wir haben uns der Übertretung dieser Werke auch noch gerühmt … Seine Werke aber sind wahrhaftig, und sein Äon ist ewig. Diese aber sind bloße Geister.

Jetzt haben wir erkannt, dass unsere Seelen den Tod sterben werden. Dann kam eine Stimme zu ihnen und sprach: Michev, Michar und Mnesinus, die ihr über dem heiligen Bade und dem lebendigen Wasser seid! Warum habt ihr zum lebendigen Gott gerufen mit Stimmen und Zungen ohne Gesetz, denen keine Weisung gegeben ist, sondern Seelen voller Schmutz und Blut? Da ihr angefüllt seid mit Werken, die nicht zur Wahrheit gehören, sind dennoch eure Wege voll von Lachen und Jubel. Da ihr das Wasser des Lebens beschmutzt und es zum Willen der Kräfte herabgezogen habt, in deren Hände ihr gegeben seid, sollt ihr ihnen auch dienen.

Und euer Sinn gleicht nicht dem jener Menschen, die ihr bekämpft, weil sie nicht gehört haben auf euer Verlangen und die Kräfte und Engel ... Und ihre Angst wird kein Ende nehmen. Man wird sie nämlich bis zu den großen Äonen hinauf kennen, sie, die Worte des Gottes der Äonen. Man hat sie bewahrt, ohne dass man ein Buch schreiben wollte oder gar schrieb. Nein, Engel werden diese Worte bringen. Und alle Geschlechter der Menschen werden sie nicht kennen. Und sie werden auf einem hohen Berg, auf einem Felsen der Wahrheit sein.

Daher wird man sie die Worte der Unvergänglichkeit und der Wahrheit derer nennen, die den ewigen Gott in Weisheit, Erkenntnis und Lehre von Engeln und Ewigkeit kennen. Denn er weiß alles.

Dies sind die Offenbarungen, die Adam seinem Sohne Seth offenbart hat. Und sein Sohn hat sie seinen Nachkommen erzählt.

Das ist die verborgene Gnosis Adams, die er dem Seth gegeben hat. Dies ist das heilige Bad derer, die ewige Gnosis kennen.

Gegeben durch die Wortgeborenen und die unvergänglichen Lichter, die aus dem heiligen Samen hervorgegangen sind, Jesseus, Mazareus, Jessedekeus ... sie sind heilig.

Pistis Sophia

Die den Gnostikern zuzuschreibende Schrift ist im 3. Jahrhundert in Ägypten entstanden. Umfang, Struktur und Form konnten nicht einwandfrei geklärt werden. Sophia, die gefallene reuige Wesenheit drückt ihre Hoffnung aus, aus dem Chaos, in das sie gefallen ist, befreit zu werden.

Es sind Offenbarungen des auferstandenen Jesu, der noch elf Jahre auf Erden gewirkt haben soll, die dieser auf die Fragen seiner Jünger gibt. Der Text beginnt mit einer Allegorie von Tod und Auferstehung Christi, die zugleich den Auf- und Abstieg der Seele beschreibt. Später werden die wichtigsten Gestalten der gnostischen Kosmologie behandelt und 32 fleischliche Begierden aufgezählt, die überwunden werden müssen, um Erlösung zu erlangen.

Das erste Buch der Pistis Sophia

Nachdem Jesus von den Toten auferstanden war, verbrachte er elf Jahre mit seinen Jüngern, diskutierte mit ihnen und lehrte sie nur bis zu den Orten des ersten Gebotes und bis zu den Orten des ersten Mysteriums.

Als die Jünger besten Mutes auf dem Ölberg beieinandersaßen, während sich Jesus etwas abseits niedergelassen hatte, sprachen sie: »Wir sind glückselig vor allen Menschen auf der Erde, weil der Erlöser uns dieses offenbart hat und wir die Fülle und die gesamte Vollendung empfangen haben.«

Am 15ten des Mondes im Monat Tybi, dem Tag vor Vollmond, erstrahlte hinter der Sonne eine hell leuchtende Lichtquelle, die aus dem Licht der Lichter kam und aus dem letzten, dem 24. Mysterium von innen nach außen – jene 24 Mysterien befinden sich in den Ordnungen des zweiten Raumes des ersten Mysteriums. Jene unermessliche Lichtkraft aber kam über Jesus herab, umgab ihn ganz allmählich und erleuchtete ihn, sodass die Jünger vollkommen geblendet waren. Sie sahen nur das Licht, das viele Lichtstrahlen aussandte, die einander nicht glichen und von der Erde bis hinauf zu den Himmeln reichten. Daraufhin gerieten sie in große Aufregung und Furcht. Jesus aber fuhr in die Höhe, während die Jünger ihm nachblickten und kein einziges Wort sprachen, bis er ihren Augen entschwand.

Als Jesus nach drei Stunden die Himmel erreicht hatte, gerieten alle Kräfte in Aufregung und erzitterten mit allen ihren Äonen und Ordnungen, aber auch mit der ganzen Erde samt ihren Bewohnern. Und alle Engel, Erzengel und Kräfte der Höhe priesen von der dritten Stunde des 15ten des Mondes Tybi bis zur neunten Stunde des folgenden Tages den Inneren der Inneren, sodass die ganze Welt ihre Stimme hörte.

Die Jünger aber fragten sich voller Furcht: »Was wird denn geschehen? Vielleicht wird der Erlöser alles zerstören.« Da taten sich die Himmel um die neunte Stunde des folgenden Tages auf, und sie sahen Jesus in einem unbeschreiblichen strahlenden Licht, stärker noch als am Vortag, herabkommen; wieder glich keiner der vielen Lichtstrahlen in Form und Stärke dem anderen; und erneut gerieten die Jünger in große Aufregung und Furcht. Da sprach Jesus, der Barmherzige und Mildherzige, zu ihnen:

»Fürchtet euch nicht, ich bin es!« Als die Jünger diese Worte hörten, baten sie ihn: »O Herr, wenn Du es bist, so ziehe Deinen Lichtglanz an Dich, sonst sind wir mit der ganzen Welt geblendet infolge des gleißenden Lichtes, welches an Dir ist.«

Da zog Jesus den Glanz seines Lichtes an sich; daraufhin fassten alle Jünger Mut, traten vor Jesus, fielen alle zugleich nieder, beteten ihn an in großer Freude und sprachen zu ihm:

»Rabbi, wohin bist Du gegangen oder in welchem Auftrag bist Du gegangen oder warum haben alle diese Aufregungen und alle diese Erdbeben stattgefunden?«

Da sprach Jesus, der Barmherzige zu ihnen: »Freut euch und jubelt von dieser Stunde ab, denn ich bin zu den Orten, aus welchen ich gekommen war, gegangen. Von heute ab werde ich mit euch in Offenheit vom Anfang der Wahrheit bis zu ihrer Vollendung reden, und ich werde mit euch von Angesicht zu Angesicht ohne Gleichnis reden; ich werde euch von dieser Stunde an nichts von dem Wesen der Höhe und dem Wesen des Ortes der Wahrheit verbergen. Denn mir ist durch den Unaussprechlichen und durch das erste Mysterium von allen Mysterien die Macht gegeben, mit euch vom Anfang bis zur Vollendung und von innen bis außen und von außen bis innen zu reden. Hört nun, auf dass ich euch alle Dinge sage.«

»Aber Maria Magdalena und Johannes, der Jungfräuliche, werden überragen alle meine Jünger; und alle Menschen, die Mysterien in dem Unaussprechlichen empfangen werden, werden zu meiner Rechten und zu meiner Linken sein, und ich bin sie und sie sind ich, und sie werden mit euch in allen Dingen gleich sein, nur viel mehr werden eure Throne den ihrigen überragen und mein eigener Thron wird den eurigen überragen und den aller Menschen, die das Wort des Unaussprechlichen finden werden.«

Es sprach aber Maria: »Mein Herr, was das Wort anbetrifft, das Deine Kraft durch David prophezeit hat: Die Gnade und die Wahrheit begegneten einander, die Gerechtigkeit und der Friede küssten einander. Die Wahrheit sprosste aus der Erde hervor und die Gerechtigkeit blickte vom Himmel herab, so hat einst Deine Kraft dieses Wort über Dich prophezeit.

Da Du klein warst, bevor der Geist über Dich gekommen war, kam, während Du Dich mit Joseph in einem Weingarten befandest, der Geist aus der Höhe und kam zu mir in mein Haus, Dir gleichend, von mir aber nicht erkannt, und ich dachte, dass Du es wärest.

Und es sprach zu mir der Geist: Wo ist Jesus, mein Bruder, damit ich ihm begegne? Und als er mir dieses gesagt hatte, war ich in Verlegenheit und dachte, es wäre ein Gespenst, um mich zu versuchen.

Ich nahm ihn aber und band ihn an den Fuß des Bettes in meinem Hause fest, bis dass ich zu euch, zu Dir und dem Joseph, auf das Feld hinausginge und euch in dem Weinberge fände, indem Joseph den Weinberg mit Pfählen befestigte.

Als Du mich das Wort zu Joseph sprechen hörtest, begriffst Du es, freutest Dich und sprachst: Wo ist er, auf dass ich ihn sehe, sonst erwarte ich ihn an diesem Orte.
Als Joseph Dich diese Worte hatte sagen hören, wurde er bestürzt, und wir gingen zugleich hinauf, traten in das Haus und fanden den Geist an das Bett gebunden. Wir schauten Dich und ihn an und fanden Dich ihm gleichend; und es wurde der an das Bett Gebundene befreit, er umarmte Dich und küsste Dich, und auch Du küsstest ihn, und ihr wurdet eins.«

Das Evangelium der Wahrheit

Valentinos selbst gilt als Verfasser des gnostischen Evangeliums, das mehr eine predigtähnliche, ermahnende und belehrende Frohbotschaft ist. Valentinos ist einer der größten und wichtigsten gnostischen Lehrer und Wortführer. Er ist in Ägypten geboren und predigte sogar in Rom. Er war ein hinreißender Redner, geriet aber in Konflikte wegen seiner Lehre.

Das Evangelium der Wahrheit verfasste er Mitte des zweiten Jahrhunderts. Es ist ein eindrucksvolles gnostisches Zeugnis.

Das Evangelium der Wahrheit ist für jene, die vom Vater der Wahrheit die Gnade haben, Verzückung, ihn selber zu erkennen durch die Kraft des Anspruchs, der aus dem Pleroma gekommen ist. Jener Anspruch, der im Denken und im Verständnis des Vaters war, heißt Retter, da das die Arbeit ist, die er zu leisten hat, nämlich die zu retten, die den Vater nicht erkannt haben.

Und somit ist die Bezeichnung »Evangelium« die Offenlegung der Hoffnung, der Fund derer, die Ihn suchen.

Das Universum aber dehnte sich aus nach dem, aus dem es hervorgegangen war. Und dabei war das Universum in dem undenkbar Unfassbaren! Er ist über alles Denken groß. Die Unkenntnis des Vaters aber schuf Angst und Furcht. Die Angst aber verschattete sich wie ein Nebel, sodass niemand mehr sehen konnte. So gewann die falsche irrende Einsicht an Kraft. Und da sie die Wahrheit nicht kannte, schuf sie an ihrem Stoffe ohne Erfolg. Sie selbst war in einer Art Gebilde entstanden und hatte sich in der Kraft den Ersatz der schönen Wahrheit bereitet.

Für den undenkbar Unfassbaren war dies aber keine Demütigung; waren doch die Angst, das Vergessen und das Bild der Lüge ein Nichts. Die feststehende Wahrheit aber ist unveränderlich, unerschütterlich und an Schönheit nicht zu übertreffen

Verachtet daher die Plane! Denn es verhält sich mit ihr so: Sie hat keine Wurzel. Verglichen mit dem Vater ist sie gewordener Nebel. So bringt sie bei ihrer Arbeit Vergessungen und Ängste hervor, damit sie jene, die zur Mitte gehören, ablenke und in Gefangenschaft führe, denn sie existiert ja.

Das Vergessen der Plane war nicht bekannt. Es ist nichts beim Vater. Das Vergessen ist nicht beim Vater entstanden, wenn es auch seinethalben entstanden ist. Was aber in ihm entsteht, ist die Gnosis.

Diese wurde bekannt, damit das Vergessen aufgelöst sei und man den Vater erkenne. Weil das Vergessen entstanden ist, damit man den Vater nicht erkenne, wird dann, wenn man den Vater erkennt, das Vergessen nicht mehr existieren. Von diesem Zeitpunkt an.

Das ist das Evangelium dessen, nach dem sie suchen, dass er den Endgültigen durch die Erbarmungen des Vaters bekannt gemacht hat, er, das geheime Mysterium, Jesus Christus. Durch diesen hat er die erleuchtet, die durch das Vergessen in der Finsternis sind. Er hat sie erleuchtet und ihnen einen Weg vorgegeben. Der Weg aber ist die Wahrheit, über die er sie belehrt hat. Und deshalb zürnte ihm die Plane und stellte ihm nach. In Bedrängnis geriet er durch sie und wurde zugrunde gerichtet. Man nagelte ihn an ein Kreuz. Er wurde eine Frucht der Erkenntnis des Vaters. Die Frucht aber ging nicht zugrunde, sie wurde verkostet. Denen aber, die sie gekostet hatten, gab er, dass sie durch diesen Fund zu einer Freude werden konnten. Und er fand sie in sich, und sie fanden ihn in sich, ihn, den undenkbar Unfassbaren, den Vater, den Endgültigen. Er schuf das Universum, und das Universum war in ihm, und doch bedarf das Universum seiner, denn er hatte die Endgültigkeit derer in sich zurückbehalten, die er dem Universum nicht gegeben hatte.

Im Vater war kein Neid. Welcher Neid sollte da zwischen ihm und seinen Gliedern sein? Wenn nämlich der Äon ihre Endgültigkeit aufgehoben hätte, wie wären sie dann zum Vater gekommen, der ja ihre Endgültigkeit in sich hält? Er gibt sie ihnen für eine Rückkehr zu ihm. Ein einziges Erkennen in Endgültigkeit. Er ist es, der das Universum schuf, und das Universum war in ihm, und doch hatte das Universum Mangel an ihm.

Wie einer den Wunsch hat, weil ihn einige nicht kennen, sollen sie ihn kennenlernen und ihn lieben – dem Universum fehlt ja nichts, es sei denn die Gnosis des Vaters! –, so wurde er zu einem ruhigen Lehrer, der Muße hat. Er kam in die Mitte der Schulen und sprach das Wort. Er wurde ein

Lehrer. Es kamen die, die im Herzen sich allein weise wähnten, und stellten ihn auf die Probe. Er aber überführte sie, dass sie Narren wären. Sie haßten ihn, weil sie in der Wahrheit nicht klug waren.

Dann kamen auch die Kleinen, denen die Erkenntnis des Vaters gehört. Als sie größer waren, wurden sie über die Weisen des Vaters belehrt. Sie erkannten und wurden erkannt. Sie wurden gerühmt und sie rühmten.

In ihrem Herzen wurde das lebendige Buch der Lebenden, das im Denken und im Sinn des Vaters eingeschrieben ist, bekannt. Es war vor der Grundsteinlegung der Welt in dem Unfassbaren; dieses Buch, das niemand wegzunehmen imstande ist, weil es dem, der es nehmen würde, auferlegt ist, getötet zu werden. Keiner von denen, die an die Rettung geglaubt haben, konnte bekannt werden, bevor nicht jenes Buch in die Mitte gekommen war. Deswegen ward ein Knecht der barmherzige, der getreue Jesus. Er trug seine Leiden, bis er jenes Buch aufhob, da er wusste, dass sein Tod für die vielen Leben wäre.

Wie bei einem Testament, solange es noch das Siegel trägt, das Vermögen des verstorbenen Hausherrn verborgen bleibt, so verhält es sich auch mit dem Universum. Es war verborgen, da der Vater des Universums unsichtbar war. Denn er ist einer aus sich selbst, aus dem alle Bereiche immerzu kommen. Daher machte sich Jesus bekannt. Er hob das Buch auf. Er wurde an ein Holz genagelt. Er machte die Weisung des Vaters am Kreuze bekannt. Was ist das für eine große Lehre, da er zum Tode hinabschritt, obwohl er mit ewigem Leben bekleidet war!

Und als er die zerrissenen Kleider von sich gestreift hatte, bekleidete er sich mit Unvergänglichkeit. Niemand ist imstande, sie von ihm zu nehmen. Und als er in die nichtigen Bereiche der Furcht hinabgestiegen war, schritt er an denen vorbei, die vom Vergessen entkleidet waren. Er war reines Wissen und Endgültigkeit. Er proklamierte, was im Vater ist, um jene zu lehren, die Lehre annehmen würden. Die aber Lehre annehmen werden, sind die Lebenden, die in das Buch der Lebenden eingeschrieben sind. Sie empfangen Lehre über sich selbst. Sie werden vom Vater aufgenommen, wenn sie wieder zu ihm zurückkehren. Da die Endgültigkeit des Universums im Vater ist, muss das Universum zu ihm hinaufsteigen. Dann aber, wenn einer erkennt, empfängt er, was sein ist, und er zieht es an sich. Wer aber unwissend ist, der leidet Mangel. Ihm fehlt aber etwas Großes, denn es fehlt ihm gerade das, was ihn endgültig machen soll. Da die Endgültigkeit des Universums im Vater ist, muss das Universum zu ihm hinaufsteigen. Und jeder einzelne empfängt, was ihm gehört. Er hatte sie zuvor eingeschrieben, als er sie bereitet hatte, zu denen zu gehen, die aus ihm hervorgegangen waren. Die, deren Namen er früher gekannt hat, wurden am Ende gerufen, sodass einer, der erkennt, ein solcher ist, dessen Namen der Vater ausgesprochen hat. Der aber, dessen Name nicht genannt worden ist, ein solcher ist unwissend. Oder wie soll einer hören, wenn er nicht mit Namen gerufen ist? Wer aber bis zuletzt unwissend ist, der ist ein Bild des Vergessens und wird mit ihm zusammen aufgelöst werden. Wenn nicht, haben diese Elenden denn keinen Namen? Haben sie nicht den Ruf? Daher ist einer, wenn er erkennt, von oben. Wird er gerufen, so hört er. Er gibt Antwort und wendet sich dem zu, der ihn ruft, steigt zu ihm hinauf und erkennt, wie er gerufen wird. Da er ein Wissender ist, tut er den Willen dessen, der ihn gerufen hat. Er wünscht ihm zu gefallen und empfängt Ruhe. Ihm wird der Name des Einen gegeben. Wer so erkennen wird, erkennt, woher er gekommen ist und wohin er gehen wird. Er erkennt wie einer, der betrunken war, sich aber von seiner Trunksucht abgewendet hat. Erst als er sich selbst zuwandte, hat er das Seine richtig gestellt.

Er (Jesus) brachte viele aus der Plane zurück und schritt vor ihnen her bis zu ihren Bereichen, aus denen sie sich entfernt hatten, als sie der Plane verfielen. Und dies wegen der Tiefe dessen, der jeden Bereich umfasst. Und keinen gibt es, der ihn umfasst. Es war ein großes Rätsel, dass sie im Vater waren, ohne ihn zu kennen, und dass sie alleine herauskommen konnten! Sie waren ja nicht imstande, den in sich aufzunehmen, in dem sie selber waren. Es war nämlich sein Wille von ihm nicht ausgegangen. Er machte sich aber bekannt als Gnosis. Und dabei war alles, was aus ihm hervorgegangen war, mit ihm in Übereinstimmung. Und dies ist die Gnosis des lebendigen Buches, die er den Äonen am Ende als seine Handschrift bekannt gemacht hat. Dabei war er selbst nicht eigentlich bekannt, denn es sind dies keine Stimmbuchstaben, das heißt Vokale noch Schriftzeichen, denen der Laut fehlt – wie Konsonanten, auf dass sie einer läse und Beliebiges dächte. Nein, es sind Schriftzeichen der Wahrheit.

Wenn sie reden, erkennen sie sich selbst. Eine endgültige Wahrheit ist jedes dieser Schriftzeichen, wie ein endgültig gewordenes Buch, da es ja »Schriftzeichen« sind. Sie wurden von der Einheit aufgeschrieben, da der Vater selber sie geschrieben hat, damit die Äonen durch seine »Handschrift« den Vater erkennen.

Als seine Weisheit das Wort ausdachte und seine Lehre es aussprach, da wurde seine Gnosis bekannt. Seine Bedeutung ist wie eine Krone über ihm. Seine Freude ist mit ihm verbunden. Seinen Ruhm hat er erhoben. Sein Bild hat sich bekannt gemacht. Seine Ruhe hat er in sich aufgenommen. Seine Liebe hat in ihm Gestalt genommen. Seine Treue hat er umfasst. So kommt das Wort des Vaters heraus aus dem Universum. Es ist die Frucht seines Herzens und eine Erscheinung seines Willens. Und doch trägt es das Universum, es erwählt die Gnostiker und nimmt selber die Erscheinung des Universums an. Es reinigt sie und bringt sie zum Vater zurück, hin zur Mutter. Es ist er, der Jesus der Grenzenlosigkeit und der Güte!

Nachdem er die Leere gefüllt hatte, löste er die äußere Erscheinung auf. Seine äußere Erscheinung ist die Welt, in der er ein Diener war. Der Ort nämlich, an dem es Eifersucht und Streit gibt, ist leer. Der Ort aber, der die Einheit ist, ist endgültig. Da die Leere entstanden ist, weil sie den Vater nicht kannten, wird dann, wenn sie den Vater erkennen, die Leere bei ihnen nicht mehr sein. So wie sich jemandes Unwissenheit auflöst, wenn er erkennt, genau wie Finsternis schwindet, wenn das Licht erscheint, so löst sich auch die Leere in die Endgültigkeit hinein auf. Die äußere Erscheinung ist dann nicht mehr sichtbar, sie wird sich auflösen in die Verbindung mit der Einheit. Denn dann sind ihre Arbeiten gleich, wenn die Einheit die Bereiche endgültig machen wird. Und durch die Einheit wird jeder einzelne sich selber erhalten. Er wird sich reinigen in Erkenntnis aus seiner Vielheit heraus zu einer Einheit; dann, wenn er den Stoff in sich verbrennt wie Feuer und die Finsternis durch Licht, den Tod durch Leben.

Wenn nun mit jedem einzelnen von uns dies geschehen ist, dann gehört es sich für uns wohl, besonders darauf zu achten, dass das Haus rein sei und ruhig werde für die Einheit. Wie Menschen, die von irgendwo weggingen, wo sie an einigen Stellen Krüge besaßen, die schon brüchig waren, diese dann ganz zu zerbrechen pflegen und der Hausherr keinen Schaden erleiden möchte, sondern sich freut, weil anstatt der brüchigen Krüge sind es doch die neuen, die sich vollenden werden! Und das ist das Gericht, das von oben gekommen ist, das jeden richtet. Es ist ein gezücktes, zweifach geschliffenes Schwert, das nach beiden Seiten schneidet.

Als aber das Wort, das im Herzen derer ist, die es auszusprechen vermögen, in die Mitte gekommen war – war es doch nicht nur eine Stimme, nein, leibhaftig war es geworden! –, da entstand eine große Unruhe unter den »Krügen«, denn einige waren entleert worden, andere waren neu gefüllt worden; denn einige waren repariert worden, andere waren ausgeschüttet. Einige waren gereinigt, andere waren zerbrochen. Und alle Bereiche erbebten und waren bestürzt, weil sie keine Festigkeit und keinen Stand mehr hatten. Und auch die Plane ist erregt, weil sie nicht mehr weiß, was zu tun wäre. Sie ist traurig, klagt und quält sich, weil sie nichts weiß. Da sich ihr die Gnosis genähert hat, ihr und aller ihrer Art Untergang, ist die Plane leer, da nichts in ihr ist.

Die Wahrheit kam in die Mitte. Und jeder Ausdruck erkannte sie. So grüßten sie den Vater in Wahrheit und in endgültiger Kraft, die sie mit dem Vater verband. Denn jeder liebt die Wahrheit. Sie ist der Mund des Vaters. Seine Zunge ist Heiliger Geist; der verbindet ihn mit der Wahrheit ... Das ist die Bekanntmachung des Vaters und seine Erscheinung für die Äonen. Er machte bekannt, was von ihm verborgen war, und erklärte es. Denn wer existiert, wenn nicht der Vater allein? Alle Bereiche sind seine Hervorbringungen. Sie erkannten ihn, weil sie aus ihm hervorgegangen sind, wie Kinder aus einem endgültigen Menschen hervorgehen. Sie erkannten ihn, obwohl sie noch keine Gestalt und keinen Namen hatten, den der Vater für jeden einzelnen schaffen würde. Dann, wenn sie die Gestalt der Erkenntnis von ihm erhalten. Denn obwohl sie in ihm sind, erkennen sie ihn nicht. Der Vater aber ist endgültig, er kennt alle Bereiche, die in ihm sind. Wenn er will, lässt er wen auch immer in Erscheinung treten. Gibt ihm Gestalt und Namen. Ja, er gibt einen Namen und veranlasst, dass sie entstehen. Wer noch nicht entstanden ist, kennt ihn nicht, den, der hervorbringt. Ich sage also keineswegs, dass die, die noch nicht entstanden sind, nichts sind, sondern sie existieren in dem, der wollen wird, dass sie sind – wenn er will, wie die kommende Zeit. Bevor alle Dinge erschienen sind, weiß er, was erscheinen wird. Die Frucht aber, die noch nicht erschienen ist, weiß nicht und handelt nicht. So stammt jeder Raum, der im Vater ist, aus dem Seienden. Er hat ihn aufgestellt aus dem Nichtseienden. Denn wer keine Wurzel hat, hat auch keine Frucht, auch wenn er bei sich denkt: Ich bin entstanden ... Er wird von ihm aufgelöst werden. Deshalb wird das, was überhaupt nicht war, auch nicht entstehen. Was will also einer, der von sich denkt: »Ich entstand wie die Schatten und wie die Bilder der Nacht?« Wenn das Licht den Schrecken anscheint, den jener bekommen hat, erkennt er, dass der Schrecken ein Nichts ist. So also waren sie unwissend über den Vater, da sie ihn nicht sahen.

Da dieser Zustand Erschrecken, Bestürzung, Schwäche, Zweifel und Spaltung hervorbrachte, gab es viel Nichtiges, das durch diese wirkte, und nichtige Unsinnigkeiten, so wie sie sich dem Schlafe hingeben und sich in wirren Träumen wälzen: Einmal ist es ein Ort, zu dem sie fliehen, oder sie haben keine Kraft mehr, weil man sie verfolgt hat, oder sie sind in Prügeleien verwickelt, oder man schlägt sie mit Fäusten, oder sie sind von hohen Bergen herabgefallen oder sie schweben durch die Luft, wiewohl sie keine Flügel haben. Ein andermal wieder ist es, als ob man sie töten möchte, obwohl sie keiner verfolgt, oder sie selber erschlagen ihre Nachbarn, denn sie haben sich mit ihrem Blut bespritzt. Bis zu dem Augenblick, da diejenigen erwachen, die durch all dies haben hindurchgehen müssen, sehen die, die in all diesen Schrecken waren, nichts, weil sie ja auch nichts waren. So ergeht es auch zunächst denen, welche die Unwissenheit abgeworfen haben wie einen Schlaf, den sie für nichts halten können. Sie geben nichts auf seine Werke, dass sie nämlich Werke seien, die Bestand hätten, sondern sie lassen sie hinter sich wie einen Traum in der Nacht. Die Erkenntnis des Vaters ermessen sie als Licht. So machte es jeder, als er noch schlief, als er noch unwissend war. Und so ergeht es auch dem, der erkannt hat, wie einem, der erwacht ist. Es ist aber für den Menschen gut, zu sich zu kommen und zu erwachen. Selig ist der, der die Augen der Blinden aufgemacht hat! …

Die Erkenntnis des Vaters und die Bekanntmachung seines Sohnes brachte ihnen die Möglichkeit, zu erkennen. Als sie ihn nämlich sahen und hörten, ließ er sie von sich selbst kosten, riechen und den geliebten Sohn anrühren. Als er sich bekannt gemacht hatte, lehrte er sie den unfassbaren Vater. Nachdem er das in sie geblasen hatte, was in Gedanken war, indem er des Vaters Willen tat, und nachdem viele das Licht empfangen hatten, wandten sie sich ihm zu, denn die Menschen des bloßen Stoffes waren ihm Fremde. Sie sahen seine Gestalt und erkannten ihn doch nicht, war er doch in der Gestalt des Fleisches gekommen. Und keiner hinderte sein Gehen, weil die Unvergänglichkeit gleichzeitig Unfassbarkeit ist.

Und als er wieder in neuer Rede sprach, seit er sprach, was im Schoße des Vaters war, brachte er fehlerlos Worte hervor. Durch seinen Mund sprach das Licht, und seine Stimme gab das Leben. Er gab ihnen Denken und Verstand, Erbarmen und Rettung und den starken Geist aus der Grenzenlosigkeit des Vaters und der Süße. Er ließ die Strafen und die Leiden erlöschen. Denn sie sind es, die den Blick mancher irregehen ließen, die Mitleid gebraucht hatten in Irrtum und Fessel. Und mit Kraft erschloss er sie und machte sie rot werden durch Erkenntnis. Er wurde ein Weg für die, die irregeleitet waren; eine Erkenntnis für die, die unwissend sind; ein Finden, denen, die suchen; eine Befestigung für die Schwankenden; eine Reinheit für die, die beschmutzt waren.

Er ist der Hirt, der die 99 Schafe ließ, die sich nicht verlaufen hatten. Er kam und suchte, was sich verirrt hatte. Und er freute sich, als er es fand. Denn 99 ist eine Zahl, die man ganz mit der linken Hand abzählt. Aber dann, wenn man an die eine Zahl kommt, geht die gesamte Rechnung auf die rechte Hand über. So ist es auch mit dem, dem eines, das heißt die ganze Rechte, fehlt. Die Rechte zieht an sich, was gefehlt hat, zieht es also von der Linken ab und überträgt es auf die Rechte, und dann kommt die Zahl 100. Das Zeichen für das, was in der Zahl ihrer Stimme ist, ist der Vater.

Dieser mühte sich sogar am Sabbat für das Schaf, das er gefunden hatte, nachdem es in die Grube gefallen war. Er erhielt das Schaf am Leben, weil er es heraufbrachte. Und so sollt ihr, die Kinder des Vaters, erkennen, was der Sabbat ist, an dem es sich nicht gehört, dass die Rettung ruhe. So redet von dem Tage, der oben ist und der keine Nacht hat, und von dem Lichte, das nicht untergeht, weil es endgültig ist.

Redet also aus dem Herzen, dass ihr der endgültige Tag seid und dass das Licht, das niemals erlischt, in euch wohnt. Sprecht über die Wahrheit mit denen, die sie suchen, und über die Erkenntnis zu denen, die in ihrem Irrtum gefallen sind! Stützt den Fuß des Gestolperten und reicht eure Hand dem Kranken! Speist die Hungrigen und verschafft denen, die Schmerzen haben, Ruhe. Richtet die auf, die aufstehen wollen. Weckt die Schlafenden auf! Ihr seid nämlich die gezückte Klugheit. Wo Stärke so ist, nimmt sie noch zu. Beschäftigt euch mit euch selbst! Beschäftigt euch mit denen, die ihr von euch ausgestoßen habt! Kehrt nicht um zu eurem Erbrochenen, es zu essen! Werdet nicht mottenzerfressen! Werdet nicht wurmzerfressen, denn ihr habt es bereits abgeschüttelt! Werdet nicht Ort des Teufels, denn ihr habt ihn schon besiegt. Stärkt nicht eure Hindernisse, die fallen, weil es Kehricht wäre. Ein Nichts ist der Gesetzlose, sich selbst Gewalt anzutun, mehr als das Gesetz, weil jener ja seine Werke tut, wo er doch gesetzlos ist. Dieser aber, weil er gerecht ist, tut seine Werke auch anderen.

Tut ihr also den Willen des Vaters, denn ihr entstammt ihm. Denn der Vater ist süß, und alles, was aus seinem Willen kommt, ist gut.

Er weiß eure Werke, und ihr habt auf ihnen geruht. An den Früchten nämlich erkennt man das Eurige. Die Kinder des Vaters sind ja sein Geruch, da sie aus der Gnade seines Antlitzes kommen. Und es liebt der Vater seinen eigenen Geruch und macht ihn an allen Orten sichtbar. Und wenn er sich mit bloßem Stoff vermischt, gibt er seinen Geruch dem Licht, und in seiner Ruhe bestimmt er, dass er jede Gestalt und jede Stimme übertrifft. Denn es riechen ja keine Ohren den Geruch, sondern der Geruch ist der Geist, der den Sinn dafür hat. Und er zieht ihn an sich. Und so versinkt er im Geruch des Vaters. Er bringt ihn zurück und nimmt ihn hinauf zu dem Ort, aus dem er gekommen ist, aus dem ersten Geruch, der erloschen ist. Er stammt aber aus einem psychischen Gebilde, das kaltem Wasser gleicht … das aus Erde ist. Sie ist nicht fest. Die sie aber sehen, meinen, sie bestünde aus fester Erde. Danach löst sich das wieder auf. Und wenn ein Hauch es zieht, wird es warm. Die kalten Gerüche aber stammen aus der Trennung. Daher kam das Vertrauen. Er beseitigte die Trennung und brachte das warme Pleroma der Liebe, damit die Kälte abebbe und die Einheit des endgültigen Denkens sei.

Das ist das Wort des Evangeliums vom Finden des Pleromas, für die, die auf Rettung von oben warten. Es harrt ihre Hoffnung auf die, die warten, deren Erscheinen das Licht ist, in dem kein Schatten bleibt.

Wenn dann das Pleroma kommen wird, wird sich zeigen, dass die Leere der Materie nicht aus der Grenzenlosigkeit des Vaters entstanden ist. Er ist zur Zeit der Leere gekommen, und doch hat niemand sagen können, dass der Unvergängliche so kommen würde. Aber die Tiefe des Vaters nahm zu, und kein Denken der Plane war bei ihm. Eine kleine, ruhende Sache ist es, die da aufsteht beim Finden dessen, der zu dem gekommen ist, den er zurückführen will. Die Rückkehr nämlich wird Buße genannt. Deshalb auch hauchte die Unvergänglichkeit aus. Sie folgte dem, der schuldig wurde, damit er Ruhe fände.

Die Vergebung nämlich ist der Rest des Lichts, verblieben in der Leere, das Wort des Pleromas.

Denn der Arzt eilt zu dem Ort, an dem ein Kranker weilt, weil sein Wille, der in ihm ist, ihn dazu treibt. Wer also an etwas Mangel hat, verbirgt es nicht, denn er hat ja das, was ihm fehlt. So füllt das Pleroma, das an nichts Mangel hat, die Leere, die er von sich gegeben hat, um das zu erfüllen, was ihm mangelt, damit er so die Gnade empfange. Denn zu dieser Zeit, als er Mangel litt, hatte er die Gnade nicht. Daher war Minderwertigkeit an dem Ort, wo die Gnade nicht war. Sobald man aber dieses Kleine empfängt, woran einer Mangel litt, ist es als Pleroma erschienen: Das ist das Finden des Lichtes der Wahrheit, das einem erschien. Es ist unveränderlich. Und deshalb sprachen sie zu Christus in ihrer Mitte, damit die Verwirrten eine Rückkehr fänden und er sie mit dem Balsam salbe.

Die Salbe aber ist das Erbarmen des Vaters, so wie er sich ihrer erbarmen wird. Die er aber gesalbt hat, die sind es, die endgültig werden. Die vollen Krüge sind es, die man mit

Salbe zu versiegeln pflegt. Wenn aber das Siegel eines Kruges sich ablöst, dann fließt er aus. Und die Ursache, dass er schadhaft wird, ist die Bruchstelle, von der jeweils Salbung abgegeben wird. Zu jener Zeit nämlich zieht alles ein Wind an sich, einer aus der Kraft dessen, der mit ihm ist. Aber bei dem Makellosen löst man kein Siegel ab, noch gießt man irgendetwas aus, sondern der endgültige Vater gießt es wieder ein, füllt es mit dem, woran es Mangel leidet.

Der Vater ist gut. Er kennt seine Pflanzgärten, denn er ist es, der sie in seinem Paradies gesät hat. Sein Paradies aber ist sein Ruheort.

Das ist die Endgültigkeit aus dem Denken des Vaters, und das sind die Worte seiner Planung. Jedes einzelne seiner Worte ist ein Werk seines eigenen Willens durch Bekanntmachung seines Wortes. Seit sie in der Tiefe seines Denkens sind, hat das Wort, das zuerst hervorkam, sie und den Sinn bekannt gemacht und hat geredet. Das Wort aber ist eines in seiner schweigenden Gnade. Beide nannten ihn den weiblichen Gedanken, die Gedankin, da sie in ihr waren, bevor sie in Erscheinung traten. Es geschah aber, dass sie zuerst in Erscheinung trat, da, als es dem Vater in seinem Wollen gefiel. Der Wille aber ist es, in dem der Vater ruht und der ihm gefällt. Nichts entsteht ohne ihn und nichts entsteht ohne den Willen des Vaters. Aber sein Wille ist unfassbar. Seine Fußspur ist der Wille, und niemand wird ihn deuten. Er existiert nicht, dass einer seine Aufmerksamkeit auf ihn lenke, um ihn zu erfassen. Sondern zu dem Zeitpunkt, da er will, ist das, was er will, da, selbst wenn ihnen das Bild nicht gefällt. Nichts sind sie bei Gott, dem Willen. Der Vater nämlich kennt eines jeden Anfang und Ende. An ihrem Ende wird er sie fragen, was sie getan haben. Das Ende aber ist das Empfangen der Gnosis, dessen, was verborgen war. Das aber ist der Vater, von dem der Anfang ausgegangen ist. Es ist der, zu dem alle, die von ihm ausgegangen sind, zurückkehren werden. Sie traten aber in Erscheinung zur Ehre und zur Freude seines Namens.

Der Name des Vaters aber ist der Sohn. Der Vater ist es, der zuerst den benannte, der aus ihm hervorgegangen war. Und es war er selbst. Doch er brachte ihn als Sohn hervor. Er gab ihm seinen Namen, den er hatte, weil er es ist, der alles besitzt, da alles bei ihm, dem Vater, ist. Er hat den Namen, er hat den Sohn. Es ist unmöglich, ihn zu sehen. Der Name aber ist unsichtbar, weil er allein das Geheimnis des Unsichtbaren ist, das nur denen ans Ohr reicht, die von ihm erfüllt sind, denn den Namen des Vaters spricht man nicht aus. Er ist aber in seinem Sohne manifest. So ist also der Name groß. Wer nun wird ihn benennen können, den großen Namen, es sei denn, er allein, dem der Name gehört, und die »Söhne des Namens« die, in denen sich der Name des Vaters zur Ruhe niederließ und die sich selbst in seinem Namen zur Ruhe niederließen?

Da der Vater ungeworden ist, ist es auch er allein, der den Sohn sich als Namen hervorgebracht hat, und zwar noch bevor er die Äonen in Ordnung brachte, damit der Name des Vaters über ihrem Haupte sei. Und so ist der Sohn »Herr«. Das ist der wahre Name. Er ist gesichert durch seine Weisung, durch die endgültige Kraft; denn der »Name« ist nicht irgendein bloßes Wort, nicht schiere Benennungen sind sein Name, nein, er ist unsichtbar.

Der Vater allein benannte den Sohn, weil allein der Sohn

den Vater sieht. Der Vater allein ist es, der den Sohn benennen kann, denn wer erst gar nicht existiert, hat keinen Namen. Welchen »Namen« sollte einer wohl dem geben, der gar nicht erst existiert?

Dieser aber, der existiert, existiert auch namentlich.

Und der Sohn kennt den Vater allein. Und der Vater allein benennt den Sohn. Der Sohn ist des Vaters Name. Der Vater also hat den Namen nicht im Wesen verborgen, sondern der Name war offen da. Er allein gab dem Sohn den Namen. Der Name ist also der Vatername, so wie der Name des Vaters der Sohn ist, das Erbarmen. Wo sollte er also einen Namen finden außer beim Vater? Aber gewiss doch mag einer zu seinem Freunde sagen: »Wer wird diesen benennen, der zuerst war, vor ihm?«, als ob die Kinder den Namen nicht von denen empfingen, die sie gezeugt haben!

Für uns gehört es sich, zuerst die Sache zu verstehen: was der Name ist, und dass der Name der wahre Name ist.

Er ist also der Name aus dem Vater, denn der ist der Namensgeber. Der Sohn hat also den Namen nicht wie ein Darlehen erhalten, wie andere, wie sonst jeder einzelne mit einem Namen benannt wird. Denn der Vater ist der Namensherr. Und es gibt keinen anderen, der den Namen gegeben hätte, denn er ist unbenennbar und unaussprechbar bis zu dem Zeitpunkt, da dieser Endgültige ihn allein aussprach. Und der Sohn ist es, der den Namen des Vaters zu sagen und den Vater zu sehen vermag.

Als es dem Vater nun gefiel, dass sein Name, den man liebt, sein Sohn ist, und er, der Vater, der aus der Tiefe gekommen ist, den Namen gegeben hatte, da sprach der Sohn über seine Verborgenheiten, da er ja wusste, dass der Vater ohne irgend Böses ist.

Deshalb hat er ja den Sohn hervorgebracht, damit er über den »Ort«, des Vaters Ruhe, aus der der Sohn gekommen ist, rede, und so das Pleroma: die Größe des Vater-Namens und die »Süße« des Vaters, rühme.

Der Sohn also wird über den »Ort« reden, aus dem jeder einzelne gekommen ist. Und jeder einzelne wird zu dem Teil eilen, von dem her er seine Reihung erhalten hat, um so wieder zurückzukehren und um aus jenem Ort, an dem er (schon) gestanden hatte, weggebracht zu werden, da er ja von jenem Ort gekostet und Speise und Werden erhalten hatte. Und seine eigene Ruhe ist sein Pleroma.

Alles was aus dem des Vaters ist, sind Pleromata. Alle seine Schöpfungen haben seine »Wurzel« in sich, hervorgewachsen sind sie aus ihm. Und er gab ihnen ihre Grenze. Jeder einzelne nun ist in die Wirklichkeit gekommen, damit er aus seinem eigenen Denken endgültig würde. Der Ort nämlich, auf den sie ihr Denken konzentrieren, jener Ort ist ihre Wurzel, die sie emporhebt zu den Höhen des Vaters. Sie haben sein Haupt, ihre Ruhe. Und sie halten sich an ihn und sind ihm nahe. Sie reden: Wir erhalten durch die Begrüßungen Anteil an seinem Gesicht.

Wer von dieser Art ist, ist aber nicht bekannt; denn solche haben sich nicht über sich selbst erhoben. Weder hatten sie Mangel am Lob des Vaters, noch dachten sie über ihn wie über einen »Kleinen«, noch dass er bitter noch zornig wäre. Nein, er ist ohne alles Böse, unerschütterlich und süß. Er kennt alle Bereiche, bevor sie entstanden sind, und er hat es nicht nötig, dass ihn einer belehre.

Das ist die Art derer, die an der Höhe teilhaben durch die unermessliche Größe, indem sie auf den Einen allein, den Endgültigen, warten, der für sie da ist. Sie steigen nicht in die Unterwelt hinab, noch haben sie Neid noch Klage, noch ist der Tod unter ihnen. Nein, sie werden ruhen in dem, der ruht. Sie werden nicht geplagt, sind nicht verwirrt in das Suchen der Wahrheit. Sie selber sind ja die Wahrheit. Und der Vater ist in ihnen, und sie sind im Vater. Sie sind endgültig und untrennbar in dem wahrhaft Guten, indem sie an gar nichts Mangel leiden. Nein, sie sind es, die Ruhe geben; sie sind frisch im Geiste. Und sie werden auf ihre »Wurzel« hören und werden so Zeit für sich haben. In ihnen wird der Vater seine Wurzel finden, der Seele keinen Schaden tun.

Die andern nun mögen an je ihren Orten wissen, dass es sich für mich nicht gehört, nachdem ich in der »Ruhe« gewesen bin, über etwas anderes zu reden. Nein, er ist es, in dem ich sein werde, und um alle Zeit für den Vater des Universums Zeit zu haben, und auch für die wahren Brüder, über die sich die Liebe des Vaters ausgeschüttet hat. In ihrer Mitte ist kein Mangel am Vater. Sie sind es, die wahrhaft bekannt werden, die im wahren und ewigen Leben sind und über das endgültige Licht reden, das voll ist vom Samen des Vaters und das in seinem Schoße und im Pleroma ist; wo sein Geist in ihm verzückt ist und jubelt, in dem er war. Denn der Vater ist gut, und seine Kinder sind endgültig und seines Namens wert. Denn er, der Vater, liebt solche Kinder.

Das Wesen der Archonten

Der Bericht aus dem dritten Jahrhundert hat einen seelsorgerlichen Charakter und soll gnostische Grundvorstellungen verdeutlichen. Der jüdische Kontext in der wiedergegebenen Schöpfungsgeschichte ist deutlich zu erkennen.

Allerdings steht hier Norea, die Tochter Adams und Evas, im Mittelpunkt des Textes. Der Engel Eleleth verkündet Norea, dass sich der Same der Wahrheit bald offenbaren wird. Dann werden die Menschen den wahren Vater des Alls, den Heiligen Geist und den Sohn, der über allem ist, erkennen. Mit dieser an christliche Motive erinnernden Heilsversprechung endet der Text.

Vom Wesen der Mächte.
Im Geiste des Vaters der Wahrheit!

Der große Apostel Paulus hat uns über die Mächte der Finsternis gesagt: Unser Kampf geht nicht gegen Fleisch und Blut, sondern gegen die Mächte der Welt und die Geister der Bosheit!

… darüber …, weil du wegen des Wesens der Mächte anfragst: Nun, ihr Großer ist blind. In seiner Kraft und doch Unwissenheit und Überheblichkeit sprach er: Ich bin Gott, es gibt keinen neben mir! Dies gesagt, hatte er sich gegen das Universum schuldig gemacht. Dieses Wort aber gelangte hinauf vor die Unvergänglichkeit. Und da, es kam eine Stimme aus der Unvergänglichkeit herab: Du irrst, Samael, das heißt »blinder Gott«. Seine Absichten waren ja blind. Da warf er seine Kraft weg, das heißt das Lästerwort, das er ausgestoßen hatte, und er verfolgte sie bis hinab zum Chaos und der Unterwelt, seiner Mutter. Durch die Äonin, die Sophia, war sie es geworden.

Und sie setzte ihre Söhne in Position, jeden seiner Kraft entsprechend, nach dem Bild der oberen Äonen. Denn aus dem Verborgenen fanden sie das jetzt Sichtbare.

Die Unvergänglichkeit blickte hinab auf die Wassertiefe, und ihr Bild wurde im Wasser sichtbar. Und die Mächte der Finsternis verlangten in Liebe danach. Sie konnten aber jenes Bild, das im Wasser sichtbar geworden war, wegen ihrer Schwäche nicht ergreifen. Denn das Psychische wird das Pneumatische niemals begreifen können, weil es eben von unten stammt. Das »Bild« aber von oben.

Daher blickte also die Unvergänglichkeit auf die Teile herab, damit sie nach dem Willen des Vaters des Universums mit dem Lichte kommuniziere.

Da hielten die Archonten, das heißt die Mächte, eine Ratsversammlung ab. Sie kamen zu dem Beschluss: Herr, lasst uns einen Menschen machen aus dem Staub der Erde! Und sie machten den Körper, sodass er ganz und gar ein aus der Erde Geborener war. Die Archonten selbst aber haben weibliche Körperformen und tierhafte Gesichter! Sie nahmen also Staub von der Erde, machten den Menschen nach ihrer Körperform, aber auch nach dem »Gesicht« Gottes, das sich im Wasser gezeigt hatte. Sie sprachen: Herr, lasst ihn uns in unserem Gemächt fassen, damit er sein Bild sieht … und wir es in unserem Gemächt ergreifen! Sie kennen nämlich in ihrer Machtlosigkeit die Kraft Gottes nicht. Doch er blies in sein Gesicht, und der Mensch auf der Erde wurde ein psychischer. Wegen ihrer Machtlosigkeit konnten ihn aber die Archonten viele Tage nicht aufrichten.

Und sie standen da wie die Wirbelstürme, um jenes Bild zu erhaschen, das sich ihnen im Wasser gezeigt hatte. Sie erfassten aber nicht seine Kraft, wie sie war. Das alles aber geschah nach dem Willen des Vaters des Universums.

Danach erblickte der Geist den psychischen Menschen auf der Erde. Und der Geist kam aus der glänzenden Erde. Er stieg herab und wohnte in ihm. Jener Mensch wurde so eine lebende Seele. Und er nannte ihn »Adam«, das heißt der von Gott Genommene, denn sie fanden ihn, wie er sich auf der Erde bewegte.

Und eine Stimme kam aus der Unvergänglichkeit zur Hilfe für Adam. Und die Archonten trieben zusammen alle Tiere des Feldes und alle Vögel des Himmels. Sie brachten sie vor Adam, um zu sehen, wie Adam sie benamen würde. Er sollte ja jeden einzelnen von den Vögeln und alle Tiere benennen. Und sie nahmen Adam und setzten ihn in das Paradies, dass er es bearbeite und besorge.

Und die Archonten wiesen ihn an und sprachen: Von allen Bäumen im Paradies magst du essen. Vom Baum der Erkenntnis des Guten und des Bösen aber iss nicht, ja rühre ihn nicht einmal an, denn an dem Tag, an dem ihr von ihm essen werdet, werdet ihr den Tod sterben!

Sie sagen das zwar, verstehen aber nicht, was es bedeutet.

Aber sie sagen das nach dem Willen des Vaters, damit Adam gerade esse und sehe, dass sie Hyliker, das heißt Wesen aus purem irdischem Stoff, wären!

Die Archonten beratschlagten miteinander und sprachen: Auf, wir wollen ein Vergessen über Adam legen! Da schlief der ein. Das Vergessen aber ist die Unwissenheit, die sie über ihn gebracht hatten. Da schlief er also ein. Und sie öffneten seine Rippe nach Art einer lebenden Frau. Und sie formten eine Rippe aus Fleisch an deren Stelle. So wurde Adam gänzlich psychisch. Doch die pneumatische Frau trat auf ihn zu und sprach zu ihm: Steh auf, Adam! Und als er sie sah, da sprach er: Du bist es, die mir das Leben gegeben hat. Rufen wird man dich die Mutter der Lebenden. Denn diese ist meine Mutter, die Ärztin und die Frau, die (mich) geboren hat.

Die Mächte aber kamen zu ihrem Adam. Als sie jedoch sahen, wie sein »Bild« mit ihm sprach, fielen sie in große Bestürzung, verlangten in Liebe nach ihr und sprachen: Herr, lasst uns unseren Samen auf sie werfen! Da stellten sie ihr nach. Sie aber verlachte sie wegen ihrer Dummheit und Blindheit. Doch sie verbrachte eine Nacht bei ihnen. Sie ließ aber nur den ihr gleichenden Schatten bei ihnen. Den besudelten sie und machten ihn unrein. Und sie verunreinigten das Siegel seiner Stimme und haben sich so selbst an ihrem Gemächt und an ihrem Bilde verurteilt.

Das Pneumatische kam aber zur Schlange, der Unterweiserin. Die lehrte und sprach: Was hat er euch gesagt: »Von jedem Baum im Paradies darfst du essen, aber vom Baume der Erkenntnis des Bösen und des Guten iss nicht?« Die fleischliche Frau sprach: Nicht nur »esst nicht« hat er gesagt, sondern gar »berührt ihn nicht einmal, denn an dem Tage, an dem ihr von ihm essen werdet, werdet ihr den Tod sterben«. Und die Schlange, die Unterweiserin, sprach: Ihr werdet keineswegs den Tod sterben, denn er hat euch das nur gesagt, weil er voller Neid ist. Nein, euch werden die Augen aufgehen, und ihr werdet wie die Götter sein, das Böse und das Gute erkennend.

Danach wurde die Unterweiserin aus der Schlange fortgenommen. Sie ließ diese, die ganz von der Erde genommen war, allein zurück. Und die fleischlose Frau nahm von dem Baume, aß und gab auch ihrem Manne, der bei ihr war. Und so aßen die Psychiker, und offen wurde ihre Schlechtheit in Unkenntnis. Und sie erkannten, dass sie des Pneumatischen ledig waren. Sie nahmen Feigenblätter und verknüpften sie um ihre Hüften.

Danach kam der große Archon und sprach: Adam, wo bist du?, wusste er doch nicht, was sich zugetragen hatte. Und Adam sprach: Ich hörte deine Stimme, da fürchtete ich mich, weil ich nackt war, und deswegen habe ich mich versteckt. Der Archon sprach: Weshalb hast du dich versteckt, wenn nicht, da du von dem Baum gegessen hast, von dem zu essen ich verboten habe? Und du hast gegessen. Adam sprach: Die Frau, die du mir beigesellt hast, sie gab, und so aß ich.

Da verfluchte der Archon die Frau eigenmächtig. Die Frau aber sprach: Die Schlange war's, die mich betrog, und so aß ich. Man kam zur Schlange und verfluchte ihren Schatten, dass sie machtlos war. Sie wussten aber nicht, dass sie ihr eigenes Gemächt ist. Von diesem Tage an kam die Schlange unter den Fluch der Mächte, bis dass der endgültige »Mensch« kam. Jener Fluch kam also über die Schlange.

Dann wandten sie sich zu ihrem Adam, nahmen ihn und warfen ihn aus dem Paradies, samt seiner Frau. Daher kommt es auch, dass bei ihnen kein Segen ist, denn auch sie stehen unter Fluch. Sie warfen aber den Menschen in große Arbeit und Mühe des Lebens, damit ihre Menschen zu Lebensbenutzern würden und so keine Zeit fänden, sich mit dem Heiligen Geiste zu beschäftigen.

Dann gebar die Frau ihren Sohn Kain. Kain beackerte die Erde. Wieder erkannte der Mann seine Frau, und wieder schwanger, gebar sie den Abel. Abel aber war ein Hirte, einer, der Schafe treibt. Kain gewährte von den Früchten seines Feldes. Abel aber brachte Gaben von seinen Schafen dar. Und Gott schaute auf die Gabe Abels. Die Gabe Kains aber nahm er nicht. Da verfolgte der fleischliche Kain seinen Bruder Abel. Und Gott sprach zu Kain: Wo ist dein Bruder Abel? Er antwortete und sprach: Bin ich denn der Hirt meines Bruders? Gott sprach zu Kain: Sieh, die Stimme des Blutes deines Bruders schreit zu mir. Du bist schuldig geworden. Dein Mund wird sich gegen dich wenden. Jeder der Kain töten wird, wird umkommen durch siebenfache Vergeltung. Du aber wirst schreien und zittern auf Erden! Adam aber erkannte wiederum seine Gefährtin. Und Eva wurde schwanger. Sie gebar dem Adam Seth und sprach: Ich habe einen anderen Menschen in Gott an Stelle Abels geboren.

Und wieder wurde Eva schwanger und gebar und sprach: Er zeugte mir eine Frau als Hilfe für alle Menschengeschlechter. Dies ist die Jungfrau, die die Mächte nicht besudelt haben. So begannen die Menschen sich zu vermehren und zu großer Zahl zu werden.

Die Archonten beratschlagten wieder miteinander und

sprachen: Auf, wir wollen eine Sintflut mit den Händen machen und alles Fleisch vom Menschen bis zum Vieh verderben!

Als der Archon der Mächte aber von ihrem Beschluss erfuhr, da sprach er zu Noah: Baue dir eine Kiste aus frischem Holz, und verbirg dich in ihr samt deinen Kindern, samt dem Vieh, den Vögeln des Himmels, kleinen wie großen, und setze dich auf den Berg Sir.

Norea aber kam zu ihm, da auch sie sich in die Kiste einschiffen wollte. Er aber gewährte es nicht. Da blies sie in die Kiste und verbrannte sie so. Er aber baute eine zweite Kiste.

Es kamen aber die Archonten zu ihr, um sie zu begatten. Ihr Großer sprach zu ihr: Auch deine Mutter Eva kam zu uns! Norea wandte sich ihnen zu und sprach: Ihr seid die Archonten der Finsternis. Verflucht seid ihr. Ihr habt nicht meine Mutter erkannt, sondern nur ihr Bild. So stamme ich nicht von euch, sondern bin vom Himmel gekommen. Da wand sich der Archon, der selbstgefällige, in seiner Kraft.

Sein Gesicht wurde gleich schwarzem Feuer, und er ergriff sie und sprach: Es gehört sich für dich, uns zu dienen wie auch deine Mutter, Eva. ... Norea aber wandte sich ab in der Kraft Gottes. Sie schrie mit lauter Stimme ... zum Heiligen, dem Gott des Universums: Hilf mir gegen die Archonten der Ungerechtigkeit und rette mich aus deren Händen! Da stieg der Engel vom Himmel herab und sprach zu ihr: Warum rufst du Gott an? Weshalb stürmst du wider den Heiligen Geist? Norea sprach: Wer bist du? Und die Archonten der Ungerechtigkeit ließen von ihr. Er sprach: Ich bin Eleleth, die Klugheit, der große Engel, der vor dem Heiligen Geiste steht. Man hat mich gesandt, mit dir zu reden und dich aus der Hand der Gesetzlosen zu befreien. Und ich werde dich über deine »Wurzel« belehren.

Jenes Engels Kraft vermag ich nicht zu beschreiben. Aber sein Aussehen war wie entschlacktes Gold und sein Gewand wie Schnee. Mein Mund würde es nicht ertragen, seine Kraft und den Blick seines Gesichtes zu beschreiben. Es sprach der große Engel, Eleleth, zu mir: Ich bin die Klugheit, eines der vier Lichter, die vor dem großen, unsichtbaren Geiste stehen. Du meinst, diese Archonten hätten Macht gegen dich. Aber keiner von ihnen wird Macht haben vor der Wurzel der Wahrheit. Denn gerade ihretwegen hat er sich in den letzten Zeiten bekannt gemacht. Und sie die Menschen werden über diese Mächte Herr sein. Diese Mächte werden dich und jenes Geschlecht nicht beflecken können. Euer Wohnplatz ist nämlich die Unvergänglichkeit, der Ort, an dem der jungfräuliche Geist ist, er, der über den Mächten des Chaos und der Welt ist! Ich aber sprach: Herr belehre mich über die Kraft dieser Mächte. Woher stammt sie, aus welchem Wesen sind sie, aus welcher Materie, und wer hat sie und ihre Kraft geschaffen? Und der große Engel Eleleth, die Klugheit, sprach zu mir: In den grenzenlosen Äonen existiert die Unvergänglichkeit. Die Sophia, die man auch die Pistis nennt, wollte allein, ohne ihren Paargenossen, ein Werk vollbringen. Ihr Werk aber wurde zum Bild des Himmels. Es existierte aber eine »Scheidung« zwischen den oberen und den unteren Äonen. Und ein Schatten entstand unterhalb der Scheidung. Und jener Schatten wurde zur Materie. Und sie warfen jenen Schatten in den Teil eines Bereiches. Da wurde seine Gestalt zur Materie, wie eine Fehlgeburt. Und dieses Werk empfing Gott vom Schatten. Es wurde zu einem selbstgefälligen Tiere, wie ein Löwe: Und es ist mannweiblich. Ich sagte: Es ist aus der Materie hervorgegangen. Es tat seine Augen auf und sah eine große, grenzenlose Materie. Da wurde es kühn und sprach: Ich bin Gott und außer mir gibt es keinen anderen! Als es das aber sagte, ward es schuldig vor dem Universum. Eine Stimme aber kam aus der Höhe des Unvergänglichen: Du irrst dich, Samael! Das ist der blinde Gott. Und er sprach: Existiert ein anderer vor mir, er tue sich kund! Da streckte die Sophia ihren Finger aus, brachte Licht in die Materie und folgte ihm bis hinab zum Bereich des Chaos. Dann wandte sie sich zu ihrem Lichte zurück. Die Finsternis (war) wieder mit der Materie. Der mannweibliche Archon aber schuf sich einen weiteren großen Archon, eine grenzenlose Größe. Er wollte sich Söhne beschaffen. Und er schuf sich sieben mannweibliche Söhne und ihren Vater. Und er sprach seine Söhne an: Ich bin der Gott des Universums!

Doch die »Leben«, die Tochter der Pistis Sophia, rief ihn an und sprach: Du irrst dich Saklas – das heißt Jaldabaoth! (Saklas ist gleich Samael ist gleich Jaldabaoth und bezeichnet in der Sache immer den Demiurg). Und sie blies ihm ins Gesicht, sodass ihr Hauch zu einem Feuerengel wurde. Und jener Engel schlug den Jaldabaoth in Fesseln und warf ihn hinab in den Tartaros, hinab noch unter die Unterwelt. Als aber einer seiner Söhne, der Sabaoth, die Kraft jenes Engels gewahrte, da kehrte er um. Er verdammte seinen Vater und seine Mutter, die Materie. Ihm graute vor ihr. Und er rühmte die Sophia und ihre Tochter, die »Leben«. Sophia und Leben aber brachten ihn nach oben und setzten ihn über den siebten Himmel, unterhalb der Scheidung zwischen oben und unten. Und sie riefen ihn: Gott über die Kräfte, Sabaoth, denn er ist oberhalb der Kräfte des Chaos, wo ihn die Sophia eingesetzt hat.

Da dies geschehen war, schuf er sich einen »Feuerwagen«, viergesichtig; dazu eine große Zahl von Engeln, ihm zu Diensten, mit Harfen und Zimbeln. Und Sophia nahm ihre Tochter Leben und ließ sie rechts von ihm sitzen.

Sie ward seine Lehrerin über das Wesen der Achtheit. Und die Engel ... stellte sie hin zu seiner Linken.

Seither nennt man rechts »Leben« und links das Wesen der Ungerechtigkeit der Selbstherrlichkeit der oberen Seite, die vor ihnen entstanden waren.

Als aber Jaldabaoth seinen Sohn in diesem großen Glanz und in der Höhe sah, da beneidete er ihn. Dieser Neid wurde ein mannweibliches Werk, der Ursprung des Neides. Und der Neid zeugte den Tod. Der Tod aber zeugte seine Söhne. Er setzte jeden von ihnen über je seinen Himmel. Alle Himmel des Chaos wurden so mit deren Zahl erfüllt. Das aber war nach dem Willen des Vaters des Universums geschehen, nach dem Bild alles Oberen, damit auch die Zahl des Chaos ihr Ziel erreiche. Siehe, ich (Eleleth) lehre dich den Typus der Archonten und der Materie, aus der man ihn, ihren Vater und ihre ganze Welt hervorgebracht hat. Ich aber sprach: Herr, gehöre ich etwa auch zu ihrer Materie? ? Du mit deinen Kindern, du gehörst zum Vater, zu dem, der von Anfang an existiert. Deine Seelen sind von oben aus dem unvergänglichen Lichte gekommen. Daher werden die Mächte ihnen nicht schaden können, wegen des Geistes der Wahrheit, der in ihnen wohnt. Jeder aber, der diesen Weg erkannt hat, ist unsterblich mitten unter sterblichen Menschen! Diese Art aber wird sich nicht (schon) jetzt offenbaren, sondern erst nach drei Generationen. Von ihr warf er die Fessel des Irrtums der Mächte. Ich aber sprach: Herr, bis zu welcher Zeit? Er: Wenn der wahre Mensch sich in einem Gemächt kundmacht. Der Geist der Wahrheit, den der Vater ihnen gesandt hat, der wird sie über alles belehren. Er wird sie mit dem Öl des ewigen Lebens salben, das ihm von dem Geschlecht gegeben wurde, das keine Herrschaft hat. Dann werden sie das blinde Denken von sich werfen und auf den Tod der Mächte treten. Und sie werden zum grenzenlosen Licht hinaufsteigen, wo diese Art ist. Dann werden die Mächte ihre Zeit verlassen. Die Engel werden über ihr Vergehen trauern, und ihre Dämonen werden ihren Tod beweinen. Dann werden alle Söhne des Lichts die Wahrheit und ihre Wurzel ganz erkennen, den Vater des Universums und den Heiligen Geist. Mit einer Stimme werden sie sprechen: Gerecht ist die Wahrheit des Vaters, und der Sohn ist über allem und durch alles bis in die Zeiten. Heilig. Heilig. Heilig. Amen.

Anhang

Literaturhinweise

Henri Daniel-Rops: Die apokryphe Bibel am Rande des Alten Testaments. Verlag Die Arche. Zürich 1959

Catherine Dimier: Was nicht im Alten Testament steht. Pattloch-Verlag. Aschaffenburg 1965

Edgar Hennecke, W. Schneemelcher (Hrsg.): Neutestamentliche Apokryphen in deutscher Übersetzung. 2 Bände. Verlag Mohr-Siebeck. Tübingen 1987–1989

Kurt Hoffmann: Das Geheimnis des Kruges von Nag Hammadi. Die Zeit Hamburg, 14/1988

Werner Hörmann (Hrsg.): Gnosis. Das Buch der verborgenen Evangelien. Verlagsgruppe Weltbild. Augsburg 2006

Rodolphe Kasser u.a.: Das Evangelium nach Judas in Koptisch und Englisch. Veröffentlicht unter www. nationalgeographic.com

E. Kautzsch: Die Apokryphen und Pseudoepigraphen des Alten Testaments. 2 Bände. Hildesheim 1975

W. G. Kümmel und H. Lichtenberger (Hrsg.): Jüdische Schriften aus hellenistisch-römischer Zeit. 5 Bände. Gütersloher Verlagshaus. Gütersloh 1973 ff.

Alfred Läpple: Verborgene Schätze der Apokryphen. Ludwig-Verlag. München 2002

Christian Nürnberger: Der fremde Freund. SZ Magazin München 11, 2008

P. Riessler: Altjüdisches Schrifttum außerhalb der Bibel. Kerle-Verlag. Heidelberg 1988

Bernhard Sieber, Hartmut Angermüller, Lutz-Rainer Bettin: Das Evangelium nach Judas, veröffentlicht unter http://www.kirche-alt-lichtenberg.de/geschichte/judasevangelium.html

Erich Weidinger: Die Apokryphen. Verlagsgruppe Weltbild. Augsburg 2007

Franz Zeller: Die Apostolischen Väter. München 1914

Anmerkung des Herausgebers

Alle Quellen wurden neu übertragen und bearbeitet unter Berücksichtigung der vorhandenen Übersetzungen. Zugunsten einer guten Lesbarkeit und eines verständlichen Leseflusses wurde auf textkritische Eingriffe verzichtet.
Die Texte zur Gnosis wurden von Werner Hörmann übersetzt.
Der Herausgeber dankt Frau Christine E. Gangl für die Mitarbeit bei der Editierung sowie Frau Helga Marie Linsbauer für den sachkundigen Beitrag zur Wirkungsgeschichte der Apokryphen in Kunst und Literatur.

Bildnachweis

akg, British Library: 10; akg, Erich Lessing: 1, 2 o, 2u, 3, 4, 5, 9, 14; akg, Gilles Mermet: 12; akg, Pirozzi: 16; akg: 6, 7, 8, 11, 15

Projektleitung: Ulrike Strerath-Bolz
Umschlaggestaltung: Zeichenpool, München
Satz: Dirk Risch, Berlin
Gesetzt aus der Adobe Garamond 12/15,5 Punkt
Druck und Bindung: GGP Media GmbH, Pößneck

Gedruckt auf chlorfrei gebleichtem Papier

Printed in the EU

ISBN 978-3-89897-948-1

Sach- und Personenregister

Abel 45, 56
Abwehrschrift 14
Adam 21, 22, 44, 45, 50–73, 347–358, 383–393
Alexandria 15
Altes Testament 41–185
Anna 25, 28
Antijudaismus 34
Apokalypsen 47, 188, 347–358, 359–363
Apokalypse Moses 45
Apostel 17, 20, 24, 27, 188, 283–294
Apostelgeschichten 38, 39, 188, 191
Apostolische Väter 15, 273–282
Arabisches Kindheitsevangelium 190, 197–199
Aristeaslegende 48
Armenbibel 24

Bartholomäusevangelium 254–272
Baruch-Apokalypse 47
Bibel 12, 25
Bilderverbot 20
Brauchtum 10
Briefe 273–282
Brief des Polykarp von Smyrna an die Gemeinde von Philippi 273–282
Buch Daniel 16
Buch der Regel der Einung 170–185
Buch der Weisheit 16
Buch Esra 191
Buch Ester 16
Buch Henoch 22–24, 47, 141–169, 191
Buch Jesus Sirach 16
Buch Judit 16
Buch Makkabäer 16, 48
Buch Tobit 16
Bulgakow, Michail 34

Christi Himmelfahrt 24, 27, 211–253, 254–272

Das Wesen der Archonten 383–393
Didache 283–294
Doketismus 273, 278

Endzeit 9, 23, 47

Engel 45, 47, 56, 69, 71–73, 253, 254–272, 336–346, 383–393
Entrückung Henochs 22f
Erlösung 13, 359–363
Esoterik 9, 13, 44, 296–299
Essener 48, 49, 170–185
Eva 21, 22, 45, 50–73, 383–393
Evangelien 10, 13, 19, 24, 25, 27–33, 188–191, 192–196, 197–199, 200–210, 211–253, 254–272, 296–299, 300–319, 320–324, 325–335, 364–382
Evangelium der Wahrheit 364–382
Evangelium nach Maria 320–324

Geheimschrift des Johannes 325–335
Gnostische Gemeinden 13, 296–299, 300, 320, 325, 336, 347, 364, 383
Gottesdienst 10
Gralslegende 35–36
Gregor von Nazianz 21, 39

Heidenchristen 20
Heil 13
Heiligengeschichte 23, 26
Heilsbotschaft 24
Hieronymus 15, 17
Hildegard von Bingen 23
Hiob siehe Ijob
Hölle 23, 36, 211–253
Hrotsvitha von Gandersheim 33

Ijob 45, 46, 74–129404
Irenäus von Lyon 25

Jacobus de Voragine 23, 26, 27
Jakobusevangelium 26, 28, 29, 189
Jesusworte 300–319
Joachim 25
Josef von Arimathäa 35–36, 211–253
Joseph 29, 192–196, 197–199, 200–210
Joseph und Asenath 46, 105–140
Judasbrief 20
Judasevangelium 190
Judenchristen 20
Judentum 17, 20, 42–43, 46–48
Jüngstes Gericht 23

Kain 45, 56
Kanon 12, 14–17, 25
Kindheit Jesu 14, 25, 29–33, 188, 190, 192–199, 200–210
Kindheitserzählung des Thomas 200–210
Kirche 25f, 283–294, 296
Kirchenjahr 27
Kirchenlehrer 23
Kirchenväter 14, 20, 25
Konzil von Hippo 18
Konzil von Karthago 18
Konzil von Trient 15, 25
Kunst 10, 14, 19, 23, 25–33, 36–39, 189

Lagerlöf, Selma 31
Legenda aurea 23, 26, 27
Lehre der zwölf Apostel 283–294
Lilith 43, 44
Luther, Martin 15, 16

Manichäismus 297
Maria 19, 25, 27–33, 37–39, 189, 192–196, 197–199, 200–210
Maria Magdalena 298, 320–324
Mariä Himmelfahrt 19, 27
Martyrien 27, 38, 48
Mysterienkult 13, 296–299
Mystik 296–299

Nag Hammadi 10, 11, 14, 190, 296–299
Nikodemusevangelium 14, 33–36, 190, 211–253

Ochs und Esel 14, 30, 190, 192
Offenbarung 13, 17, 191
Offenbarung Adams 347–358
Ostern 27, 211–253, 254–272, 297

Passion Christi 27, 33, 211–253, 254–272
Paulus 22, 38, 39, 190, 191, 254–255, 275, 298, 383
Petrus 38, 39. 320–324
Petrusevangelium 33, 254
Pfingsten 27
Philippusevangelium 296, 298
Pilatusakten 33, 211–253
Pistis Sophia 190, 359–363
Pontius Pilatus 33–35, 211–253
Protestanten 16
Protevangelium des Johannes 26, 28, 29, 189
Pseudepigraphen 16, 17
Pseudo-Matthäusevangelium 26, 28–32, 189, 192–196

Qumran 10, 14, 48, 49

Regel der Einung 48, 49, 170–185

Schöpfungsgeschichte 42–43, 383–393
Schriftrollen 14
Septuaginta 15, 16, 48
Seth 45, 57, 58, 347
Sündenfall 62–68
Synkretismus 13

Tanach 13, 16
Testament der 12 Patriarchen 46
Testament des Ijob 45, 46, 74–104
Testament Salomos 48
Theologie 26
Thomasakten 191
Thomasbuch 336–346
Thomasevangelium 190, 296, 300–319
Thora 15

Verkündigung 29
Vom Leben Adams und Evas 21, 22, 45, 50–73
Vulgata 15, 17, 20, 47

Weihnachten 27, 30, 31, 192